단테 판타지아 신곡

단테 판타지아 신곡

LA DIVINA COMMEDIA

단테 알리기에리 지음
Durante degli Alighieri
한봉수 평설

솔과학

들어가며

『단테 판타지아 신곡』을 펴내며

『신곡(神曲)』의 원래 제목은 『단테의 코메디(LA COMMEDIA DI DANTE ALIGHIERI)』였다. 작품에 매료된 보카치오가 '신성한(divina)'이란 단어를 앞에 붙인 뒤로 『단테의 신곡(LA DIVINA COMMEDIA)』이라는 이름으로 지금까지 불리어지고 있다.

왜 단테는 '코메디(commedia)'란 이름을 택했을까?
이유는 단순하다. 그리스시대에 유행한 '풍자극'의 형태를 택한 것이다. 그리스의 '비극'처럼 낭송극 형식의 음률을 갖춘 서사시이되, 내용은 당시의 부조리와 악행을 고발한 것이라 할 수 있다.
그러면 700년 전에 단테가 풍자를 통해 말하려고 했던 메시지는 과연 무엇이었을까? 이것이 우리가 『신곡』을 읽는 목적이라 할 것이다.

- '근본적인 인간의 본성은 무엇인가?'
- '인간은 신이 부여한 자유의지로 어떻게 행하며 살아야 하는가?'
- '신은 누구를 구원하는가?'

필자는 대학시절 『신곡』을 배웠으나 너무 어려워서 읽기에 실패하였다. 중년이 되고 몇 번의 시도 끝에 어느 순간 푹 빠지게 되었다. 여러 번 읽으면서 자연스레 성경과 유럽의 신화, 고대사와 중세사, 철학과 사상, 우주관 등을 찾아보며 더불어 읽게 되었다.

왜 현대인은 『신곡』을 읽어야 하는가?
 - 원류 고전을 통하여 인류에게 주는 보편적 진리를 되새기며
 - 현재 위기의 인류가 가야 할 미래의 지도를 그려보는 것이다.

어떻게 하면 독자가 재미있게 읽으면서 단테의 메시지를 쉽게 이해할 수 있을까?
이것이 문학평론가로서 필자의 고민이었기에 딱딱한 텍스트를 소설 형식으로 풀어서 설명과 평론을 곁들이는 형식을 취해보았다. 그리고 『단테 판타지아 신곡』이라고 제목을 정했다. 청소년이든 어른이든 이 책을 통해 독서의 기쁨을 갖길 바라는 마음으로….

 - 소설의 장르는 '판타지(Fantasia)'이다.
 - 100개 단편(곡)에는 주제에 맞는 제목을 적절히 달았다.
 - 플롯은 피카레스크식 구성으로 소재와 이야기의 다양성에 흥미로움을 더했다.
 - 독자들은 주인공 단테가 처한 다양한 상황과 모험을 통해 이야기에 몰입할 수 있게 된다.
 - 쉽게 풀어쓰되 원문을 적절히 삽입하여 『신곡』 원문의 분위기를

살리고, 중간제목을 달아 메시지의 이해를 돕고자 했다. 맺음글은 원문 한 행으로 맞췄다.

단테는 세 곳의 저승세계를 여행하며 시간과 공간을 초월한 세계관을 전개한다.

• 지옥편, 단테가 지옥에서 들려주는 희망의 메시지!

너의 별을 따라가거라!
사는 동안 내가 너를 잘 보아서 아노라.
너는 영광스러운 항구에 꼭 도달하리라.
- 지옥편 15곡 55-57

• 연옥편, 단테가 연옥에서 펼치는 상상과 예술마당!

내게 빛이 되고 희망을 주었던
길잡이를 따라서 강한 욕망의
깃털과 날렵한 날개로 날아가야 한다.
- 연옥편 4곡 28-30

• 천국편, 단테가 천국에서 보고 쓴 빛의 메타피직스(Meta-physics)!

나는 무한한 빛 속에서 보았다.

우주에 흩어진 비밀들이

한 권의 책 속에 사랑으로 묶여 있는 것을.

- 천국편 33곡 85-87

  독자들의 이해를 위하여 본론에 들어가지 전에 지옥, 연옥, 천국에 대한 구조와 순서를 소개하였다. 또한 에필로그에 『신곡』이 후세에 전한 가치와 유산에 대하여 한국문인협회 월간문학에 실린 평론을 참고하여 즐거운 독서가 되길 기대한다.

  "주로 참고한 번역서는 삼성출판사의 한형곤 번역과 믿음사의 박상진 번역이며 해설서는 살림출판사 김운찬의 『저승에서 이승을 보다』이다. 세 분 교수에게 감사한다."

  지면을 통해 36년을 동행하며 무슨 일을 하든 나를 신뢰하고 성원하는 아내 김진숙에게 감사와 사랑을 전한다. 본고의 조판을 최종 교정하는 일도 언제나처럼 그녀의 몫이다. 나의 베아트리체이다.

2025년 봄을 기다리며
꿈꾸는마을 촌장 한봉수

프롤로그

단테의 『신곡』(神曲) 개관

1. 위대한 여정

『신곡』서곡 첫 글은 "우리 인생길 반 고비에"로 시작한다. 단테는 새로운 세기가 열리는 1300년 부활절 전후 일주일 동안 지옥, 연옥을 거쳐 천국까지 다녀온다. 단테의 나이 36세 때이다. 『신곡』은 저승여행에서 돌아와서 체험하고 느낀 것을 글을 남긴 서사시이다.

『신곡』은 단테가 망명생활을 하면서 죽기 전까지 무려 18년 이상 걸려 완성한 서사시이다. 단테는 성경과 신화와 당시의 우주관을 기반으로 내세를 극적 형상화하였다.

대서사시는 '지옥, 연옥, 천국(Inferno, Purgatorio e Paradiso)' 이름으로 세 편으로 되어있다. 각 편은 33곡(canto)으로 이루어진다. 서곡을 「지옥편」에 더하여 총 100곡으로 구성된다.

바이런은 "작가란 별을 찾아 바람을 거슬러 항해하는 사람들"이라 했다. 미지의 세계에서 새로운 언어들을 싣고 돌아와 우리에게 건네주곤 한다. 이 표현이 딱 맞다. 단테는 여행을 다녀온 뒤 미래의 '나아갈 길'을 인류에게 건네주었다.

지옥과 연옥은 인간이 저지른 죄와 합당한 벌에 근거하여 치밀하게 이루어져 있다. 이를 콘트라파소(Contrappasso)라 한다. 예를 들면 교만한 자는 무거운 돌을 짊어지고 걸어야 하고 분열을 일으킨 자는 자기 몸이 찢어지는 고통을 받아야 한다.

단테의 길을 이끄는 주인공은 베르길리우스와 베아트리체이다.

어두운 숲에서부터 지옥을 거쳐 연옥 정상까지 단테를 보호하며 안내하는 베르길리우스는 단테가 가장 존경하는 기원 전의 작가이다. 베르질리우스는 로마건국사 『아이네이스』 작가로서 지성을 상징한다.

베르길리우스를 이어서 지상낙원(연옥 정상)부터 천국을 이끄는 베아트리체는 단테의 삶과 작품에 생명력을 불어넣는 사랑과 구원의 상징이다. 단테는 9살 때 베아트리체와 그녀의 집에서 영혼이 전율되도록 처음 만난다. 두 번째 만남은 9년 후 18살 때 피렌체 아르노강이 흐르는 산타트리니타 다리에서이다. 베아트리체는 다른 두 여인과 지나면서 단테에게 가볍게 인사한다. 이후로 그녀는 단테 문학의 영원한 영감의 원천이 된다. 그녀는 25세에 죽고 단테는 방황한다. 단테가 연옥에서 베아트리체를 만나 함께 천국길에 오르는 극적인 장면을 필자가 지은 시를 소개한다.

우주의 사랑이시어,
영원한 빛으로
저희를 그곳에 끌어 올려주세요.

오,
단테여 떨지 마세요.

저 베아트리체여요,
제 말 들으세요.

온 우주는 하나님의 형상을 닮았고
천라만상은 운명처럼 질서가 있다오.
생물들 마음속에 생명력을 키우고
행성마다 힘을 끌어 모으게 한다오.

우주의 무한한 활은
그 질서를 주관하는 섭리라오.
고요한 천국 하늘에는
천사들이 빛이 되어 돌고 있다오.

운명의 활 시위가
우리를 영원의 하늘로 실어 간다오.
천상에 오름은
시내물 내려오듯 편할 거여요.

- 엠피레오로 이끄는 여인 - 신곡 천국편 제1곡

2. 지옥, 연옥, 천국의 구조

플라톤은 "수학은 세계를 이해하고 기술하는 최적의 언어이다. 기하학을 모르는 자는 이 곳(아카데미아 학원)에 들어올 수 없다."라고 하였다. 단테는 그리스철학을 잘 이해하고 있었다. 단테의 저승세계는 기하학적 설계를 기반으로 놀랍도록 과학적으로 구축되었다. 지옥은 예루살렘 땅속부터 지구 구심점까지 정교하게 설계되어 있다.

연옥은 12세기에 이르러서야 로마 가톨릭 교리에 포함되며 새롭게 제시된 정죄계 개념이다. 단테가 상상력을 동원하여 연옥의 구조를 창안한다. 연옥은 높고 험난한 산이다. 영혼은 산에 오르며 참회하고 마지막 관문인 불숲에서 정화한 뒤 지상낙원인 정상에 이른다. 이 곳이 성경의 에덴동산이다.

프톨레마이오스의 저서 『알마게스트』는 천동설(天動說)을 기반한다. 단테는 이를 이해하고 천국의 아홉 개의 하늘을 설계하였다. 별들은 '구원의 길'을 의미한다. 행성들과 별들은 각 천국 원들의 랜드마크이다. 단테는 천문학적 지식을 총동원하여 천체 운행을 기술하고 있다.

피렌체 두오모 대성당에는 단테 탄생 200주년을 기념하여 1465년에 도메니코 디 미켈리노가 그린 그림이 걸려있다. 신곡책을 들고 있는 단테와 지옥, 연옥, 천국 그리고 피렌체성이 한 그림에 묘사되어 있다.

지옥(Inferino)

지옥은 예루살렘 아래에서 시작한다. 지옥은 땅속 공간이라 별없는 하늘(l'are senza stelle)이다. 지옥의 구조는 역피라미드의 팽이형 구조로 이루어져 있다. 각 층 지옥을 '원'이라 표현한다. 9개의 원(옥)으로 구성되어 있는 데, 하부지옥들은 4~10구역으로 세분되어 있다. 지옥은 죄의 종류별로 구분되어 총 24구역이다.

오귀스트 로댕의 불후의 걸작인 청동 조형물, '지옥의 문(Porte de Inferno)'에는 수백 점의 고통당하는 인물 군상이 있다.

"네 영화가 스올에 떨어져 너 아침의 아들 계명성아,
하늘에서 떨어져 그리 땅에 찍혔는고… 스올 구덩이 맨 밑에…."

- 이사야서 14장 11-15

계명성은 천사장 루키페르를 상징한다. 하나님에 대항한 천사장 루키페르는 지옥의 맨 바닥에 얼음장에 갇힌 채로 지옥을 다스리고 있다. 단테는 베르길리우스의 안내로 걷다가 어느 순간 지옥문 꼭대기에 어두운 글씨를 보게 된다. 바로 지옥문이다.

나를 거쳐서 고통스런 마을로 가고
나를 거쳐서 영원한 고통 속으로 가며
나를 거쳐서 저주받은 무리 속으로 가노라.

- 지옥편 제3곡 1-3

지옥문부터 지옥의 심연 바닥까지 지옥의 구조는 다음과 같다.

입구지옥

아케론 강가에 평생 게으름, 비겁함으로 선을 외면한 자들이 말벌, 말파리등 독충, 해충들에게 마구 쏘이며 헤매는 곳으로 지옥에 버금간다. 이들은 지옥에서도 입장을 거부하는 회색분자들이다. 지옥의 아케론 강가에는 뱃사공 카론이 죄인들을 마구 다루며 배에 싣고 강 건너 지옥으로 실어 나른다.

제1옥: 림보(Limbo)

첫지옥은 특별한 영혼들을 위한 보호 구역이다. '아기영혼'과 미처 '세례를 못 받은 자 중에 덕성있는 자'들이 있다. 이 중에서도 가장 위대한 인물들은 일곱 겹의 벽으로 둘러싸인 성에서 산다.

등장인물: 아리스토텔리스, 소크라테스, 플라톤, 카이사르, 호메로스, 아이네이아스 등

- 상부지옥(무절제로 죄를 지은 망령들)

그리스 신화에 크레타섬 왕이었던 미노스가 심판자로 등장한다. 미노스의 심판으로 영령들의 영혼한 고통은 시작한다. 긴 꼬리 달린 괴물 미노스가 죄를 판단해 그 꼬리로 망령의 몸을 해당 죄의 횟수대로 감아서 던지면 해당하는 옥으로 떨어지게 된다.

제2옥: 음욕 지옥(Lussuriosi)

음욕에 빠져 자신과 주변 사람들을 파멸로 몰아놓은 자들이 가는 곳으로 영령들은 거친 바람에 휩쓸려 떠다닌다.

등장인물: 프란체스카와 파올로, 디도, 클레오파트라, 헬레네와 파리스, 아킬레우스 등

제3옥: 식탐 지옥(Golosi)

폭음·폭식의 중독에 빠진 자가 가는 곳. 죄인들이 더럽고 차가운 비를 맞으며 역겨운 흙탕물에 누워 신음하고 있다. 머리 셋 달린 개 같은 케르베로스가 쉴 새 없이 죄인들을 물어뜯는다.

프롤로그

등장인물: 치아코

제4옥: 탐욕 지옥(Avari e prodighi)

재물에 집착하여 인색하거나, 반대로 낭비한 영들에게 거대한 늑대의 모습인 플루톤이 짖어댔다. 죄인들은 재물의 짐을 굴리고 싸우며 서로 죄를 탓한다.

등장인물: 부패한 성직자들, 상인 계층들

제5옥: 분노 지옥(Iracondi ed accidiosi)

분노의 감정을 억제하지 못한 자와 남을 미워하고 헐뜯다 죽은 사람들이 여기 있다. 스틱스강이 주변을 두르고 있으며 중심부에는 디스(도시)의 성벽이 있다. 분노에 찬 자들은 늪 같은 흙탕물에서 서로를 물어뜯으며 허우적댄다.

등장인물: 플레기아스, 필리포 아르젠티(단테의 정적)

제6옥: 이단(異端) 지옥(Eretici)

특별히 '디스 시'라는 이름으로 불린다. 해로운 사상을 믿고 퍼트린 이단자들이 가는 곳. 죄인들은 뜨거운 무덤 속에서 신음하다가 최후의 심판이 시작되면 더 큰 심판을 받는다.

등장인물: 에피쿠로스, 이름 모를 추기경, 교황 아나스타시오 2세

- 하부지옥(행위로 죄 지은 망령들)

7옥으로 내려가는 길목을 그리스 신화에 등장하는 황소의 머리에

사람의 몸을 지닌 미노타우로스가 막고 있다. 하부지옥은 각 지옥 원마다 여러 구역이나 구렁으로 세분화된다.

제7옥: 폭력 지옥(Gironi/Violenti) – 4 구역으로 나뉨
폭력을 휘두른 자들이 가는 곳으로 타인에게 혹은 자신에게 해를 끼친 자, 그리고 하나님과 자연질서에 해를 끼친 자로 나뉘어져 고통받고 있다. 자살자는 당대 기독교에서 중한 범죄로 취급되었다.

제1구역: 플레게톤강 – 폭군과 독재자들의 악령들이 끓고 있는 피의 강에서 고통받는다. 빠져나오려 하는 자들은 켄타우르스(상체는 인간, 하체는 말)가 화살로 쏘아 맞춘다. 네소스(헤라클레스의 아내를 납치하다 헤라클레스의 화살에 맞아 죽은 자)는 대장 케이론의 지시를 받고 단테를 등에 업고 플레게톤 강을 건너게 해준다.
등장인물: 알렉산더왕, 섹스투스, 폼페이우스

제2구역: 자살자의 숲 – 자살자들과 자포자기 탕진자들이 가는 곳. 자신의 육신을 저버린 죄로 쓰라린 육신의 나무가 되어 하르피아 새들이 와서 쪼아댄다.
등장인물: 어느 피렌체인

제3구역: 가증의 사막 – 하나님과 자연 순리에 해를 끼친 영령들은 뜨거운 사막 위에서 불비를 맞으며 고통받고 있다. 신성모독자들은 누워서, 동성애자와 이상성애자는 뛰어다니며 고통을 받는다.

등장인물: 브루네토 라티니(단테의 스승), 카파네우스

제4구역: 절벽 가장자리 끝 – 고리대금업자들이 움추린 채 울부짖는다. 베르길리우스가 게리온(머리는 사람, 하체는 용, 다리는 사자)을 설득시켜 그의 등에 올라타서 아래로 이동한다.
등장인물: 귀도 궤라, 잔 필리아치가문 사람

제8옥: 사기 지옥(Malebolge) – 10 구역으로 나뉨
말레볼제는 사악한 자루라는 뜻이다. 말레볼제는 사기로 주변 사람들을 파멸로 몰아넣은 악령들이 10겹의 구덩이에서 10종류의 벌을 받고 있는 곳이다. 사기죄는 살인보다 더 심한 죄로 취급된다.

제1구렁: 남을 성적으로 착취한 인신매매자/뚜쟁이 등이 악마들에게 채찍을 맞으며 고통스러워한다.
등장인물: 이아손, 카치아네이코
제2구렁: 아첨꾼들은 똥물에 처박혀 역한 냄새를 맡으며 오염된 손으로 자신의 몸을 긁으며 신음한다.
등장인물: 타이데(남자들과 동침하고 아첨해서 폭리를 취함)
제3구렁: 성직 매매자들이 거꾸로 처박히고 발에 불이 붙은 채 괴로워하고 있다.
등장인물: 교황 니콜라오 3세, 교황 보니파키우스 8세, 교황 클레멘스 5세
제4구렁: 마법사, 점쟁이, 거짓 예언가들이 머리가 뒤로 뒤틀린 상태

로 뒤로 걷고 있다. 눈물이 엉덩이로 흐른다.

　등장인물: 암피아라오스, 테이레시아스, 만토

　제5구렁: 탐관오리들이 끓는 역청 속에 있다. 빠져나오면 악마들이 갈기갈기 찢어버린다.

　등장인물: 말레브란케, 말라코다, 바르바르치아, 치암폴로

　제6구렁: 위선자들은 납으로 된 옷을 입고 걷고 있다. 예수를 죽도록 한 유대인 대제사장이 땅바닥에 못박힌 채로 악령들한테 끊임없이 밟히고 있다.

　등장인물: 카탈라노, 대제사장 가야바

　제7구렁: 도둑들이 뱀과 도마뱀 같은 파충류들에게 물리고 있으며, 자신들도 끊임없이 뱀과 도마뱀으로 변하고 있다.

　등장인물: 반니 푸치, 카쿠스(불카누스의 아들로 헤라클레스의 소를 훔쳐 먹다가 걸려 몽둥이 세례를 맞고 죽음), 아넬로

　제8구렁: 간사한 조언으로 타인의 악행을 부추긴 자들이 화염에 휩싸여 있다.

　등장인물: 오디세우스와 그의 친구인 디오메데스(동료들을 부추겨 대서양 항해를 계속하여 남반구의 연옥까지 도달했다가 회오리에 휘말려 몰살)

　제9구렁: 사회에 분열 및 불화를 조장한 자들이 악마들에게 칼로 썰리고 재생하길 반복하고 있다.

　등장인물: 무함마드와 그 사촌 알리 이븐 탈리브(무함마드는 기독교에서 이슬람교를 분리한 죄로, 알리는 수니파와 시아파의 분열을 일으킨 죄), 모스카(피렌체에서 궬프당과 기벨린당을 피로 얼

룩지게 한 장본인)

제10구렁: 위조범들이 온갖 종류의 질병에 시달리며 영원히 괴로워하고 있다.

등장인물: 쟌니 스키키, 아다모(피렌체의 금화 피오리나를 주조하던 위조범), 보디발의 아내(창세기에서 요셉을 유혹하다 실패한 여인). 시논(트로이 전쟁 당시 일부러 트로이의 포로로 붙잡혀 목마를 들여보낸 그리스 책략꾼)

제9옥: 배신 지옥(Traditori/Cocito) – 4구역으로 나뉨

지옥 가장 깊숙히 있는 코키투스(Cocytus)라는 얼음 호수, 국가, 가족, 친구, 스승, 은인 등을 배신한 자들이 가는 최악의 지옥으로 영원히 얼음 속에 처박혀 신음하고 있다. 입구에는 거인들의 옥이 있다.

입구 등장인물: 기간테스(거인), 니므롯(바벨탑 건조자로 하나님께 도전한 죄)

제1구역: '카이나' – 가족과 친족들을 배반한 자들, 즉 패륜아들이 가는 곳. 죄인들이 어깨까지 얼음 속에 갇혀있다.

등장인물: 모드레드, 포카치아

제2구역: '안테노라' – 조국이나 단체를 배반한 자들, 즉 매국노/역적들이 가는 곳. 죄인들은 목까지 얼음 속에 갇혀있다.

등장인물: 보카, 루지에리 추기경, 우골리노 백작

제3구역: '프톨로메아' – 손님을 배신한 자들이 가는 곳. 죄인들은 얼굴만 뺀 채로 얼음 속에 누워 갇혀 있다. 특히 손님을 죽인 자 중에는 영혼만 지옥에 떨어지고, 지상에 남은 육신은 남은 일생 동안 악마가

차지해 살아간다.

등장인물: 수도사 알베리고, 브란카 도리아

제4구역: '주데카' – 자기 은인을 배신한, 즉 배은망덕의 죄를 저지른 자들이 가는 곳. 몸 전체가 얼음 속에 처박혀 있다. 지옥의 가장 밑바닥으로, 루키페르가 얼음 속에 앉아 있는 곳이다.

등장인물: 가롯 유다, 브루투스, 카시우스, 루키페르

연옥(Purgatorio)

지옥의 밑바닥까지 내려간 베르길리우스와 단테는 지구의 반대편으로 뚫린 굴을 통하여 남반구의 바다에 솟아오른 연옥(煉獄)산에 도달한다. 지옥이 지하에 건설된 어둠의 세계라면 연옥은 하늘을 향해 솟아오른 빛의 세계다. 연옥의 '솟아오름'은 하늘을 향해 나아가려는 강한 의지를 담고 있다.

단테는 지옥편 34곡 121-126행에 연옥이 만들어진 배경을 흥미롭게 기술하였다. 패역한 천사장 루키페르가 남반구로 추락할 때 원래의 남반구 육지는 너무 무서워서 바다의 너울을 쓰고 북반구로 도망쳐 왔다고 한다. 지구에 큰 구멍이 생기고 남반구 남은 흙들이 바다 위로 솟구치어 연옥산이 되었다 한다.

연옥에 가는 영혼들은 로마의 티베레강 어귀 오스티아에 집결한다. 천사가 안내하는 배를 타고 망망대해를 질러 갈 수 있다. 연옥산은 일곱 개의 둘레로 되어 있다. 단테는 연옥산 해변에 도착하는 영령들과 마주친다. 그들은 단테의 그림자를 보고 놀란다.

악다에게 벌을 받는 지옥과 달리 연옥의 영령들은 천사들에게 연단을 받는다. 각 둘레 층은 일곱 가지의 대죄 교만, 질투, 분노, 나태, 탐욕, 탐식, 색욕에 할당되어 있다. 속죄자들은 자신의 죄를 깊이 참회하고 정해진 벌을 받고 정화될 기회를 얻는다. 지상낙원(Paradiso terrestre)에 이르러 천국으로 오를 수 있게 된다.

입구 연옥(Antipurgatorio)

참회가 늦었던 자들은 연옥에 바로 입장할 수 없고, 연옥의 바깥에서 불신앙 인생 기간의 30배 만큼(파문당했다가 참회 포함) 기다려야 한다. 어떻게 보면 수백 년 이상 가장 지루하고 고통스러운 구역이 아닌가?

단테는 연옥문 입구에 다이아몬드처럼 보이는 천사의 명령대로 유명한 '연옥의 세 계단'을 오른다. 그리고 세 번 가슴을 친다. 이는 나의 "생각, 말과 행위의 죄"를 뉘우치는 "Mea culpa, mea culpa, mea maxima culpa."(메아 쿨파, 나의 죄 세 번 반복)를 행하는 의식이다. 그러자 천사는 단테의 이마에 7개의 p를 칼끝으로 새긴다. p는 'peccato(죄)'를 의미한다. 가톨릭 대죄가 일곱 가지이기 때문에 일곱 개를 새긴 것이다. 단테가 연옥의 7개 각 층을 통과할 때마다 천사가 하나씩 지워준다.

제1층 – 교만(Superbi)

교만의 죄를 지은 자들이 등에 바위를 짊어지고 걷고 있다. 바위 무게가 어찌나 무거운지 가슴이 무릎에 닿을 정도이다. 죄의 무게에 따라 바위의 무게도 다르다.

등장인물: 오데리시(화가), 살바니

제2층 - 질투(Invidiosi)

질투의 죄를 지은 자들이 눈꺼풀이 철사로 꿰매진 채 벌을 받고 있다.

등장인물: 사피아, 구이도 델 두카

제3층 - 분노(Iracondi)

분노의 죄를 지은 자들이 짙은 연기속에서 벌을 받고 있다. 분노의 돌에 맞아 죽는 스데반의 순교 장면이 소개된다. 또한 분노로 패망한 세 가지 환상이 나온다.

등장인물: 롬바르디아 마르코, 포르크네, 하만, 에스더, 라티움공주
　　　　　와 어머니

제4층 - 나태(Accidiosi)

사랑하는 데에 나태한 죄를 지은 자들이 쉬지 말고 부지런히 달려야 하는 벌을 받고 있다. 영혼과 사랑에 대한 이야기가 나온다.

등장인물: 세이렌, 산제노 수도원장

제5층 - 탐욕(Avari e prodighi)

탐욕의 죄를 지은 자들이 땅에 납작하게 엎드려 있다. 로마 시인으로 1200년 동안 죄를 씻은 스타티우스가 합류한다.

등장인물: 교황 하드리아노 5세, 위그 카페(탐욕의 왕가 루이와 필립의
　　　　　시조)

제6층 - 탐식(Golosi)

탐식의 죄를 지은 자들이 알아볼 수 없을 만큼 비쩍 마른 모습으로 걸어가고 있다.

프롤로그　21

등장인물: 포레세 도나티

제7층 – 음욕(Lussuriosi)

음욕의 죄를 지은 자들이 불의 장막을 지나가는 벌을 받는다. 벌 받는 동시에 둘레를 돌며 인사하며 서로의 죄를 각인시키고 있다.

등장인물: 귀도 귀니첼리, 아르노 다니엘

연옥정상 – 지상낙원(Paradiso terrestre)

단테는 스승의 손에 이끌리어 정상까지 올라간다. 성서와 교리를 상징하는 신비로운 행진을 목격한 후, 마침내 베아트리체를 상봉한다. 천국에 오를 수 없는 베르길리우스는 슬며시 돌아간다.

단테는 죄의 기억을 말끔히 지우는 레테의 강을 건너고 베아트리체의 안내로 에우노강 강물을 한 모금 마시게 된다. 순간 단테는 평생 행한 선한 기억들로 심령이 채워짐을 느낀다. 그리고 천국에 올라갈 열망이 솟아오르게 된다. 필자는 베아트리체를 상봉하는 장면을 시로 담았다.

베아트라체여,

나의 영원한 사랑이여

그대의 가련한 종이

절망의 지옥을 지나 연옥 정상에서

참회의 물을 마셨습니다.

소망의 비춰를 통해 비추이듯이
그대 지혜가 빛으로 충만합니다.

아스페르제스메!
단테여,
레테의 강을 건넌 걸 잊지 마셔요
절망과 분노의 기억은 지웠으니

이제 정결의 물 한모금 마시고
얼굴을 들어 나를 보세요.
자, 천상의 여행을 떠나요.

베아트리체여,
영원한 빛이여,
찬란한 그대의 미소가
신비로운 그대의 자태가

우주와 조화된 그대 아름다움은
세계의 어느 시인도,
파르낫소스의 뮤즈들 일지라도
그려내지 못할 것입니다.

오, 마돈나여.

나를 천상의 길로 이끄소서

나의 영원한 사랑이여

나의 영원한 구원이여.

– 레테의 강을 건넌 단테 – 신곡 연옥편 제31곡

천국(Paradiso)

지옥에서 연옥을 거쳐 천국에 이르면서 단테의 몸은 해체되고 마음은 평화로워진다. 중력을 벗는 단테의 변신은 구원을 향한 순례자의 열정과 하나님의 은총으로 일어난 것이다.

천국은 믿음의 등급에 따라 지구를 둘러싸고 있는 아홉 권역으로 구성되어 있는데 겹겹의 하늘로 이루어진 것으로 묘사된다. 복받은 모든 영혼들은 최고의 천국(엠피오레, Empireo)에 살지만, 각 천사들의 품위가 있는 하늘별로 배치된다. 단테는 아래 하늘부터 오르며 각 하늘마다 선하고 위대한 영혼들과 대화하며 최고 하늘에 오르게 된다. 베아트리체를 비롯한 성인들이 빛과 함께 펼치는 교리와 퍼포먼스를 '빛의 메타피직스'(현실 물리학을 초월하는 의미)라 표현한다.

단테는 아인슈타인처럼 직관을 발휘한다. 그의 기하학적 직관은 프톨레미오스의 천동설을 기반으로 하지만 스승 부루네토 라티니의 『보배의 서』에서 기하학적 구체적 묘사에서 영감의 원천을 받았다. 단테가 바깥 천구에 올라가서 아래를 보니 멀리 지구가 웃음 나올 정도로 조그마하다. 지구 중심으로 아홉 천구(하늘)들이 회전하고 있다. 또 위를 보니 엄청나게 많은 천사들이 거대한 공의 둘레들에서 빛으로 감싸고 있었다. 천국편은 아래 하늘부터 시작한다.

화염천(Sfera del Fuoco)

지구와 달의 중간 경로이자 불의 근원이 있는 곳. 연옥산을 비롯해 지구를 감싸고 있다. 지구의 대기를 지나면서 맞게 되는 일종의 입구 천국이다.

제1원 – 월성천(Cielo della Luna)

착하긴 한데 하나님께 드린 서원을 끝까지 충실하지는 못했던 자들이 머물고 있다. 대응되는 천사는 구품천사(Angeli).

등장인물: 피카르다 도나티, 코스탄차 왕비

제2원 – 수성천(Cielo di Mercurio)

야심있는 자들(Spiriti attivi)이 머물고 있다. 대응되는 천사는 팔품천사인 대천사(Arcangeli).

등장인물: 유스티니아누스 1세, 로메오

제3원 – 금성천(Cielo di Venere)

사랑에 불탄 자들(Spiriti amanti che amarono gli altri)이 머물고 있다. 대응되는 천사는 칠품천사인 권품천사(Principati).

등장인물: 카롤로 마르텔로, 쿠니차 다 로마노, 펄코, 라합

제4원 – 태양천(Cielo del Sole)

지혜로운 자들(spiriti sapienti)이 머물고 있다. 대응되는 천사는 육품천사인 능품천사(Potesta).

등장인물: 토마스 아퀴나스, 솔로몬, 보나벤투라, 아우구스티노스, 프란체스코

제5원 – 화성천(Cielo di Marte)

용감한 자들(spiriti militanti combattenti per la fede e i martiri)이

머물고 있다. 대응되는 천사는 오품천사인 역품천사(Virtu).

등장인물: 카치아구이다, 여호수아, 유다 마카베오, 카롤루스 대제, 오를란도

제6원 – 목성천(Cielo di Giove)

정의로운 자들(spiriti giusti)이 머물고 있다. 대응되는 천사는 사품천사인 주품천사(Dominazioni).

등장인물: 독수리 형상 집단(다윗, 트라야누스, 히즈키야, 콘스탄티누스 1세, 리페우스). 목성천에 등장하는 영혼들은 거대한 독수리의 일부로서 등장, 하나의 인격체

제7원 – 토성천(Cielo di Saturno)

사색에 빠진 자들(spiriti contemplanti)이 머물고 있다. 대응되는 천사는 삼품천사인 좌품천사(Trani). 토성천에서 미소 짓지 않는 베아트리체, 그 아름다움에 눈부셔 미소 지으면 그 강렬함에 단테는 재가 되어버리기 때문.

등장인물: 삐에트로 다미아노, 베네딕투스

제8원 – 항성천(Cielo delle stelle fise)

악과 싸워서 승천한 개선의 영혼들(spiriti trionfanti)이 머물고 있다. 쌍둥이자리(단테의 별자리)에서 지구와 아래의 7개 원이 다 보임. 세 사도들과 삼주덕(믿음, 소망, 사랑)에 대해서 교리문답. 대응되는 천사는 이품천사인 지품천사 케루빔(Cherubini).

등장인물: 초대 교황 베드로, 야고보, 사도 요한

제9원 – 원동천(Cielo cristallino o Primo mobile)

물리적 우주의 마지막 영역. 모든 우주를 총괄한다. 여기까지가 베아

트리체의 안내를 받는 곳. 대응되는 천사는 치품천사(Serafini)

등장인물: 세라핌, 케루빔을 비롯한 천사들. 지복자의 장미(Candida rosa)

제10원 – 최고, 지고(至高)천(Empireo)

하나님의 영역이자 천국 그 자체. 천국의 모든 영혼들의 본 거주지. 우주의 모든 하늘들은 삼위일체 하나님(Dio)을 중심으로 돈다. 천국은 하나의 질서를 이루며 우주는 하나님을 닮은 형상이다. 단테는 삼위일체 하나님을 직접 만나 볼 수 있도록 빛에 감싸진다. 위대한 여행은 여기서 끝난다.

등장인물: 성모 마리아, 베르나르, 아담, 이브, 라헬, 사라, 리브가, 유딧, 룻, 베아트리체, 세례 요한, 가브리엘 천사

단테는 1300년 부활절 전후 일주일간의 저승세계 여행을 한다. 지옥과 연옥은 각각 3일이지만 천국은 1일이다. 천국은 인간이 표현할 수 없는 온갖 색채의 꽃과 빛으로 가슴 벅찬 향연을 벌이는 곳이다. 단테는「천국편」을 쓰며 음악과 시의 최고신 아폴론에게 경이롭고 위대한 천국을 제대로 묘사할 수 있도록 영감을 달라고 기도한다. 또한 계관시인이 될 수 있도록 월계관을 씌워 달라고 호소한다.

필자는『신곡』본편에서 주인공 단테의 일주일간의 판타스틱한 여행과 체험을 피카레스크식 소설형식으로 풀어 흥미롭게 다루려 한다.

목차

들어가며 · 4

프롤로그 · 8

지옥편 단테가 지옥에서 들려주는 희망의 메시지! · 33

제1곡	서곡, 절망의 숲속	35
제2곡	천국의 세 여인과 단테의 저승여행	41
제3곡	지옥의 문을 거쳐 지옥의 강으로	45
제4곡	고통도 희망도 없는 림보, 지옥의 첫 원(Cerchio)	49
제5곡	지옥의 심판자 미노스와 슬픈 프란체스카	55
제6곡	머리가 셋 달린 케르베로스와 탐식의 지옥	61
제7곡	악마의 수괴 플루톤과 탐욕과 낭비의 지옥	65
제8곡	분노의 지옥, 스틱스 늪	70
제9곡	디스성 복수의 세 마녀와 구원 천사	77
제10곡	영혼불멸을 부정한 자들의 지옥	82
제11곡	하부지옥, 죄인의 분류와 배치	87
제12곡	미노타우로스와 피끓는 플레게톤강의 켄타우로스	91
제13곡	자살과 자포자기의 지옥, 비탄의 숲	96
제14곡	신성모독 지옥, 그리고 지옥의 강들	101
제15곡	브루네토 라티니 선생님과 동성애 지옥	105
제16곡	피렌체의 세 남자, 그리고 플레게톤강 폭포	109
제17곡	고리대금업 지옥에서 괴물 게리온 등에 타다	113
제18곡	사기꾼 지옥 갈레볼제, 사악한 열 개 구렁	117
제19곡	세 명의 교황과 성직매매자를 처박는 구멍들	122
제20곡	점쟁이 얼굴을 뒤로 비틀어 뒤로 걷게 하는 구렁	127

제21곡	탐관오리를 삶으며 찌르는 펄펄 끓는 역청구렁	132
제22곡	끓는 역청에서 말레브랑케와 악령의 뺑소니 게임	137
제23곡	위선자를 처벌하는 구렁과 대제사장 가야바	142
제24곡	도둑들을 처벌하는 무시무시한 뱀구렁	147
제25곡	용이 불을 품고, 도둑과 뱀의 몸이 바뀌는 변신지옥	152
제26곡	모사꾼 오디세우스와 디오메데스가 있는 불꽃구렁	157
제27곡	사악한 조언하며 속죄? 천국이냐 악마의 손이냐?	162
제28곡	불화와 분열죄로 몸통이 둘로 찢겨진 마호메트	166
제29곡	말레볼제의 마지막 구렁, 위조범과 연금술사 지옥	171
제30곡	서로 물어뜯고 치고받는 위조범과 사기꾼 망령들	175
제31곡	신들에 반항한 니므롯과 거인들의 지옥	180
제32곡	지옥의 심연, 배신자는 코키토스 얼음호수에 잠겨	185
제33곡	루지에리 대주교 머리를 씹는 우골리노, 끝판 지옥	189
제34곡	가롯 유다를 씹어먹는 지옥의 왕 루키페르, 지옥끝	193

연옥편 단테가 연옥에서 펼치는 상상과 예술마당! · 199

제1곡	절망을 뚫고 희망의 별이 보이는 곳 연옥에 이르다	201
제2곡	천사의 날개로 바다 건너온 영혼들, 카셀라의 연가	205
제3곡	연옥 절벽 밖에서 서성이는 영혼들, 만프레디의 사연	210
제4곡	험준한 연옥산을 오르며 단테가 보는 해안과 햇빛수레	214
제5곡	영혼은 천사에게, 육신은 악마 손에 붙잡힌 부온콘테	218
제6곡	사공없이 폭풍우에 휩쓸린 이탈리아여! 단테의 절규	222
제7곡	시인 소르델로와 노래하는 군주들의 신비로운 골짜기	226
제8곡	이브를 유혹한 뱀을 두 칼로 물리치는 두 천사	230
제9곡	성녀루치아의 날개, 연옥문 세 계단과 천사의 두 열쇠	234

제10곡	교만연옥, 겸손을 상징하는 눈부신 대리석 조각작품들	240
제11곡	교만의 연옥에서 반성하는 단테, 영광이란 헛된 것	244
제12곡	교만의 길바닥에 새긴 12 양각작품들, '교만과 패망'	249
제13곡	질투죄로 눈 꿰맨 영혼들의 '사랑의 향연' 낭송극	253
제14곡	삶의 진실과 기쁨을 잃은 토스카나 도시들과 가문들	257
제15곡	질투의 고행을 벗고 자비의 세 환상을 보는 단테	261
제16곡	신의 예정보다 '사람의 자유의지'를 말하는 마르코	265
제17곡	분노의 세 환상극 보고, 나태의 연옥에 오른 단테	269
제18곡	사랑에 나태했던 영령들이여, '사랑과 영혼'에 대하여	274
제19곡	나태연옥 세이렌의 유혹과 탐욕연옥 교황의 참회	279
제20곡	탐욕의 왕가 루이와 필립의 시조, 위그카페의 고해	284
제21곡	1200년을 연옥에서 죄 씻고 정화한 스타티우스	289
제22곡	탐식연옥, 시인들의 즐거운 수다와 말하는 나무 등장	293
제23곡	해골 몰골로 갈증과 허기 견디며 죄를 씻는 포레세	296
제24곡	단테 처가 남매들의 기구한 운명, 금단의 선악과	299
제25곡	생명과 영혼의 탄생 섭리, 그리고 영령의 형상 원리	303
제26곡	음욕의 죄를 불속에서 씻는 작가들, 일곱째 연옥	307
제27곡	천사 노래속에 화염에 정화되고 잠들어 꿈꾸는 단테	312
제28곡	연옥정상 에덴, 꽃을 따며 단테를 마중나오는 마텔다	316
제29곡	일곱 황금촛대와 일곱빛 하늘무대 천사들의 행렬	320
제30곡	오래된 불꽃의 표적, 베아트리체를 상봉하는 단테	324
제31곡	베아트리치의 질책과 레테의 물을 마시는 단테	329
제32곡	에덴의 성극 '황금깃털', 창녀와 거인과 타락한 교회	335
제33곡	에우노에강 성스러운 물을 마신 단테의 솟는 열망	339

천국편 단테가 천국에서 보고 쓴 빛의 메타피직스! · 345

제1곡	중력을 벗은 단테와 베아트리체의 첫 우주여행	347
제2곡	우주의 힘과 운행원리, 베아트리체의 안내	351
제3곡	월성천, 서원을 못 다 이행한 영혼이 머무는 첫하늘	355

제4곡	플라톤의 영혼선재설과 회귀설을 반론하는 베아트리체	359
제5곡	하나님의 큰 선물 자유의지, 서원의 언행에 신중하라	363
제6곡	수성천, 유스티니아누스의 로마와 기독교역사 강해	367
제7곡	인간의 선함, 자유, 창조는 하나님의 본성	371
제8곡	금성천, 운명의 결정은 씨가 아니라 하나님의 섭리	375
제9곡	비너스의 하늘, 미치도록 사랑하다가 구원받은 영혼들	379
제10곡	태양천, 빛의 면류관을 그린 열두 명의 합창대	383
제11곡	청빈의 남편 프란체스코를 높이는 토마스 아퀴나스	387
제12곡	두 번째 합창대 등장, 두 원이 어우러진 빛들의 향연	391
제13곡	솔로몬이 받은 '지혜'의 해석과 '삼위일체' 해설	396
제14곡	은하수와 화성의 운행 매듭에 십자가와 예수의 형상	401
제15곡	화성천 십자가 성좌에서 내려오는 별, 고조부님	405
제16곡	그래도 순수했던 시절의 피렌체를 회상하는 고조부	409
제17곡	고조부의 예언과 권유, 네가 본 모든 것을 글로 써라	413
제18곡	화성천 웅장한 빛합창대, 목성하늘 수놓은 빛 글자들	418
제19곡	기쁜 영혼들이 만든 날개 편 독수리의 노래와 목소리	422
제20곡	목성천의 빛들, 독수리의 눈동자 다윗과 다섯 영혼들	426
제21곡	토성하늘 황금빛 사다리로 내려오는 천사들과 영혼들	430
제22곡	토성천, 발아래 놓인 광활한 우주와 초라한 지구	433
제23곡	그리스도의 빛과 성모 마리아, 가브리엘의 노래	438
제24곡	항성천, 성 베드로가 믿음에 대하여 신앙문답을 하다	444
제25곡	항성천, 성 야고보가 소망에 대하여 신앙문답을 하다	448
제26곡	성 요한의 사랑에 대한 신앙문답과 아담의 간증	452
제27곡	분노로 천국을 붉게 만든 베드로가 단테에게 당부	458
제28곡	온 우주 천사들의 합창, 아홉 하늘의 아홉 천사들	463
제29곡	베아트리체의 설교, 하나님이 창조한 천사들의 본성	468
제30곡	최고 하늘에 흐르는 빛의 강물, 빛과 꽃들의 향연	472
제31곡	베아트리체는 옥좌로 오르고, 베르나르가 안내하다	477
제32곡	최고하늘 가득 순백의 장미, 꽃잎마다 깃든 영혼들	482
제33곡	영광의 삼위일체 빛의 원과 무한한 사랑을 보는 단테	486

에필로그	• 491
참고도서	• 512
단테 알리기에리 연보	• 513

단테 판타지아 신곡

지옥편
INFERINO

❖

**단테가
지옥에서 들려주는
희망의 메시지!**

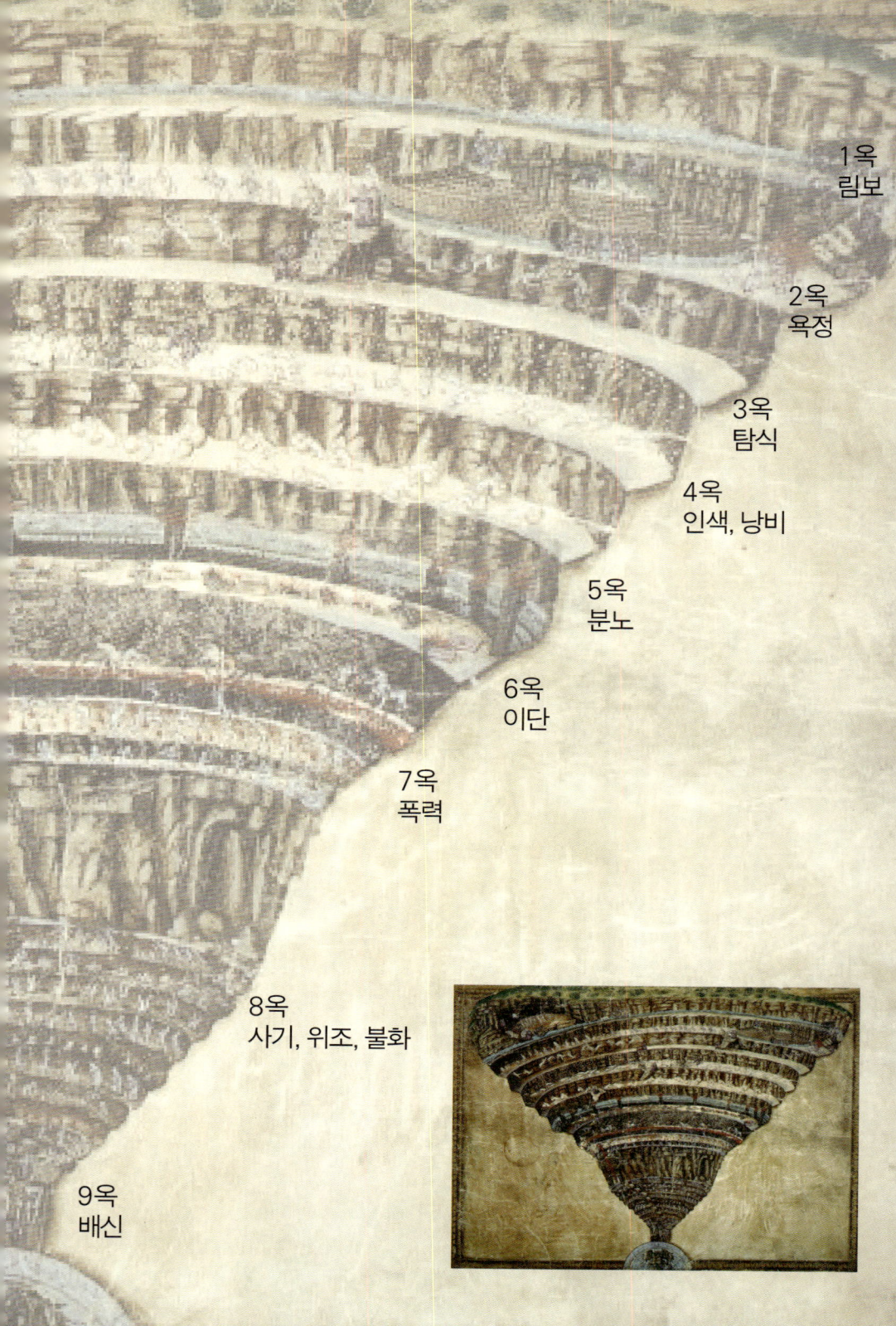

제 1 곡

서곡, 절망의 숲속

    때는 새로운 세기가 시작하는 1300년의 성 금요일 새벽이다. 이날은 예수 그리스도가 십자가에 매달려 죽은 날이다. 단테는 이날부터 시작하여 저승세계를 여행한다. 지옥을 거쳐 부활절 주일을 연옥에서 보내고 천국에 올라가기까지 수많은 영령들을 만나고 엄청난 체험을 한다. 최종 목적인 삼위일체 하나님을 직접 뵙고 돌아온다. 모두 일주일간의 여행을 마치고 그동안 체험한 경험을 낱낱이 글로 남기기로 결심을 한다.

    단테는 그 좌절의 숲에서 겪은 일을 회상하며 이야기를 시작한다. 첫 글은 이렇다.

    우리네 인생길 반 고비에
    올바른 길을 잃고서, 나는
    어두운 숲 속에 처해 있었다.

아, 이 거친 숲이 얼마나 사나웠던지
말로 다 표현하기 너무 힘겨워
생각만 하여도 몸서리쳐진다!

죽음보다도 더 쓰거웠던 경험이기에
나 거기서 깨달은 선을 알리려고
거기서 본 모든 것들도 말하려 한다.   (서곡 1-9)

성경 시편에 "우리의 연수가 70이요 강건하면 80"(시편 90편 10절)이라고 기록되어 있다. 단테는 인생 반고비인 36살에 정적들의 배신으로 쫓겨 다니며 좌절하고 방황하고 있었다. 대서사시 신곡의 너무 유명한 첫 연이기에 이탈리어 원어를 소개한다.

Nel mezzo del cammin di nosta vita
mi ritrovai per una selva oscura
che la diritta via era smarrita   (1-3)

'어두운 숲(selva oscura)'이란 빛도 희망도 없는 곳이다. '옳은 길(diritta via)'을 잃고 죄악 속이 처한 삶을 뜻한다. 단테는 신의 은총으로 어둠을 벗어나게 되고, 7일간 저승 여행을 통하여 깨달은 희망과 교훈을 전하고자 책을 쓰겠다고 다짐한다.

당신, 사람이오 귀신이오? 누구든 날 살려 주시오!   (1곡 65, 66)

절망의 숲 사악한 세 짐승 _ 윌리엄 블레이크 작
굶주린 암늑대가 뛰쳐나와 사람을 잡아 먹던 기세로 으르릉대며 길을 막았다.

어느날 단테는 두려움 속에 잠에 취한 듯 어두운 숲속에서 헤매고 있었다. 어렴풋이 해가 뜨는 언덕을 보고 숨을 가쁘게 몰아 쉬고 비탈길을 오르기 시작했다. 바로 그때 날쌘 표범 한 마리가 나타나 길을 딱 가로막고 섰다. 다행히 태양이 떠오르는 시각이라 그 덕에 벗어나 보려는 희망을 가져 봤다. 그러나 이번에는 거대한 사자 한 마리가 나타나 입을 포악하게 벌리고 덮칠 것 같이 다가 왔다. 피하려 하자 이번엔 굶주린 암늑대가 뛰쳐나와 사람을 잡아 먹던 기세로 으르릉대며 길을 막았다. 얼마나 놀라웠던가! 단테는 그 자리에 주저 앉고 말았다.

여기에서 '햇살'은 하나님의 은총을 뜻한다. 은총을 가로 막는 표범은 음란함과 질투를 상징하고 사자는 교만과 폭력을, 늑대는 탐욕과 배신을 상징한다. 세 마리 맹수는 모두 죄악을 의미하며 지옥의 사자들이다.

단테가 이대로 쓰러지면 지옥의 수렁에 직행하게 되는 것이다. 바로 이 순간 눈앞에 그림자 같은 모습이 어른거리며 나타났다. 단테가 목청껏 외쳤다.

"당신, 사람이오 귀신이오? 누구든 날 좀 살려 주시오!"
이러자 사람의 목소리가 들려왔다.

사람은 아니나 옛날엔 사람이었지! (67)
"Non uomo, uomo Gia fui."

목소리의 주인공은 베르길리우스(영어. 버질)이다. 그는 이탈리아 롬바르디아 만토바사람으로 기원전 1세기 아우구스투스 시대에 활약하며 로마건국사, 〈아이네이스〉를 저작한 로마 유명했던 시인이라고 본인을 소개하였다.

책 제목 〈아이네이스〉는 주인공 '아이네이아스의 노래' 라는 뜻이다. 아이네이아스는 트로이의 일리온성이 그리스연합국(아킬레우스, 아가멤논, 오딧세이 등이 이끔)에게 함락당하자 아버지를 등에 업고 탈출하여 7년 항해 끝에 이탈리아에 정착하여 로마를 세운 영웅이다. 베르길리우스는 로마의 건국과정을 대서사시로 남겼다.

그가 책망하듯 단테에게 말했다.
"그대는 어찌하여 이런 척박한 고통의 숲에 들어와서 헤매고 있느냐? 나와 함께 모든 기쁨의 시작이요 근본인 환희의 산(연옥)에 오르지 않겠는가?"

단테는 그를 알아보고 놀라워하며 찬양하듯 말했다.

"아, 모든 시인들의 영광이요 빛이여! 그대가 바로 언어의 샘물이신 베르길리우스 이시군요. 그대는 저의 진정한 스승이십니다!"

눈물을 흘리며 감동하는 단테를 보며 베르길리우스가 대답했다.

이 숲을 벗어나고 싶거든 너는 다른 길로 가야 한다!　　(92, 93)

"너를 고통스럽게 하는 저 짐승들은 본성이 사악하여 탐욕을 채워 본 일이 없다.

사냥개가 와서 이것들을 죽이기 전까지 숫자가 더 늘 것이다. 이 사냥개는 '지혜와 사랑과 덕'을 먹고 사는 존재이며 베로나 지역에서 태어날 것이다. 그가 장차 이탈리아의 구원이 될 것이니 그는 도처에서 암늑대를 사냥하여 지옥에 처넣을 것이다."

여기에서 '지혜와 사랑과 덕'은 삼위일체 하나님의 은혜를 뜻한다. '사냥개'는 단테의 망명길 살벌한 시기에 베로나에서 긴 시간 보호해 주며 신곡을 저술토록 도와주는 칸그란테 델라 스칼라 베로나영주를 비유한다.

베르길리우스는 단테의 길잡이가 되어 지옥과 연옥, 그리고 천국 가는 길로 이끌겠다고 약속한다.

"그대는 두 번째 죽음으로 울부짖는 망령들을 보게 되고, 또 불고문을 참고 견디며 희망을 안고 견디는 (연옥의) 영혼들을 보게 될 것이다."

네가 축복받은 (천국의) 영혼들에게 오르고 싶다면
나는 나보다 더 가치있는 영혼에게
그대를 맡기고 나는 떠날 것이다. (121-123)

여기에서 두 번째 죽음은 지옥에 빠진 영혼을 말하며, 불 속에서 견디며 희망을 안고 있는 곳은 연옥을 뜻한다. 베르길리우스보다 더 고귀한 영혼은 바로 베아트리체를 말한다. 천국의 사자가 들려주는 희망의 소리에 감동하여 단테가 말했다.
"하나님 이름으로 간청하오니 이 사악한 곳에서 저를 구하여 주시고 저를 인도하여 성베드로의 문으로 어서 데려다 주세요!"

그러자 그가 움직였고 나는 그 뒤를 따랐다. (136)

제 2 곡

천국의 세 여인과 단테의 저승 여행

날은 저물어가고 불그스레한 하늘빛이
땅 위의 모든 생명들을 그 고달픔에서
놓아주고 있는데, 오직 나 혼자만이

나아갈 길과 연민과 마주할 전쟁을 치르려
마음의 채비를 하고 있노라,
내 기억은 빠짐없이 모든 것을 기록하리라.　　　(2곡 1-6)

　단테는 홀로 서재에서 힘들게 지나왔던 길을 회고하며 대서사시를 집필할 준비를 한다. 이 모든 것들을 남김없이 기록하리라고 다짐하며, 호메로스나 베르길리우스처럼 시를 시작할 때 뮤즈를 부르는 글을 먼저 썼다.

지옥편 - INFERINO　　41

뮤즈여, 지체 높은 지성이여, 나를 도우소서!
내 거기서 본 바를 기억하게 하소서.
그대의 고귀함이 여기에 모두 나타나리로다. (7-9)

…… 다시 과거로 돌아가,

단테는 스승에게 자기같은 미천한 존재가 어찌 저승여행을 할 수 있겠는지 질문을 한다. "저는 아이네이아스도, 바울도 아닙니다. 제가 그분들처럼 위대한 여행을 할 가치가 있나요? 철없고 죄스런 일이 아닐지 심히 두렵습니다."

여기에서, 아이네이아스는 살아있는 몸으로 저승세계로 찾아가서 아버지 안키세스를 만나 미래에 대한 조언을 구한다는 〈아이네이스〉의 기록이 있고, 사도 바울은 신의 계시를 받고자 천국에 다녀왔다는 기록이 성경 〈고린도후서〉 12장에 있다.

겁먹은 단테를 달래며 베르길리우스는 이 여행은 원래 '그대의 여인', 베아트리체로부터 기획되었음을 알려준다. 자기가 림보(보호받는 영혼들이 머무는 특수한 지옥)에 있는데, 거기에 아름답고 복된 여인이 찾아와서 천사의 음성으로 간청했다고 한다.

"친절한 만토바의 영혼이여, 그대 명성은 길이길이 이어질 겁니다. 나의 친구 단테가 불쌍하게도 황량한 숲에서 길을 잃고 헤메고 있다오. 부디 그대가 가서 그를 도와 주시고 저를 위로해 주세요!"

또한 자기를 베아트리체라고 소개하며, 주님에게 잘 말씀드려 베르길리우스의 영혼이 림보에서 벗어나 더 좋은 세계(천국)로 인도되도록 약속하였다고 한다.

그대를 보내는 나는 베아트리체,
사랑이 나를 말하게 하고 움직이게 합니다.　　　　(71, 72)

　제안을 받고 베르길리우스는 단테를 돕겠다고 약속했다고 한다. 그런데 베아트리체가 천국에서 어떻게 지옥의 중심까지 거리낌 없이 내려올 수 있었을까?
　"남을 헤치는 힘을 갖고 있지 않는 한, 그 어떤 것도 두려워할 필요가 없습니다. 나는 하나님의 자비로 태어난 자입니다. 어떠한 불행도 나를 건드리지 못하며, 타오르는 불길도 나를 휩싸지 못한다오. 성모 마리아께서 내 사연을 듣고 감동하시고 내가 통과할 지옥의 장애물을 치우도록 하늘의 율법을 꺾으셨다오. 그리고 성 루치아를 부르시고 이 일을 맡기셨다오."
　이에 성 루치아가 일어나시어 모든 일을 순탄케 하고 그녀를 격려해 주었다고 한다.
　"베아트리체여, 하나님의 진실한 찬미여! 그대를 그렇게 사랑했던 사람이 저 비참한 숲에서 벗어나도록 어서 가서 도우세요. 그의 절망의 울음 소리가 들리지 않나요? 죄악의 강물에서 죽음이 그를 삼키려 하는 것이 보이지 않나요?"
　베아트리체가 이런 연유로 림보에 내려왔다고 말할 때, 그녀의 두 볼에 흐르는 눈물이 별처럼 반짝거렸다고 한다. 스승은, 단테에게 "복된 저 세 여인들이 하늘의 궁전에서 그대 편을 들어 마음을 쏟고 있는

데 그대는 담대한 마음을 지니지 못하고 뭘 망설이냐?"고 질책했다. 단테는 추운 밤에 고개를 숙이고 오므라든 꽃들이 아침 햇살에 줄기에서 활짝 피어나듯이 지친 힘을 돋우웠다. 그리고 뜨거워진 열정이 가슴에 흘러내림을 느끼며 스승을 찬하하였다.

"오, 그분은 참으로 자비롭군요! 그분의 진정한 뜻에 이내 순종하신 스승님은 참으로 친절하십니다. 이제 가시지요! 이제 뜻이 하나가 되었으니, 베르길리우스스님은 저의 진정한 인도자이시고 주인이시자 스승님이십니다."

이렇게 말하자 스승이 움직이셨고

나는 열정적이고도 험난한 여행 길로 들어섰다. (142)

제 3 곡

지옥의 문을 거쳐 지옥의 강으로

여기 들어오는 너희는 모든 희망을 버릴지어다.
Lasciate ogni speranza, voi ch'entrate

단테는 베르길리우스의 안내로 지옥세계로 들어선다. 마침내 지옥의 입구에 이르자 거대한 문이 서 있다. 문 꼭대기에 적힌 어두운 글자가 섬뜩하게 눈에 들어왔다.

나를 거쳐서 고통스런 도시로
나를 거쳐서 영원한 탄식 속으로
나를 거쳐서 저주받은 무리 속으로 간다.

나의 창조주는 정의로 다스리시며
전능하신 힘과 지고하신 지혜와

태초의 사랑으로 나를 만드셨도다.

나보다 먼저 창조된 것은 영원한 것 이외에
없으니, 나는 영원토록 존재하리라.
여기 들어오는 너희는 모든 희망을 버릴지어다. (3곡 1-9)

놀라워 하는 단테의 모습을 보고 스승은 그 심정을 안다는 듯 평온한 표정으로 단테의 손 위에 자신의 손을 얹으며 힘을 복돋워 주었다.
"여기에선 모든 불신과 두려움을 이겨내어야 한다."

지옥도 거부하는 비굴한 영혼들의 울부짖음 (입구지옥)

입구에 들어서자 탄식과 울부짖는 소리와 드높은 통곡 소리가 '여기 별 없는 하늘'에 울려 퍼지기에 단테는 놀라서 울음을 터트리고 말았다. 그 알 수 없는 수많은 언어들이 뒤범벅이 되어 회오리바람에 휩쓸리는 모래먼지처럼 떠돌고 있었다. 단테는 무서워서 머리를 감싸며 소리쳤다.
"스승님, 저토록 고통스러워 하는 저자들은 누구입니까?"
"일생을 수치심도 명예심도 없이 살아온 비굴한 자들의 비참한 최후이다. 오직 자기 이익만을 위해 산 영혼들이다. 하나님께 반항도 충성도 하지 않은 천사들도 섞여 있단다. 오죽하면 이 깊은 지옥조차 입장을 거부하니 저렇게 울부짖고 있단다."
존재감 없이 살았기에 정녕 살아 있었다고 볼 수 없는 그들은 발가벗긴 채로 거대한 파리와 벌 떼에게 무수히 찔리고 있었다. 구더기들이 다리의 피를 마구 빨고 있었다.

아케론강 뱃사공, 카론

입구 너머 지옥의 강둑에서 흰머리노인이 단테를 보더니 배를 저어 오면서 큰 소리로 외치고 있었다.
"사악한 영혼들아, 화있을 지어라! 하늘을 바라볼 꿈일랑 버려라! 저 강 건너편에 영원한 어둠속에 무시무시한 화염과 얼음의 지옥으로 너희들을 실어가려 왔노라. 그런데, 너! 살아 있는 영혼 아니냐? 비켜라! 너는 다른 항구를 통해 가야 한다. 더 가뿐한 배를 타야 한다."
길잡이 스승이 "저 높은 곳에 계시는 분의 뜻이다"라고 하며 카론을 설득하자 눈가에 불테를 가진 털복숭이 카론이 겨우 잠잠해졌.
여기에서, 카론은 그리스 신화에 나온다. 어둠의 신 에레보스와 밤의 여신 닉스 사이에 태어난 신으로 아케론 강에서 죽은 자들을 저승으로 실어나르고 있다.
카론의 끔직한 저주와 고함에 모든 망령들은 부들부들 떨며 자기들을 세상에 나오게 한 하나님과 부모, 이 땅과 시간, 그리고 탄생의 씨앗을 저주하고 있었다. 카론의 눈은 벌겋게 이글거렸다. 망령들을 불러 모으면서 조금만 늑장을 부려도 노로 사정없이 후려쳤다. 아담의 비참한 씨앗들은 이곳 아케론 강둑에서 카론의 배 위로 마치 훈련된 새처럼 하나하나 뛰어 들었다. 이들이 저 으스레한 갈색 물결 위를 지나쳐 강 건너 쪽에 내리기도 전에 이쪽에 또 한 무리의 망령들이 모이고 있었다.

아케론강의 카론 _ 미켈란젤로 작
카론이 망령들을 노로 사정없이 후려쳤다.

놀라하는 단테를 보고 베르길리우스가 부드럽게 말했다.

"내 아들아, 하나님의 분노로 죽는 자들은 모두 이곳에 모여들고, 하나님의 정의 아래 이 강에 밀려든단다. 그리고 자연스레 아케론강을 건넌단다."

이 말이 끝나자 어둑한 들녘이 무섭게 요동을 쳤다. 단테는 얼마나 놀랐던지 땀이 가슴을 흠뻑 적셨다. 눈물에 젖은 대지가 바람을 뱉어내고, 붉은 번개가 한동안 쏘아대니 그 섬광이 단테를 사로잡아 단테는 모든 감각을 빼앗기고 쓰러지고 말았다.

나는 마치 잠에 취한 사람처럼 쓰러졌다.   (136)

제4곡

고통도 희망도 없는 림보, 지옥의 첫 원(Cerchio)

　무시무시한 천둥 소리에 단테는 깜짝 놀라 깨었다. 눈을 들어 주위를 보니, 깊은 나락의 구멍이 입을 탁 벌린 곳의 끄트머리에 서 있는 것이 아닌가?

　나는 끝없는 통곡의 우뢰를 모아 둔
　고통스런 아득한 심연의 골짜기,
　그 골짜기의 끄트머리 위에 있었다.　　　　　　　　　　(4곡 7-9)

　안개가 자욱하여 아무것도 구별할 수 없었다. 스승님의 얼굴도 겁먹은 듯 걱정스럽게 보였다.
　"저 어두운 눈먼 세계로 내려가 보자. 저 아래 있는 사람들의 근심이 우리 얼굴에 연민으로 칠하고 있구나."

희망 없는 희망속에서 살아간다.   (42)

이곳은 지옥 나락의 첫 번째 옥으로 큰 원 모양이다. 들리는 소리는 긴 한숨 소리 뿐 절규나 통곡이나 저주의 소리는 없었다. 이곳에 머무는 어린이, 여인들, 사내들의 많은 무리들에게는 육체적 고통은 없기 때문이다. 이들은 죄도 짓지 않았고 좋은 일도 했으나 생전에 세례를 받지 못했었다. 세례는 신앙의 증표이다. 그 죄 하나로 희망 없는 희망 속에서 살아간다. 여기 림보(Limbo)는 지옥 안에서는 낙원 같은 느낌이지만, 이곳 영혼들의 유일한 희망이 하나님을 보고 천국에 가는 것이 꿈이라 참으로 희망이 없는 셈인지라 하나같이 긴 탄식을 하고 있다.

단테는 답답하여 가슴이 아파왔다. 그 이유는 위대한 가치를 지닌 영혼들이 이곳 림보에 억류되어 있음을 알았기 때문이다.

"스승님, 말해 주세요. 자신의 공으로든 다른 이의 도움을 받아서든, 여기를 벗어나 복받은 자(천국에 올라가는 자)가 된 영혼이 있었나요?"

베르길리우스는 단테의 마음을 간파하고 설명하였다.

"내가 이곳에 온 지 얼마 되지 않아 승리의 관을 쓴 권능자가 오신 것을 봤단다. 그분은 사람의 최초 아버지인 아담의 영혼과 그의 아들 아벨, 그리고 창세기에 나오는 노아의 영혼, 율법을 주고 순종한 모세의 영혼, 히브리 족장 아브라함과 다윗 왕, 이삭과 야곱, 야곱이 큰 정성을 쏟은 라헬 그리고 많은 선택된 영혼들을 끌어내시어 축복해 주셨단다."

여기에서 권능자는 예수 그리스도이다. 그가 십자가에서 죽으신 후 바로 림보로 내려와서 구약시대의 고귀한 영혼들을 천국으로 이끌었

림보의 호메로스등 성현들과 단테 _ 니콜라 콘소니 작
단테는 베르길리우스에 이어 여섯 번째 위대한 시인으로서 그들과 함께하는 영광을 누렸다.

던 것이다.

  좀 더 내려가니 나무들이 빽빽하게 들어선 숲에 이르렀다. 단테가 정신을 집중해서 살펴보니 지상에서 고귀하게 살던 사람들이 여럿 보였다. 단테는 궁금했다.

  "모든 학문과 예술로 존귀하신 스승님, 눈에 확 띄는 저 영혼들은 누구인지요?"

  "그래. 지상에서는 아직도 그들의 명예로운 이름을 거론하지. 그 덕분에 여기에서도 하늘의 은총을 받아 이렇게 두드러지는 모습을 가진단다."

  그때 어디선가 외치는 소리가 들려왔다.

  "고귀한 시인을 찬미하라! 떠났던 그의 영혼이 돌아오는도다."

이내 소리가 조용해지자 네 명의 위대한 영혼이 다가오는 것을 보았다. 그들은 슬프지도 즐겁지도 않은 표정을 짓고 있었다. 손에 칼을 쥐고 앞선 자가 바로 대서사시 〈일리아드〉와 〈오딧세이아〉의 작가 호메로스이다. 그 뒤에 풍자시인 호라티우스와, 〈변신이야기〉로 그리스로마신화를 집대성한 오비디우스, 그리고 네로에게 죽은 비운의 시인 루카누스가 뒤이어 왔다. 이 순간에 단테는 베르길리우스에 이어 여섯 번째 위대한 시인으로서 그들과 함께하는 영광을 누렸다. 단테는 스스로 희망을 쏘았다!

그들이 나를 초청하여
나는 그 성현의 무리에 여섯 번째가 되었다. (101, 102)

여섯 시인들은 대화를 나누며 어느 품위있는 성에 도착했다. 일곱개의 높다란 성벽으로 둘라싸여 있고 해자에는 물이 가득 담겨 흐르고 있었다. 이 성현들과 단테는 일곱개의 문을 지나 파릇파릇한 풀밭 정원에 들어갔다.

그곳에는 위엄을 갖춘 영혼들이 있었다. 트로이의 영웅 헥토르와 트로이 패망 후 탈출하여 로마를 건국한 아이네이아스 그리고 독수리 눈을 한 갑옷 차림의 카이사르도 보였다. 아이네이아스의 아내가 된 라비니아와 장인 라티누스가 서 있다. 터어키의 왕 살라딘은 한쪽에 떨어져 있었다.

눈썹을 더 치켜 올려보니 철학자 일가들이 보였다. 누구보다 더 두드러진 아리스토텔레스가 영광을 받으며 중앙에 앉아 있었고 그 가까이에 소크라테스와 플라톤이 보였다. 만물이 원자의 우연한 결합이라 주장한 데모크리토스와 자연철학자들인 아낙시고라스, 탈레스, 엠페도클래스 그리고 스토아 학파의 창시자 제논도 보였다.

그리스 신화의 시인이자 음악가인 오르페우스와 로마의 철인 키케로와 네로황제의 스승인 세네카도 있었고, 기하학자 유클리트와 알렉산드리아의 천문학자 프톨레마이오스, 명의 히포크라테스와 아라비아의 명의이자 철학자인 아베로에스도 보였다.

거기에서 본 이들을 이루 다 열거할 수가 없다.

이제 여섯 시인은 두 무리로 나뉘어졌다. 길잡이 스승과 단테는 새로운 길로 나와 요동치는 허공으로 들어선다. 하늘도, 별도, 희망도 없는 길이다.

나는 빛이 한 점도 없는 곳으로 왔다. (151)

∽⌒

왜 아리스토텔레스가 소크라테스와 스승을 제치고 철학자와 과학자의 방에서 가장 높은 자리에 앉아 있을까?

그의 철학사상은 스승 플라톤과 달리 인간의 현실에 중심을 두었다. 중세 스콜라 철학에 가장 큰 영향을 준다. 그는 4주덕인 '지혜, 용기, 절제, 정의'에 더하여 '우애'를 5주덕으로 하였다. 그리고 인간이 피해야 할 3품성으로 '무절제, 악덕, 수심(짐승같은 상태)'이라 하고 이것들이 죄의 근원이라 하였다.

단테는 〈니코마코스 윤리학〉에서 나온 죄의 분류에 따라 지옥과 연옥을 구성하였다. 무절제로 인한 죄(비교적 약한 죄)들로 상부 지옥(1옥-6옥)을 구성한다.

∽∽

단테의 무덤은 이탈리아 동북부 그가 죽었던 라벤나 시에 있다. 피렌체 시는 피렌체 성당에 단테의 가묘를 만들고 묘비에 〈지옥편〉 4곡 80, 81절을 인용하여 새기고 단테의 운구가 돌아오기만을 기다리고 있다.

"가장 높은 시인을 찬미하라,
떠나가신 그의 영혼이 돌아오는도다!"

∽∽

제5곡

지옥의 심판자 미노스와 슬픈 프란체스카

　단테는 스승의 인도로 림보를 떠나 지옥세계의 두 번째 옥으로 내려왔다. 그곳은 더 좁고 훨씬 비통스러워 보였다. 들어서는 입구에 지옥의 심판자인 미노스가 이를 갈며 무시무시한 모습을 보였다.
　원래 미노스는 그리스 신화에 나오는 제우스의 아들로 크레타의 왕이었다. 지옥의 심판자가 되어서 긴 꼬리를 휘두르며 영령들의 죄를 심문하고 형을 내리고, 즉시 그 꼬리로 감기는 횟수에 따라 해당하는 처형장으로 정확히 날려 보내고 있었다.
　지옥의 심판자가 단테를 보더니 말한다.
　"너는 지금 고통의 집으로 들어오는구나. 도대체 누굴 믿고 왔느냐, 여기 입구가 넓다고 속지 말지어다!"
　그러자 베르길리우스 스승이 말을 가로챘다.
　"미노스여, 왜 이리 소란을 피우는가, 이 자는 하늘의 권능으로 여기에 내려온 자이다. 더 이상 묻지 말고 들여 보내라!

지옥의 심판자 미노스 _ 귀스타브 도레 작
지옥의 심판자인 미노스가 이를 갈며 무시무시한 모습을 보였다.

단테는 곧 한탄과 통곡이 뒤흔드는 곳에 이르렀다. 빛은 침묵하고 끊임없이 폭풍이 휘몰아치고 있었다. 가련한 영혼들은 비명을 지르며 하염없이 바람에 휩쓸리고 있었다.

이들은 욕정에 사로잡혀 이성을 잃었다. (38)

겨울철 수많은 찌르레기들이 무리지어 바람 따라 선회하듯이 사악한 영령들은 이리저리 바람에 휘둘려 쉴 새없이 벌을 받다니. 아, 그들에겐 위안받을 희망은 하나도 없구나. 그중에 슬픈 노래를 부르며 기다란 선을 그리며 학처럼 날아가는 영혼들도 있었다. 단테가 스승에게 물었다.

"스승님, 저기 검은 하늘이 도리깨질로 벌을 주는 저들은 누구인가요?"

"애욕의 죄 때문에 망가진 저 영령은 술탄 왕국의 세미라이스 여왕이다. 본인이 저지른 추문들을 덮으려고 음란함을 법으로 정당화 시킨 자이지. 저길 봐라. 클레오파트라가 있다. 또 헬레네를 보아라! 그리스 큰 나라의 왕인 메넬라오스의 아내로 떵떵거리며 살다가 트로이의 젊은 왕자 파리스와 눈이 맞아 트로이로 도망쳐 가버렸지. 처절한 트로이 전쟁의 불씨를 만든 여자이었지. 당연히 파리스도 저기 와 있단다.

그 전쟁통에도 사랑 싸움에 빠졌던 아킬레우스, 저 위대한 자도 이곳에 끌려 와있단다. 마법에 이끌려 자기를 구해준 아일랜드공주 이졸데를 죽인 콘월의 기사 트리스탄도 여기에 있지."

여기에서 트리스탄과 이졸데 이야기를 잠깐 한다. 아일랜드의 이졸데공주는 사랑에 눈이 멀어 원수 트리스탄을 치료해주고 복수를 미룬다. 결국 둘은 사랑의 묘약을 마시게 되고, 해서는 안 될 사랑을 하게된다. 그리고 범선의 갑판에서 차례로 죽음에 이른다. 이졸데는 "사랑은 밤과 죽음 안에서 완성되는가? 고통속에 이 황홀함이여! 잔인한 운명의 굴레여, 저주스런 시간이여!" 울부짖듯 노래하다가 환상속에서 죽음을 맞이하였다.

단테는 여기에 영웅들과 고귀한 여인들의 이름을 들으며 측은한 마음이 들어 어찌할 바를 몰랐다. 입을 열어,

"시인이여, 바람에 날려 서로 붙들고 거품처럼 떠밀리는 저 영혼들과 잠시 얘기를 나누고 싶습니다."

스승의 허락을 받고 단테는 목청을 가다듬어 소리를 높였다.

"오, 가련한 영혼들이여, 신께서 허락하신다면 이리로 와서 얘기 좀 나눕시다."

부름받은 비둘기들이 마치 날개를 펴고 아늑한 보금자리로 내려오듯이 한쌍의 영혼이 무리에서 떨어져 나와 단테를 향하여 내려왔다. 그리고 말한다.

"친절하게도 이 어두운 허공에서 피로 물들였던 우리를 찾아 주시는군요. 우주의 왕께서 우리의 고통에 연민을 주시는 그대들에게 평안을 주시길 간구드립니다. 마침 바람이 잠시 그치니 기꺼이 말하리라."

이 영혼은 비록 지옥에 있지만 기도를 하였다. 가련한 영혼은 말을 이었다.

"내가 태어난 곳은 포강이 바다로 흘러 가는 평화롭던 도시입니다. 사랑이 내 가슴에 타오르니 나의 아름답던 육신은 그만 이이를 사로잡았답니다. 그 일은 아직도 나를 괴롭게 합니다. 타오르는 사랑에 사로잡혀 서로가 서로를 놓아주지 않으니 보다시피 우리는 아직도 서로 떠나지 않고 있어요. 사랑은 우리를 하나의 죽음으로 이끌었지요. 우리를 죽인 자는 처절한 얼음 지옥인 카이나에 있다고 합니다."

단테는 슬픈 영혼의 말을 들으며 고개를 떨구었다. 스승이 "무슨 생각을 하냐"고 물었다. 단테는 깊은 한탄을 하며 대답했다.

나는 대답했다. 얼마나 많은 달콤한 생각과
얼마나 큰 욕정이 저들을
몰락의 길로 내몰았던 것일까요?　　　　　　　　　　(112-114)

파올로와 프란체스카 _ 단테 가브리엘 로세티 작
비련의 주인공으로 형수와 시동생 관계였던 프란체스카와 파올로이다.

그들은 단테도 들은 바 있었던 비련의 주인공으로 형수와 시동생 관계였던 프란체스카와 파올로이다. 그녀가 슬피 울며 말을 이었다.

비참할 때에
행복했던 옛 시절을 생각하는 것보다 더한 고통은 없다오.

(122, 123)

"어느날 우리는 한가하게 아더왕 이야기책을 꺼내 랜슬롯의 슬픈 사랑의 장을 함께 읽고 있었어요. 읽다가 그만 여러차례 눈을 마주쳤지요. 그러다가 어느 대목에서 랜슬롯 기사와 왕비가 입맞추는 장면에 그만 사로잡혔답니다. 이이는 부들부들 떨며 내게 입을 맞추었지요. 우리는 그날 더 이상 읽지 못하고 살해되고 말았습니다."

한 영혼이 말하자 다른 영혼은 울고, 단테는 죽어가는 사람처럼 정신을 잃고,

시체처럼 지옥의 바닥에 쓰러졌다. (142)

∽⌒

제3, 4, 5곡은 지옥편의 도입부이다. 사람의 선택과 자유의지에 관련된다.

제3곡의 입구지옥에 있는 게으로고 비굴한 사람들은 결정 내리는 것을 도피한 영혼들이다. 지옥도 받아들이길 거부한다.

제4곡의 림보에는 선택할 기회가 없어서 세례받지 못한 영혼들이 머문다.

제5곡에 욕정에 사로잡힌 자들은 선택한 자들이다. 본성의 포로가 된 자들로 매우 인간적이기도 하다. 그래서 단테는 강한 연민을 느낀다.

— 윌리스 파울리 저, '단테의 신곡, 지옥편'에서

프란체스카는 단테가 지옥에서 처음 대화를 나눈 영혼이다. 단테의 감수성과 따뜻한 마음이 담겨있다. 한편 베아트리체와 단테의 사랑은 이들과 차원이 다른 지성과 구원의 사랑이다. 두 사랑은 극명히 대조를 이룬다.

∽⌒

제6곡

머리 셋 달린 케르베로스와 탐식의 지옥

단테가 의식을 되찾고 주위를 살펴보니 온통 벌을 받는 자들뿐이다. 단테는 어느새 지옥세계 세 번째 옥으로 내려와 있다. 이곳에는 무겁고 차가운 영겁의 비가 쉴새없이 내리고 있었다. 주먹만한 우박과 더러운 물이 눈발과 뒤섞여 어두운 하늘에서 쏟아지고 있고, 땅바닥에서는 지독한 냄새가 풍기고 있다.

입구에 들어서자 신화에 나오는, 무시무시하게 머리가 셋 달린 케르베로스가 세 개의 아가리로 개처럼 짖어댄다.

이글거리는 눈, 덥수룩한 검은 수염,
넓적한 배와 날카로운 발톱으로
영혼들을 할퀴고 조각조각 찢고 있었다.　　　　(6곡 16-18)

케르베로스는 단테를 보더니 송곳니를 번득이며 온몸을 사정없이

지옥편 - INFERINO

케르베로스 _ 윌리엄 블레이크 작
머리가 셋 달린 케르베로스가 세 개의 아가리로 개처럼 짖어댄다.

떨어댄다. 악마의 형상이다. 그때 스승 베르길리우스가 양손으로 흙을 가득 집어 먹이를 주듯 아가리에 쳐 던졌다. 그러자 요란하게 짖어대던 악마가 조용해졌다. 단테는 스승과 함께 영겁의 비를 맞으며 땅에 뒹굴고 있던 영혼들을 밟고 지나갔다. 이때 영혼 하나가 벌떡 일어나 앉더니 단테를 바라보며 말을 걸어왔다.

"그대여, 나를 아는가 생각해 보라. 자루가 넘칠 정도로 시기로 가득한 그대의 도시 피렌체에서 나도 한때 편안히 살았다오. 나는 연회에 불려다니며 먹다가 탐식가가 되었지. 돼지를 뜻하는 치아코라는 별명을 얻었다네."

단테는 기억이 안나지만 동정어린 몸짓을 하며 치아코에게 물었다.

"그대 아픔에 나도 눈물이 날 정도네요. 혹시 안다면 말해주오. 그 피렌체에는 앞으로 어떤 일이 있을까요?"

죽은 자에게는 미래를 보는 예언 능력이 있다. 치아코가 응답했다.

"곧 피바다가 될 거에요. 사나운 쪽이 다른 쪽을 휩쓸어 버릴 것이요…"

실제로 단테는 1302년에 정적 흑당무리에게 추방을 당하게 된다. 작품 속의 배경은 2년 전인 1300년 이기에 치아코의 입을 통해 정확히 서술할 수 있는 것이다. 단테는 치아코에게 "피렌체에 의로운 사람이 있는가?"라는 질문을 던졌다.

치아코의 입을 통해 "오만, 시기, 탐욕은 사람의 마음에 사악한 불꽃들이다. 피렌체에 의로운 사람은 없고 사악함만 만연하다."고 비난하였다. 단테는 피렌체를 성경의 소돔과 고모라로 비유하듯 이야기를 끌어간다(창세기 18장).

피렌체에서 인정받았던 사람 다섯의 이름을 대며 그들이 어떻게 되었는가 묻는다. 치아코의 답은 이렇다.

"그들은 아래의 더 시커먼 영혼들과 함께 있다오. 온갖 죄에 물들어 타락했으니 그대가 저 아래(깊은 지옥)로 더 내려가면 그들을 볼 수 있으리라"

치아코는 피렌체를 맹비난 했지만, 단테에게 지상으로 돌아가거든 자기를 '기억해 달라' 하고 사라졌다. 이처럼 지옥의 영혼들도 항상 이승세계를 의식하고 있는 것이다.

> 그대가 달콤한 세계에 가게 되거든,
> 살아있는 자들에게 나를 기억하게 해 주오.   (88, 89)

스승이 입을 열었다.

"하늘에서 천사의 마지막 나팔 소리가 울려 퍼지고 최후의 심판 날이 올 때까지 그는 깨어나지 않을 거야. 그날이 오면 모든 영혼은 자기의 슬픈 무덤을 찾아와 흙이 된 육신과 형체를 되찾을 거고, 최후 심판의 울리는 소리를 듣게 될 거라네."

단테와 스승은 비와 망령들이 뒤섞여 더러워진 땅 위를 느릿느릿 걸어가며 〈요한계시록〉에 나오는 최후의 심판 이야기를 나누었다. 단테는 '심판날 지옥의 고통이 줄어들 것인가?' 궁금해 하자 스승이 답했다.

"그날이 오면 고통받는 자는 더 고통을 받고 기뻐하는 자는 더 큰 기쁨을 누리리라."

둘은 얘기를 나누며 구부러진 길을 따라 돌며 내리막 지옥으로 향하고 있었다.

거기서 나는 거대한 악마 풀루톤을 만났다. (115)

❧

제 6곡은 신곡 100곡 중에서 가장 짧은 곡(Canto)중 하나이다. 너무 먹거나 마시는 행위도 당시 굶는 사람이 많던 시절에는 죄로 분류되었다. 현대인의 눈으로 탐식죄는 좀 가혹하다. 실존 인물 치아코는 보카치오의 〈데카메론〉에도 등장한다. 탐식을 하지만 많은 사람에 즐거움을 주고 법을 준수하고 다른 선한 일도 많이 했다고 한다.

– 윌리스 파울리 저, '단테의 신곡, 지옥편'에서

❧

제7곡

악마의 수괴 플루톤과 탐욕과 낭비의 지옥

　지옥 네 번째 옥 앞에 이르니, 거대한 악마 플루톤이 쉰 목소리로 '파페 사탄 파페 사탄 알레페'라고 주문을 외우며 단테를 노려 보고 있었다.

　플루톤은 그리스 신화에서 지옥의 왕 하데스에 해당하지만 거대한 악마로 등장한다.

　스승이 나서서, 일전에 아케론강 사공 카론이나 지옥 입구의 심판자 미노스에게 말한 것처럼 "저 높은 곳에서 주신 권능으로 내려왔다!" 하며 플루톤을 겁주고 혼냈다.

　"이 망할 놈의 늑대야, 주둥이 다물어라! 네 분노로 타 죽을 놈아! 저 높은 곳의 미카엘 천사장의 정의와 복수가 두렵지 않느냐!"

　그러자 그 거대한 악마는 마치 돛대 기둥이 부러지고 돛폭이 휘말리어 내려앉듯이 땅바닥에 고꾸라졌다. 단테는 스승과 함께, 우주의 죄들을 쌓아 놓은 그 완강한 심연을 더듬어 가며 네 번째 지옥 안에 들어갔다.

　이탈리아 본토와 시칠리아섬의 좁은 카릿디 해협에서 부서지는 파

지옥편 - INFERINO　　65

도처럼 이곳 영혼들은 서로 밀치고 부딪치며 고통을 받고 있다. 가슴으로 육중한 짐을 밀어내며 서로 소리치고 있었다. 이 짐들은 사는 동안 그토록 아꼈던 재물들이다.

한 영혼이 "왜 그렇게 인색하게 모으기만 하느냐?" 그러자 다른 영혼은 "왜 함부로 낭비하는 거야!"라고 헐뜯었다. 서로 상반된 모순의 삶을 살았던 죄인들이다. 이들은 자비도 없고 절제도 모르는 자들이다. 참으로 처참하고 한심하게 보였다. 단테는 셀 수 없이 많은 대머리들이 있는 것을 보고 누구냐고 스승에게 물었다.

"머리카락이 없는 자들은 한때 교황과 추기경들이다. 이들은 지나치게 탐욕을 부렸지. 재화를 잘못 쓰고 잘못 챙긴 저들은 밝은 세상을 빼앗기고 이런 아귀다툼에 빠지고 말았단다. 아들아 보아라. 재화는 운명, 포르투나의 손에 들려 있지만 사람들은 그것 때문에 처절히도 싸우고 있지. 얼마나 헛된 일인가!"

달 아래 있는, 언제나 있어왔던
저 금은보화를 다 바친다 해도,
이 지친 영혼 하나라도 쉬게 할 수 있는가. (7곡 64-66)

단테가 운명에 대하여 더 듣고 싶어하자, 스승이 말을 이었다.

"너는 귀를 기울이고 내 말을 들어 보아라. 하나님이 성령을 시켜 빛과 은총을 동일하게 나누어 온 하늘을 골고루 환하게 비추도록 하신 것처럼, 세상의 영화도 그렇게 하도록 다스릴 자를 세우셨단다. 재화도 이렇게 골고루 나뉘도록 했건만 사람들은 어리석게도 서로가 서로를,

탐욕과 낭비의 죄인들 _ 귀스타브 도레 작
영혼들은 서로 밀치고 부딪치며 고통을 받고 있다. 육중한 짐을 밀어내고 있었다.

민족이 민족을 지배하고 시들어 가면서 헛된 재화는 돌고 돌 뿐이란 다. 하늘의 운명에 칭송을 바쳐야 할 사람들이 분별없이 욕하고 저주하며 수도 없이 그녀를 십자가에 매달기도 한다. 운명, 포르투나(Fortuna)는 하나님의 피조물들과 더불어 언제나 자신의 수레바퀴를 돌리고 있단다."

  더 처참한 고통이 있는 곳으로 가 보자.   (97)

여기까지 말을 마치고 베르길리우스는 '더 칙칙한 세계로 가 보자'며 제자의 손을 이끈다. 탐욕의 고리를 가로질러 다른 언덕으로 가니 부글부글 끓으며 역류하는 개울을 만나게 된다. 검푸르고 칙칙한 물길을 따라 내려가니 낯설고 을씨년스러운 곳에 잿빛의 죄로 가득 찬 늪이 있었다. 그 이름은 스틱스이다.

단테가 자세히 보니 그 늪 가운데에 진흙투성이 사람들이 발가벗은 채 뒹굴고 있었다. 성난 얼굴로 서로 이빨로 물어뜯고 발과 주먹으로 난투를 벌이고 있었다.

"아들아, 분노를 이기지 못한 자들의 영혼을 보아라! 물 밑에서 내쉬는 한숨으로 수면이 부글거리는구나."

수렁에 빠진 자들은 말하지.
상큼한 공기와 따스한 햇살 속에서도
분노와 불안으로 음울했거늘,　　　　　　　　　　　(121-124)

이리하여 단테와 스승은 죽어서도 진흙을 삼키며 분통해 하는 영혼들을 보며 더러운 늪을 지나는 아치를 따라 돌았다.

그러다 어느 높은 탑의 발치에 와 있었다.　　　　　(150)

∽⌒

제 7곡까지 '무절제'로 인한 첫 번째 범주인 상부지옥은 끝난다. 무절제를 살피는 지옥여행은 스틱스의 늪까지이다. 스틱스는 '증오'를 뜻하며 하부지옥과 경계의 늪이다. 불친절, 퉁명(무절제)에서 시작하여 분노를 거쳐 폭력(행위)을 유발함을 암시한다.

  단테는 7곡까지 쓰고 국외로 추방당한다. 집을 수색하던 자들이 이 원고를 발견하고 경탄하여 당대 현자인 디노에게 보여 주게 된다. 디노는 심오한 의미에 감탄한다. 이리하여 단테를 수소문하고 원고는 극적으로 보내지게 된다. 단테는 이는 신의 은총이라 생각하고 다시 힘을 모아 신곡을 써내려 간다.

제8곡

분노의 지옥, 스틱스 늪

　단테는 높은 탑의 먼 발치에 서 있었다. 여기는 지옥세계 다섯 번째 옥인 분노의 늪이다. 멀리서 바라보니 두 개의 불꽃이 탑 꼭대기에서 타오르고 있었다. 마치 서로 신호를 보내는 것 같았다.

　지혜의 바다 같은 베르길리우스 스승은 "저 불빛은 우리의 등장을 알리는 신호이다."라고 말했다. 그때 조그만 배 한 척이 물을 헤쳐 오고 있었다. 사공이 혼자 노를 저으며 화살보다 빠르게 다가오더니, 스승에게 "망할 영혼아, 또 왔느냐!"라고 외쳤다. 스승이 즉각 말을 받았다.

　"플레기아스! 어이. 플레기아스야, 쓸데없이 소리 지르는구나! 이봐, 이번에도 네 신세 좀 지자꾸나. 이 진흙구렁에서 건져 우리를 배로 실어다 다오!"

　플레기아스는 왠지 속은 것 같다는 듯이 얼굴을 찌뿌리며 단테와 스승을 배에 태웠다. 단테가 배에 오르자 살아 있는 사람 단테의 무게감이 느껴졌다. 낡은 배는 서서히 스틱스 늪의 물살을 가르며 나아갔다.

여기에서 플레기아스는 그리스 신화에 나온다. 딸을 겁탈한 아폴로 신에게 분노를 참지 못하고, 델포이의 아폴로신전에 불을 지르고 잡혔던 자이다. 그 죄로 타르타로스(지옥)행을 선고받았었다. 그가 여기 스틱스 늪에서 도망치는 영령들을 잡아 배에 태우고 벌을 주는 분노의 화신으로 등장한다.

더러운 늪 속을 지나는데 느닷없이 진흙을 뒤집어 쓴 머리통이 나타나 소리쳤다.

"아직 때도 아닌 것 같은 데, 여기 오는 그대들은 누구인가?"

"단테라 하오. 여기에 오긴 왔지만 오래 머물진 않을 거요, 그런데 그대는 뉘신가? 참 험상궂게도 생겼구려."

"내가 브이지 않는가? 나는 울고 있는 사람이다!" 망령이 퉁명스럽게 말을 할 때 단테는 그자를 알아보았다. 그는 바로 피렌체 흑당의 괴수로 단테를 추방했던 바로 그자이다. 단테와 백당 사람들을 몰아내고 재산을 압수하고 온갖 악행을 저지른 악명 높은 필리포 아르젠티었다. 단테는 그를 저주하며 욕을 퍼부었다.

"이 망할 놈의 영혼아! 이곳에 갇혀 영원토록 통곡하거라! 이제야 널 알아보겠다!"

그러자 그 망령이 단테가 탄 배를 잡으려고 손을 뻗히자 이번엔 베르길리으스가 나서서 밀쳐 버리며, "저주받는 놈들 속으로 꺼져 버려라!"라고 소리쳤다. 그리고 스승은 단테를 위로하듯 팔로 감싸며 얼굴에 입을 맞추며 말했다.

악에 분노할 줄 아는 자야

분노의 지옥 _ 스틱스 늪의 뱃사공 플레기아스
피렌체 흑당의 괴수에게 저주를 퍼붓는 단테.

너를 낳은 여인에게 축복이 내리시리라. (8곡 44, 45)

    필리포 아르젠티는 세상에서 그토록 교만하게 굴며 스스로 군자인 척 했지만, 여기서는 진흙탕 돼지처럼 나뒹굴고 있었다. 단테는 늪을 빠져나가기 전에 그가 고꾸라지는 것을 보고 싶어졌다. 이게 단테의 복수이다. 얼마 지나지 않아 망령 한 무리가 "필리포 아르젠티를 절단 내자!"고 부르짖으며 잡아다가 늪가로 끌고가서 난도질하였다. 단테는 이 광경을 보여주신 하나님께 감사드렸다.
    이걸 보고 있던 선한 스승님이 말했다.
    "아들아, 무거운 죄를 지은 영혼들과 악마들이 사는 디스라는 이름의 도시가 가까워지고 있구나. 저기를 봐라."

도시의 성을 휘감는 영원한 불길이여.
봐라, 이 낮은 지옥 전체를
불그스럽게 물들이는구나! (73-75)

    분노의 화신인 플레기아스는 노를 저어 배로 한동안 주위를 돌아보게 하더니 한곳에 배를 대며 고함을 질렀다. "내려라! 여기가 디스의 입구다!"
    '디스'는 '디스파테르'의 약어이다. 로마 신화에서 지하세계의 마왕 혹은 그의 자리를 뜻한다. 성 입구와 성벽 위에는 천명은 족히 되는 악마(쫓겨난 천사)들이 보였다. 그들이 외쳤다.

죽지도 않고 죽은 자의 왕국을 지나는 저놈은
대체 누구란 말인가.   (85)

 그러자 총명하신 스승은 그들에게 "대화로 하자!"고 말을 건네었다. 그자들은 분노를 잠시 멈추고 말했다. "그대만 혼자 오시오. 저 침입자는 지 혼자 돌아가도록 하시오!"
 독자들이여 생각해 보라. 이 끔찍한 말을 듣고 단테는 얼마나 절망에 빠졌을까? 다시는 지상으로 돌아가지 못하는 거 아닌가? 낙심한 단테가 말하였다.
 "아, 스승님, 스승님은 저를 안전하게 안내하시고 일곱 번이나 위험에서 구해 주셨습니다. 저를 버리지 마세요. 앞으로 못 간다면 그냥 오던 길로 함께 돌아가시지요?"

 여기에서 일곱 번의 위험은 이렇다. 어두운 숲의 굶주린 늑대, 아케론강 뱃사공 카론, 지옥의 심판자 미노스, 대가리 셋 달린 케르베로스, 거대한 악마 플루톤, 분노의 화신 플레기아스 그리고 폭력자 필리포 아르젠티를 만났을 때를 말한다.
 "너를 이 낮은 세상에 버려두지 않겠다!" 말은 이렇게 했지만, 아버지는 단테를 혼자 있게 두고 가버렸다. 단테는 두려움 속에 홀로 남아 온갖 생각을 다 하였다.
 "디스성의 악마들과 스승은 대체 무슨 이야기를 나눌까?"
 오래지 않아 스승이 보이고 성의 육중한 문이 닫혔다. 스승은 느린 걸음으로 돌아와서 한숨을 쉬더니 입을 열었다.

분노의 지옥 _ 단테와 베르길리우스, 아돌프 부그로

"누가 감히 이 성의 출입을 내게 금하도록 하였다는 건가? 단테야, 내가 분노하더라도 너는 두려워 말라. 어떠한 장애물이 있어도 기필코 물리칠 것이다."

베르길리우스는 이러한 일을 저지르는 악마들의 소행을 전에도 극복했었기에 하늘이 보내주는 구원의 손길을 기원하고 있었다. "그 죽음의 글귀가 새겨진 문을 통과해서 급히 가로질러 해결해 주실 분이 틀림없이 올 것이다"라며 단테의 등을 다독이며 안심시켰다.

그분이 이 도시의 성문을 열을 것이다.   (130)

제9곡

디스성 복수의 세 마녀와 구원 천사

　디스성은 지옥의 여섯 번째 옥이다. 무절제로 죄를 지은 자들이 있는 상부지옥과 폭력과 사기, 배신 등의 행위로 죄를 지은 자들이 있는 하부지옥의 경계이기도 하다.
　단테와 베르길리우스는 여섯 번째 옥의 입구에서 악마들의 만행으로 오도가도 못하는 난관에 처해 있었다. 검은 하늘과 짙은 안개로 앞이 안보여 더욱 답답하였다. 스승이 혼자말처럼 이야기했다.
　"어떤 일이 있어도 이 싸움은 이겨내야 해. 그분이 또 오셔서 도와주실 거야. 그런데 왜 이다지 더디실까?"
　단테는 스승의 떨리는 말에 두려움을 느끼며 스승에게 물었다.
　"희망이 없는 첫 번 지옥 림보의 어느 영혼이 이 낮은 웅덩이로 전에 내려온 적이 있었던가요?"
　그러자 베르길리우스는 천년이 지난 과거를 회상하며 말하였다.
　"나는 오래전에 림보에서 여기로 내려온 적이 있었다. 에리톤이란

지옥편 - INFERINO

마녀에 홀렸기 때문이지. 그 마녀는 자기 몸으로 망령을 불러오는 마녀이지. 내가 죽어 육체를 벗은 지 얼마 되지 않았거든. 그 마녀는 지옥 맨 밑바다에서 한 영혼을 빼내려고 그곳에 나를 들어가게 했었거든.."

    지옥의 세 퓨리가 피투성이 상태로 모습을 보였다.   (9곡 37)

    단테가 붉게 타오르는 탑의 꼭대기로 눈을 올려 보니. 소름끼치게 생긴 퓨리 마녀들의 허리를 파란 빛의 히드라가 칭칭 감고 있었다. 무시무시한 퓨리들의 머리에는 새끼뱀들과 뿔달린 뱀들이 머리카락처럼 자라나 끔찍하게 관자놀이를 둘러싸고 있었다. 저 복수의 세 마녀들을 감고 있는 히드라는 그리스 신화에 나오는 불사신 물뱀이다.
    퓨리들은 영원한 지옥의 여왕 페르세포네를 보좌하는 세 마녀(티시포네, 메가이라, 알렉토)이다. 복수의 세 여신(마녀)들은 저마다 손톱으로 가슴팍을 저미고 손바닥으로 제 몸을 후리면서 찢어질 듯한 비명을 질러 댔다.
    "메두사를 불러라! 저놈을 돌로 만들자. 테세우스를 쉽게 놔 준 것이 원통하구나!"
    신화의 메두사는 누구나 그 얼굴을 직접보면 돌이 되어 죽는다. 메두사는 그리스 영웅 테세우스가 청동방패로 뒤를 보면서 다가가 휘두른 칼에 머리가 잘려 사살되었다. 베르길리우스 스승은 이 메두사 고르곤이 혹시 나타날까 걱정이 되어 단테에게 뒤로 돌아서서 눈을 감도록 하였다. 그리고 자신의 손으로 단테 눈을 덮어 주었다.
    스승은 잠시 후에 눈을 풀어주며 말했다.

"이제 보거라. 안개가 짙게 드리워진 저 멀리 오래된 거품이 일어나는 저 너머로 뭐가 보이는가? "

그 순간 거대한 지진과 세찬 폭풍우가 굉음과 함께 몰아쳐 오고 있었다. 마치 독사가 나타나자 개구리들이 사방팔방 도망치듯 저주받은 무리들이 혼비백산 도망치고 있었다. 한 천사가 다가오고 있었는데, 발바닥에 물도 적시지 않고 스틱스 늪을 건너오고 있었다. 단테는 이 분이 바로 천국에서 오신 구원천사임을 금세 알아차렸다.

단테는 스승이 하는대로 천사에게 공손히 인사를 드렸다.

천사는 성문으로 다가갔다. 그리고 지팡이로 성문을 쿵쿵 두드리자 어떠한 저항도 없이 문이 스르르 열렸다. 그가 성문의 타락한 악마들에게 위엄있는 소리로 말했다.

하늘에서 추방된 이 더러운 자들아!
그분이 무시무시한 문턱에 서서 말했다.
너희 안에 이런 교만이 어디서 나왔느냐!

어찌하여 하나님의 뜻에 발길질을 하느냐.
전능하신 의지에 거역하여
너희들 고통만 몇 곱절 더 커지지 않았느냐!   (94-99)

성이 열리자 구원 천사는 아무 일도 없었다는 듯이 진흙탕 위를 걸어 되돌아갔다. 단테와 스승은 가슴을 쓸어내리며, 성안으로 발을 옮겼다. 과연 도시는 어떤 모습일까, 주위를 살펴보았다. 양편으로 넓게 퍼

디스성 마귀들과 구원천사 _ 귀스타브 도레 작

진 공간에는 고통과 슬픔만 가득 차 있었다. 지상에서 보던 무덤들이 전역을 뒤덮고 있었다. 끔찍하였다. 타오르는 불꽃들이 무덤들 사이로 솟아올라 무덤들을 뜨겁게 달구고 있었다. 어떤 숙련공도 이렇게 다룰 수는 없을 것이다. 무덤의 뚜껑이 모두 열려져 있었는데, 슬픈 통곡 소리가 밖으로 새어 나왔다. 고문받는 영혼들의 애끓는 탄식소리이다.

"스승님, 저들은 누구이길래 저 석관 속에서 고통을 당하고 있나요?"

"여기에는 모든 이교도 분파 교주들과 추종자들이 누워 있다네. 무덤들이 겹겹이 포개져 있지. 비슷한 자들끼리 한데 모여 묻혀 있지. 무덤마다 뜨겁기가 다르단다."

그리고 스승이 오른편으로 몸을 돌렸다.

우리는 끊임없는 고뇌의 둔덕 사이를 지나갔다. (133)

제10곡

영혼불멸을 부정한 자들의 지옥

여섯 번째 옥인 디스성 안, 도시의 성벽과 고통의 길을 따라 스승이 앞섰다. 무덤 속에 있는 자들은 감시하는 자도 없는데 뚜껑이 다 열려 있었다. 스승이 말했다.

저들이 세상에 두고 온 육체를 다시 지니고
여호사밧에서 이리 돌아올 때
이 무덤들은 영원히 닫힐 것이다.

이쪽에는 에피쿠로스와 함께 추종자들이
무덤에 묻혀 있는데, 몸이 죽을 때
영혼도 죽는다고 주장했던 자들이다.   (10곡 10-15)

여호사밧은 구약성경에 '하나님을 거역한 만국을 모아 데리고 내려가 심판하는 골짜기'(요엘서 3장 2절)라고 기록되어 있다. 최후 심판을 상징한다.

　에피쿠로스는 정신적인 쾌락을 '아타락시아'라 하며, '영혼은 육체와 함께 소멸된다'고 주장했다. 개인의 행복을 최고선으로 주장한 그리스 철학자이다.

　그때 홀연히 한 무덤에서 목소리가 들려왔다.

"오, 그대는 말투로 보아 피렌체 근처 토스카나 출신이군. 나를 참 힘들게 한 도시이었지. 살아있는 몸으로 지옥의 도시를 지나는 자여, 잠시만 멈춰 주시오!"

　단테는 깜짝 놀라 스승 옆으로 숨었다. 스승이 말했다.

"눈으로 잘 살펴 보아라. 저기 허리 위로 꼿꼿이 서 있는 파리나타를 보아라."

　여기에서, 파리나타는 13세기 초 피렌체 기벨린당의 지도자로서 단테가 태어나기 전 해에 죽었다. 그는 이단자로 선고를 받았기 때문에 이 여섯 째 옥에 있는 것이다. 그는 지옥을 경멸하듯 가슴팍과 머리를 바로 쳐들고 분개하며 단테에게 말했다.

"그대의 조상들은 나와 내 조상들의 반대편인 궬프당파 이었지. 우린 서로 싸워왔지. 우리가 두 번이나 격퇴시켰어."

　단테는 지지 않고 맞받았다.

"그래. 내 조상들은 비록 쫓겨나긴 했지만 언제나 재기했다오. 두 번 모두 멋지게. 반면에 그대의 기벨린당은 재기할 능력이 없는 것 같았소!"

　바로 그때 다른 영령이 일어나며 파리나타 옆으로 머리만 내밀었다.

지옥편 – INFERINO　83

영혼불멸을 부정한자 _ 귀스타브 도레 작
그는 지옥을 경멸하듯 가슴팍과 머리를 바로 쳐들고 분개하며 단테에게 말했다.

무릎을 딛고 있는 자세이다. 눈치를 보더니 울먹이며 말했다.

"그대의 지성으로 이 눈먼 감옥을 가고 있다면, 내 아들은 어디 있는 거요? 왜 그대와 함께 있지 않은가?"

"나는 혼자 오지 않았소. 저쪽에서 기다리시는 분이 나를 이 길로 인도하셨소. 당신의 아들 귀도 카발칸티가 저분을 좋아하지 않았지만.."

여기에서 귀도 카발칸티는 단테의 10년 선배로 단테에게 영향을 준 청신체 문학의 선두자이었다. 단테는 시집 〈새로운 인생〉을 그에게 바칠 정도로 존경하였다.

"뭐라고, 내 아들이 살아있지 않다니! 지상의 부드러운 햇살이 내 아들의 눈에 더 이상 비치지 않는단 말인가?"

단테가 대답을 망설이자, 스스로 아들이 죽었을 것이라 판단하고 그 영령은 탄식을 토하더니 무덤 속으로 사라졌다.

단테는 파리나타와 대화를 이어갔다. 단테가 물었다.

"죽은자들은 시간이 가져올 일들을 미리 볼 수 있지만, 지금 일은 잘 모른다지요?"

"죽은자들 눈은 노안과 비슷하여 멀리 있는 것은 잘 본다오. 그러나 가까운 세상일은 알 수 없다오."

미래의 문이 닫히는 순간 우리의 지식은 종말을 고하네.

(106, 107)

단테는 파리나타에게 귀도 카발칸티의 아버지 영령을 찾아서 "그의 아들이 아직 살아 있다"라고 전하길 부탁했다.

베르길리우스가 서둘러 오라고 부르고 있었다. 단테는 재빨리 함께 있는 영혼들의 이름을 물었다. 파리나타가 대답했다.

"수천의 망령들이 같이 있는데 페데리코 2세 황제와 추기경 여럿도 있다네."

페데리코 2세는 프리드리히 2세로 칭하며 시칠리아왕이었다. 1220년에 신성로마제국의 황제로 등극하였으나 십자군원정 문제로 교황에게 파문당했다. 영혼불멸을 부정하는 자들 속에 황제와 추기경들이 있다니 놀라웠다.

상황을 파악한 베르길리우스 스승이 단테에게 말했다.
"너의 귀에 거스르는 예언을 가슴속에 잘 새겨 듣거라."

아름다운 눈으로 모든 것을 보는 그녀의
부드러운 눈길 앞에 설 때 너는
네 삶의 길을 알게 될 것이다. (130-132)

스승님이 들려주는 희망의 메시지이다. 스승과 함께하는 여행의 목적지(연옥 정상)에 이를 때, 거기에서 "베아트리체님이 인생의 길을 알려주리라!" 이렇게 희망을 말씀하시며 스승은 왼쪽으로 발길을 돌렸다.

우리는 성벽을 벗어나 골짜기로 이어지는 길을 따라 나아갔다.

골짜기의 악취가 우리에게까지 풍겨 왔다. (136)

제11곡

하부지옥 구조, 죄인의 분류와 배치

단테와 스승은 디스성 성벽을 벗어나 둔덕 가장자리에 도착했다. 여기에서 아래 골짜기에 '하부지옥' 세계가 펼쳐진다.

둔덕 끝자락, 깨어진 바위 덩어리로 둘러싸인 곳에 처참한 영혼들이 무리지어 있었다. 단테는 아래 골짜기에서 내품는 끔찍한 악취를 피해 얼른 커다란 무덤 뒤로 돌아섰다. 무덤은 열어젖혀져 있고 그 뚜껑에 한 문구가 새겨져 있었다.

포티누스에 잘못 이끌려 바른 길을 벗어난 교황 아나스타시우스를 내가 지키도다.

포티누스는 이단인 그리스정교를 교황 아나스타시우스 2세가 믿도록 하였다한다.

베르길리우스 스승은 단테가 역겨운 냄새에 익숙해질 때까지 앞으로 여행하게 될 일곱 번째 이하의 하부지옥에 대해 설명해 주었다. 하부지옥은 거대한 돌무덤 같은 암반 안에 세 개의 고리같은 원이 층층이 있는데 내려갈수록 좁아진다고 한다. 그 속에는 저주받은 영혼들로 가득 차 끔찍한 처벌을 받고 있을 거라 한다. 스승이 자세히 설명해 줬다.

"일곱 번째 지옥은 폭력자들이 갇혀 있는 곳인데, 폭력은 세 부류로 구분되어 각각 세 구역으로 나눠져 있지. 첫 구역은 이웃에게 폭력을 가한 모략자, 살인자, 불한당들이 벌을 받는 곳이고, 두 번째 구역은 자살한 자들과 도박으로 재산을 탕진한 자포자기 하는 자들이 비참하게 처해 있는 곳이고, 세 번째 구역은 하나님을 불경한 자들이 소돔성(구약성서 창세기 19장에 나오는 사악한 성으로 유황과 불의 심판으로 멸망함) 같은 화인을 받고 벌을 받는 곳이다."

쉽게 설명하면, 폭력죄는 공동체 이웃에게 저지르는 폭력, 자신에게 저지르는 폭력, 창조주 하나님께 저지르는 폭력으로 구분된다.

"여덟 번째 지옥은 양심을 거역하고 사기 친 죄를 저지른 자, 위선자, 아첨꾼, 마법사, 성직매매자, 사창가의 뚜쟁이들이 웅크리고 있는 곳이다. 폭력죄보다 나쁜 죄는 속이는 죄이다. 그래서 특별한 지옥인 말레볼제(Malebolge)가 있다. 이 안에는 10개의 처참한 구렁이 배치되어 악령들이 처벌을 받고 있다."

"마지막으로 아홉 번째 옥은 자기를 믿는 사람을 배신한 극악의 죄를 저지른 자들이 최악의 고통을 받는 곳이다."

하나님이 원하지 않는 세 가지 성품 – 무절제, 악덕, 수심

(10곡 81)

지옥의 죄에 따른 배치도

본 제 11곡은 '스콜라철학의 곡' 또는 '아리스토텔레스의 곡'이라고 한다. 등장 인물도 없고 특별한 형상도 없다. 대신 비유와 상징들이 많은 편이다. 이는 죄에 대한 이해 그리고 이에 따른 지옥의 배치도를 적절하게 설명하기 위해서이다.

아리스토텔레스는 〈니코마코스 윤리학〉에서 인간이 피해야 할 세 가지 품성을 이야기한다. 이는 '무절제, 악덕, 수심'을 말하며 모든 죄의 근원이라 한다. 이 이론을 바탕으로 베르길리우스가 단테에게 설명한다.

너는 윤리학이 널리 밝힌 죄의 원리를 알아라.
즉 하나님이 원하지 않는 세 가지 성품인

무절제, 악덕, 짐승같은 마음이라는 것을.

더하여 어째서 무절제보다 다른 두 가지가
하나님을 더욱 배반하게 하고
하나님의 분노를 더 받는지 잊지 말아라.　　　　　(79-84)

단테가 감동하여 말한다.
"흐릿한 나의 시선을 고쳐 주시는 햇살이여, 궁금한게 있습니다. 잠시 대화의 앞으로 돌아가서, 고리대금업이 하나님 성덕을 더럽힌다 라고 하신 말씀을 풀어 설명해 주세요"
"철학이 사람으로 하여금 자연과 우주를 지성과 그 재능으로 깨우쳐 가게 하듯, 하나만 가르치는 것이 아닌 것과 같다. 〈물리학〉도 마찬가지이다. 잘 읽어 보면 사람의 재능도 자연에 순응하는 것임을 알게 될 거야. 그래서 사람은 창조주 하나님의 자손이라는 것이다. 창세기를 정독하면 사람은 자연과 재능으로 삶을 영위하고 번성하여 나가는 것을 이해하게 된다. 그런데 고리대금업은 자연의 순리와 사람의 재능에 맞지 않는 일이란 거지. 그래서 폭력의 범주의 죄악이라 할 수 있지."
여기에서 〈물리학〉이란 〈윤리학〉과 마찬가지로 역시 아리스토텔레스의 저서이다. 고리대금업은 금융업이라는 세련된 제도가 자리잡기 전까지 땀흘리지 않은 불노소득의 죄악으로 분류되어 있었다.
스승은 단테의 손을 이끌고 길을 재촉한다.

내려갈 절벽은 저 너머 아득히 멀구나!　　　　　(115)

제12곡

미노타우로스와
피 끓는 플레게톤강의 켄타우로스

단테와 스승은 둔덕을 넘어 내려가 지옥세계의 일곱 번째 옥의 첫 구역에 도착했다. 굴러내려 깨진 바윗돌로 어수선하다. 그 이유는 그리스도가 지옥에 강림했던 적에 산 꼭대기부터 바닥까지 심하게 요동쳐서 산사태가 났기 때문이다. 그리스도는 지옥 첫 번째 옥 림보에 있는 선한 영혼들을 이끌고 천국으로 올라갔었다.

흉칙한 미노타우로스가 앞을 가로막고 버티고 서 있었다.

(12곡 13)

허물어진 절벽 아래로 가짜 암소 뱃속에서 태어난 흉칙한 미노타우로스가 앞을 가로막고 딱 버티고 서 있었다. 이 괴물은 머리는 소이고 몸체는 사람으로 분노가 불타오르는듯 자신을 물어뜯고 있었다.

여기에서 미노타우로스는 크레타 왕 미노스의 부인 파시파이가 낳

미노타우로스 _ 귀스타브 도레 작
허물어진 절벽 아래로 가짜 암소 뱃속에서 태어난 흉칙한 미노타우로스가 앞을 가로막고 딱 버티고 서 있었다.

은 크레타의 치욕이다. 그리스 신화를 보면, 아테네는 이 괴물의 먹이로 해마다 일곱 젊은 남녀를 바쳤다. 이에 아테네의 왕자 테세우스는 미궁에 들어가서 미노타우로스를 죽이고, 미노스의 공주 아리아드네가 준 실타래를 따라서 미궁을 빠져나왔다고 한다.

스승이 괴물 미노타우로스에게 소리를 질렀다.

"이 사람(단테)이 널 미궁에서 죽인 아테네의 테세우스로 생각하느냐? 더러운 짐승아, 물러나라! 이 사람은 너의 누이가 이끌어 주어서 여기 온 것이 아니다. 단지 너희의 고통을 보려고 여기를 지날 뿐이다."

치명적인 타격을 맞은 황소가 날뛰듯이 이 괴물이 날뛰고 다니는 동안, 단테와 스승은 다른 길로 뛰어 내려갔다. 조금 여유를 가지고 계곡을 둘러보니 피 끓는 플레게톤 강물이 가까이 보였다. 폭력으로 남을 해친 자들을 영원히 삶아대고 있는 곳이다.

오, 눈먼 탐욕이여, 바보 같은 분노여!
짧은 인생 동안 그토록 우리 뒤를 쫓아다니더니
영원한 고통 속으로 이렇게 몰아넣는구나.　　　　　　　　(49-51)

반인반마 켄타우로스들이 활을 매고 무리지어 달리고 있었다.

단테는 절벽을 내려오며 활처럼 둥근 큰 구렁까지 펼쳐진 벌판을 바라 보았다. 벌판 위로 반인반마(상체는 사람, 하체는 말)인 켄타우로스들이 활을 매고 무리지어 달리고 있었다. 사냥가는 걸까? 그들 중 세 명(마리)이 활을 고르며 누가 봐도 살아있는 자로 보이는 단테 앞으로 다가오면서 큰 소리로 외쳤다.

"너희 언덕을 내려오는 자들아, 무슨 죄를 짓고 이리로 오느냐? 멈추거라! 아니면 활을 당기리라."

신화에 등장하는 이들 켄타우로스들의 대장은 아킬레우스와 헤라클레스의 스승이었던 케이론이고, 다른 하나는 헤라클레스의 아내 데이터네이라와 사랑하다가 헤라클레스에게 죽은 네소스이다. 마지막 하나는 어느 신부를 겁탈하다 맞아 죽었다는 플로스이다. 케이론은 스승답게 점잖고 생각이 깊어 보인다. 대장에게 스승이 말했다.

"이자는 진정 혼자 살아있는 사람이오. 어두운 계곡을 내가 안내하고 있다오. 이 일을 재미로 하는 게 아니라 하늘의 할렐루야라는 노래를 하는 자가 나에게 임무를 맡긴 것이라오. 하늘의 덕성으로 부탁하건데, 피의 강을 건너는 곳이 어디인지 가르쳐 주시고, 그대 중에 우리 안내자를 보내 이 사람을 등에 업고 건네주길 바랍니다."

그러자 케이론이 머리를 끄덕이며 네소스에게 안내할 것을 지시하였다. 얼마나 다행한 일인가! 우리는 안전한 호위를 받으며 고통의 무리가 절규하는 시뻘겋게 끓는 강을 따라 나아갔다. 단테는 눈썹까지 잠긴 영혼들을 보았다. 저들은 폭군이고 약탈자들이었다.

여기에는 마케도니아의 정복자 알렉산더왕과 시칠리아의 폭군 디오니시오스가 있었다. 거대한 몸집을 지닌 켄타우로스 네소스는 의외로 친절하게 단테를 태우고 걸었다. 많은 폭군들의 이름도 알려주며 침착하게 강을 건넜다. 단테는 경이로운 반인반마에게 이끌렸다. 마침내 가장 깊은 곳까지 이르러서 네소스가 말을 하였다.

플레게톤강의 켄타우로스 _ 귀스타브 도레 작
너희 언덕을 내려오는 자들아, 무슨 죄를 짓고 이리로 오느냐? 멈추거라! 아니면 활을 당기리라.

    이곳에서 하늘의 정의는
    땅에서 채찍을 휘두르던 아틸라와
    피로스, 섹스투스를 징벌하고 있다네. (133-135)

    여기에서 훈족의 아틸라는 야만스러운 자로 '신의 채찍'이라 불렸었고, 피로스는 로마를 세 차례 침략한 자이다. 섹스투스는 폼페이우스의 아들로 해적이 되어 로마에 피해를 준 자이다.

    이 말과 함께 그는 되돌아서서 건나갔다. (139)

제13곡

자살과 자포자기의 지옥, 비탄의 숲

네소스가 건너편 강둑으로 돌아가기 전에 단테와 스승은 오솔길도 없는 어두운 숲에 들어섰다. 이 암울한 숲은 지옥세계 일곱 째 폭력의 옥에서도 두 번째 구역이다. 숲속 나뭇가지들은 매듭투성이에 꼬불꼬불하였다. 열매는 없고 가시에 독을 품고 있다.

몰골 사나운 하르피아들이 둥지를 틀고 있었다.　　　　(13곡 10)

이 괴물은 사람의 얼굴을 한 독수리이다. 로마 건국자인 아이네이아스가 어느 섬에서 만난 재수없는 괴물이다. 하르피아는 남들의 불행한 미래만을 예고하는 존재이다.

괴상한 나무 위에서 울부짖는 괴물 새는
목과 얼굴은 사람이거늘 쫙 펴진 날개에

발에는 사나운 발톱이, 몸통에는 깃털이 나있다 (13-15)

스승이 단테에게 나뭇가지를 하나 잘라 보라고 시켰다. 단테가 실가지 하나를 꺾자 그 줄기가 검붉은 피를 흘리며 소리치는 것이 아닌가?
"왜 나를 자르는 거요? 당신에게는 눈꼽만한 동정심도 없나요?"

우리는 사람이었으나 지금은 나무가 되었다오. (37)

단테는 질겁을 하고 실가지를 떨어뜨렸다. 베르길리우스 스승이 나무에게 대답했다.
"상처입은 영혼아, 나도 괴롭다네. 그대가 누구였는지 이 사람에게 말해 주시게. 그러면 이 사람이 지상에 가서 그대의 명예를 새롭게 할 수도 있다네."
나무는 그 말에 부드러워지며 말하기 시작했다.
"나는 프리드리히 2세의 마음을 움직이는 열쇠 두 개(자비와 처벌의 판결)를 다 가졌었다오. 내 이름은 피에르 델라 비냐, 참으로 정성을 다해 충성했지만 궁정 사람들의 질투와 음모로 눈알을 뽑히는 원한의 통곡이 되어 버렸다오. 죽음만이 거기서 벗어나는 길이라 여기고 결국 자살하고 말았소. 맹세컨대 왕의 믿음을 깬 적이 없다오. 지상에 가시거랑 실추된 나의 기억을 위로해 주시오."
단테는 말도 못할 만큼 피에르에게 강한 연민을 느낀다. 스승이 대신 질문하였다.
"나무에 갇힌 영혼이여, 어째서 이 가지에 영혼이 붙잡혔나, 벗어날

자살자들의 숲 _ 귀스타브 도레 작
몰골 사나운 하르피아들이 둥지를 틀고 있었다.

수 없는가?"

   고통을 주고 또 고통을 새롭게 한다오.   (102)

  그때 나무가 세찬 바람을 일으키더니 잠시 후에 바람이 목소리로 변하였다.
  "잔악한 영혼이 육신에서 스스로 벗어났을 때 심판자 미노스가 그 영혼을 칭칭감아 일곱 번째 고리로 보냈다오. 영혼이 숲에 떨어지고 운명에 따라 잡초 씨앗처럼 싹을 틔운다오. 그래서 실가지가 피고 야생 나무가 되었는데 저 괴물 하르피아들이 잎을 뜯어 먹으며 고통을 주고 또 고통을 새롭게 한다오."
  피에르는 최후의 심판날 자살자들도 지상의 육신을 찾겠지만, 육신을 끌고 지옥의 숲으로 돌아와서는 육신을 나무 위에 걸쳐 둘 거라 설명했다. 몸을 거부하고 자살했기에 이런 벌을 받는다.
  바로 이때에 삶을 자포자기하며 재산을 탕진한 벌거벗은 두 영혼이 목줄에서 풀려난 검은 암캐들에 쫓겨 비탄의 숲을 지나갔다. 암캐들은 그 영혼을 잡아 갈기갈기 물어뜯더니 조각들을 물고 사라졌다. 이 때 나무들은 크게 다쳐 하염없이 울고 있었다.

  스승은 숲의 나무 곁에 멈춰 서서 말했다.
  그대는 누구였기에 그 많은 가지 끝으로
  고통스러운 이야기를 피와 함께 토해 내느냐?   (136-138)

나무가 말했다.

"나의 몸에서 내 곁가지들을 꺾어내는 무자비한 광경을 보려 온 영혼들이여, 그 가지들을 가엾은 내 나무 발치에 모아 주오. 나는 피렌체 도시의 수호신을 원래 전쟁신 마르스 대신에 세례요한으로 바꿨던 피렌체의 사람이라오. 훈족의 아틸라가 피렌체에 쳐들어와 아르노강에 빠트려 버린 이교도 마르스 신상의 심술로 피렌체는 분쟁과 파괴가 멈추지 않을 거여요."

나는 내 집을 교수대로 만들었던 거요. (151)

모함과 억울함으로 스스로 목숨을 끊은 자는 어김없이 폭력의 지옥에 가게 된다.

단테는 두 번째 옥에서 욕정에 비극적인 죽음을 당하고 우는 프란체스카와, 모함을 벗어나기 위해 자살한 피에르에게 강한 연민을 느낀다. 인간은 비극에서 아름다운 꽃을 피우기도 한다. 단테는 지옥에서 조차 인간의 본성과 감수성을 감추지 못한다.

제14곡

신성모독 지옥, 그리고 지옥의 강들

　단테와 스승은 숲에서 벗어나 지옥세계 일곱 째 옥에서도 세 번째 골짜기에 도착했다. 가장자리에서 보니, 나무란 나무들이 모두 뿌리째 뽑혀 황무지가 된 벌판이 펼쳐 있었다. 마치 슬픈 피의 강(플레게톤)이 비탄의 숲을 에워싼 것처럼, 그 숲이 황무지를 에워싼 것 같았다. 숲이 척박한 모래바닥에 화환을 두른 것 같기도 하다. 여기에서 신의 정의의 심판이 벌어지고 있었다. 모래바닥에는 슬피우는 영혼들이 웅크려 자빠져 있었다.

　　알프스산에 눈이 내리는 것처럼
　　큰 불덩이들이 끊임없이 떨어지고 있었다.　　(14곡 29, 30)

　알렉산더왕이 인도를 침략할 때 무더위 속에서 군사들 위로 불꽃이 떨어지자 군사들이 아비규환에 빠진 것 같았다. 여기 가련한 영혼들은 벌거벗은 몸에 붙은 불꽃을 손으로 떼어 내느라 마치 춤을 추는 것 같이 보였다. 단테가 앞을 보니, 이 가중의 사막에서 웬 거만한 영혼이 불비 속에서 피하지도 않고 하늘을 저주하듯이 큰소리치고 있는 것이었다.

"나는 살아서처럼 죽어서도 이렇다. 제우스가 번개로 내 마지막 날에 날 후려쳤지만 내 기개를 못 꺾어 자기 분풀이는 다 못했으리라."

순간 베르길리우스 스승이 "이놈 카파네우스, 신성모독하는 놈아!"라고 고함을 치며 저주했다.

너의 오만으로 더 큰 벌을 받을 것이다.
너의 괴로움은 너의 분노에서 나오리니
이보다 더한 비참함은 없을 것이다.   (64-66)

단테와 스승은 불타는 모래밭을 피하며 조그만 시냇물가에 도착했다. 냇물은 피로 물들여 있었다. 그 핏빛을 생각하면 아직도 몸이 떨린다. 개울은 바닥과 둑이 모두 돌로 되어 만들어진 통로임을 알 수 있었다. 스승이 강물에 대해 설명을 시작했다.

"우리는 열려져 있는 문으로 지옥세계에 들어왔지. 그리고 너에게 많은 것들을 보여 주었다. 그중에 이 개울물을 특히 기억하거라. 이 개울물이 모든 불꽃을 잠재우고 있단다. 너는 알겠지만, 지중해 한가운데에 크레타 섬나라가 있지. 이 크레타에서 크로노스왕과 레아 사이에서 제우스가 태어났다. 크로노스는 자기의 자식에게 권력을 빼앗긴다는 예언이 두려워서 레아가 낳는 아이마다 순서대로 삼켜 버렸다네. 레아는 막내 제우스만큼은 살리고 싶어 이다산이란 곳에 숨겼었지."

신성모독 처벌받는 카파네우스
가증의 사막에서 왠 거만한 영혼이 불비 속에서 피하지도 않고 하늘을 저주하듯이 큰소리치고 있는 것이었다.

 서두를 끝내고 처음으로 돌아가 개울물과 지옥강들의 원천을 설명하기 시작했다.
 "크레타 섬에는 거인 노인이 다미에타(이집트 옛도시)를 등지고 서서, 마치 거울을 바라보듯 서쪽 로마를 바라보고 있었다. 그의 머리는 순금이고 팔과 가슴은 은으로, 가랑이까지는 놋쇠로 되어 있었다. 그 아래는 온통 무쇠이고 오직 오른발만 구운 흙으로 되어 있어서 이 흙발로 버티고 서 있었다네. 몸통은 온통 금이 가 있고 그 틈새로 눈물이 방울방울 떨어져 세월이 지나며 바위에 구멍을 뚫었다네.
 물줄기는 바위를 돌아, 계곡에 굽이쳐 내려 우리가 건너온 아케론강,

스틱스늪, 플레게톤강을 차례로 적시고 있다네. 이 좁은 물길은 지옥의 맨 밑바닥에서 코키토스 호수를 이루게 되는데, 곧 그대가 직접 볼 걸세. 이 개울물도 그 물길 중에 하나이지."

여기에서 크레타는 소아시아 터어키와 유럽의 경계이며 로마의 기원으로 여겨졌다. 단테는 시간의 거대한 조각 형상에서 새로운 문명이 로마로 향하도록 배치한 것이다.

거대한 조각상은 구약성서 〈다니엘서〉 2장에서 인용하였다. 성서에서 네 등분의 신상은 몰락한 네 제국을 상징한다. 위에서부터 바벨로니아, 페르시아, 그리스, 로마의 네 제국으로 해석되며 마지막 바닥은 '그리스도의 세계'를 상징한다.

단테가 레테의 강의 위치에 대하여 궁금해하자 스승이 해답을 주었다.

> 레테의 강은 그대가 이 거대한 구멍을 벗어나면
> 보게 될 거야. 회개하여 죄가 사함을 받는 날,
> 영혼들은 그 강에 가서 몸을 씻는다네.　　　　　　(136-138)

지옥 구멍을 벗어나면 희망의 별을 보게 되고, 연옥산에 올라서 만나게 되는 망각의 강이 바로 레테의 강이다. 그 강은 영혼들에게 희망의 강이다.

"자! 숲을 벗어날 때이다. 내 뒤를 따라오너라. 불에 타지 않는 강둑길을 따라 가자!"

> 그 길 위에서 모든 불꽃이 사그라지리라.　　　　　　(142)

제15곡

브루네토 라티니 선생님과 동성애 지옥

 단테와 스승은 숲에서 상당히 벗어났지만 아직은 일곱 번째 옥의 세 번째 구역에 머물러 서있었다. 마치 초승달이 뜬 밤에 어스름한 길같은 분위기 속에 한무리의 영령들과 마주쳤다. 무리 가운데 한 영혼이 단테의 옷자락을 부여잡고 "놀랍다"며 외쳤다.
 단테는 그가 팔을 뻗었을 때 불에 그을린 그 자의 얼굴을 알아보고 깜짝 놀라 머리를 숙이고 대답했다.
 "아니, 브루네토 선생님, 여기에서 뵙게 되다니오? 어찌된 일입니까?"
 "오, 나의 아들아, 나 브루네토 라티니가 잠시 너와 함께 뒤에 처져 무리들을 먼저 보내고 이야기 좀 나누고 싶은데, 꺼려하지 말아라."
 "괜찮으시다면 그러시길 바랍니다. 저의 길잡이님이 원하면 얼마든지 좋습니다."
 "아들아, 무리 중에 누구든 잠시라도 멈추면 앞으로 백 년 동안 불길

남색자 지옥, 브루네토 라티니 스승 _ 귀스타브 도레 작
브루네토 라티니가 단테에게 "어떤 숙명으로 죽기도 전에 이런 곳에 내려왔냐"고 물었다.

속에 피하지 못하고 누워 있어야 한단다. 그러니 앞장서 걸어라. 널 곁에서 따라 걷겠다. 영겁의 벌을 받으며 울면서 가고있는 저 영혼들의 무리는 다시 만나게 될 거야."

　브루네토 라티니가 단테에게 "어떤 숙명으로 죽기도 전에 이런 곳에 내려왔냐"고 물었다. 단테가 말했다.

　"지상의 어떤 골짜기에 어두운 숲에서 길을 잃고 절망하고 있을 때, 아 그게 바로 어제 새벽이었어요. 이분이 나타나서 저를 구해 주시고 이 길로 해서 하늘 높은 곳으로 인도하시고 계십니다."

너의 운명의 별을 따라 가거라
너는 영광스러운 항구에 꼭 도달하리라.　　　　　　　(55-57)

"단테야, 내가 일찍 죽지 않았다면 너의 앞날을 순탄케 하도록 도움을 주었을 것을.

피에솔레 언덕에 살던 거칠고 비열한 사람들이 너의 선행을 오히려 원수처럼 여기니, 쓰고 떫은 나무에서 달콤한 무화과 열매가 열릴 수 있겠느냐? 너의 운명은 그런 너의 명예를 갖으려 양쪽편에서 너를 끌어들이려 안달을 하겠지만 모두 경계하거라! 초목을 산양들에서 멀리 두도록 하라. 명심하라!"

라티니 선생님은 단테에게 "사는 동안 내가 너를 잘 보아서 아노라, 희망을 잃지 말고 목적의 길을 가게 되면 결국 이루리라"는 예언을 한다. 단테는 예언과 충고를 고마워하며 브루네토 라티니 선생님에게 대답했다.

"저의 소망이 이루어졌다면 아마 선생님은 아직도 명예롭게 살아 계셨을 거예요. 선생님은 늘 제 마음에 자애롭고 친절한 아버지의 모습으로 머물러 계십니다. 제 앞날에 대해 주신 말씀을 잘 기억하겠습니다. 그리고 저의 구원이고 사랑인 베아트리체를 만나면 모두 보여 주겠습니다."

저는 양심의 가책을 받지 않는 한
운명의 뜻을 따를 준비가 되어 있습니다.　　　　　　　(92, 93)

지옥편 - INFERINO　　107

그때 베르길리우스가 단테를 바라보며 말했다

"잘 듣는다는 것은 마음속에 깊이 새겨 놓는다는 것이지."

단테는 선생님에게 동행 무리중에 위대한 사람이 있는지 물었다.

"몇 사람 있으나 나머지는 입을 다무는 편이 낫겠다. 그들 모두가 성직자였거나 명성있는 문인이었지. 몇 명의 이름을 거론할 만한 자들의 죄는 모두 동성애 남색이다. 모래사장에 연기가 새로 솟아나는 것을 보니 그만 마쳐야겠다. 나의 책 〈테세로〉를 꼭 읽기 바란다. 다른 부탁은 없다."

여기에서 테세로(Tesero, 보전)는 브루네토 라티니(Brunetto Latini)가 프랑스 망명중에 프랑스어로 쓴 백과사전식 3부작 작품이다. 1부는 역사, 우주의 기원, 천문학, 지리에 대하여, 2부는 덕과 죄에 대하여, 3부는 수사학과 정치에 대하여 기술한 유명한 책으로 단테에게 〈천국편〉 집필 등에 많은 영향을 주었다.

단테는 브루네토 라티니 선생님이 비록 지옥에서 벌을 받고 있지만, 존경하는 선생님으로 올리브관을 쓰려고 달려가는 승리자로 묘사한다.

그리고 나서 그는 몸을 돌려 마치
파란 잎사귀로 된 상을 받으려 베로나의 들녘으로
달음질 치는 사람 같았고 도 그들 중에서도 그는,   (121-123)

패배한 자가 아니라 승리한 자처럼 보였다.   (124)

제16곡

피렌체의 세 남자, 그리고 플레게톤강 폭포

단테와 스승은 플레게톤강이 엄청난 굉음을 내며 심연의 절벽으로 떨어지는 가장자리에 와 있다. 아직 일곱째 옥이다. 절벽 아래 세계는 여덟째 옥이다.

그때 불타는 비를 맞으며
한 덩어리처럼 몰려오는 세 그림자가 다가오고 있었다. (16곡 4, 5)

그들은 지나가던 무리에서 떨어져 나온 자들이다. 그들이 단테를 보고 외쳤다.
"잠깐만요! 입은 옷으로 보아 그대는 우리의 비참했던 고향에서 온 사람 같은데요."
그들은 몸뚱이가 온통 불에 데여 성처투성이들로 지금도 생각만하면 괴로울 정도이다. 스승이 단테에게 저들에게 예의를 갖추고 기다리자고 말했다. 그들은 불똥들을 피하여 비명을 지르며 셋이서 둥그렇게 원을 그리며 맴돌며 다가왔다. 그중 하나가 입을 열었다.

"벌거벗은 우리 몰골을 보면 경멸스럽게 보이겠지만 우리도 한때는 좋은 명성을 가졌었다오. 지혜와 칼로 피렌체를 위해 일했던 사람들이라오. 나를 괴롭게 만든 사나운 아내가 원망스러울 따름이오. 그런데 그대는 어떻게 살아있는 발로 버젓하게 지옥을 활보할 수 있는지 말해 주시오."

단테는 불똥들만 내리지 않고 있다면 당장 뛰어내려 그들을 안아주고 싶은 마음이 생겼다. 그 마음을 담아 대답을 하였다.

"당신들의 처지가 내 마음을 울립니다. 여기 계신 베르길리우스 스승님이 당신들은 고매하신 분들이라 하시네요. 나는 당신들의 고향 피렌체 사람입니다. 나는 스승님의 안내로 이곳의 쓴 맛을 먼저 보고 달콤한 과일을 찾아가는 중이랍니다."

그러자 둥그런 원 가운데 그가 말을 하였다.

"그대의 영혼이 육신과 오래오래 살다가 또한 죽어서도 명성과 함께 오래 빛나길 바랍니다. 알고 싶소. 우리 고향에 예의와 품격이 옛날처럼 남아 있는지요?"

단테는 대답 대신에 안타까워하며 부르짖었다.

피렌체여! 새로운 부류의 벼락부자들이
네 안에 오만과 부덕의 씨앗을 뿌렸으니
벌써부터 너는 고통을 당하고 있구나 (16곡 73-75)

불꽃 속 피렌체 세 남자 _ 윌리엄 블레이크 작
그들은 불똥들을 피하여 비명을 지르며 셋이서 둥그렇게 원을 그리며 맴돌며 다가왔다.

세 영혼은 단테의 말을 듣고 서로 멍하니 바라보았다. 그리고 한 영혼이 말했다.

"이 어두운 곳을 벗어나 아름다운 별로 돌아가거든 우리에 대해 이야기해 주오!"

그들은 비록 지옥에 있지만 아름다운 지상에서의 삶을 그리워하고 그들의 명성이 오래 남기를 희망하는 것 같았다. 그리고 둥그런 원을 풀고 각자 도망치듯 사라졌다. 단테는 다시 스승을 따라 걷는데 가까이서 들리는 폭포소리 때문에 대화를 나눌 수 없을 지경이었다.

포강이 몬테베소(산)에서 시작하여 아펜니노 산맥 기슭을 거쳐 동

지옥편 - INFERINO 111

쪽으로 평원을 흐를 때는 아쿠아퀘타(조용한 물)라 불리지만, 포를리에 이르면 알프스의 성 베네딕투스 수도원 저 위에서 폭포를 만들어 떨어지는 엄청난 폭뢰를 만든다. 아, 여기 저주를 담은 핏빛 폭포가 저 아래 심연으로 쏟아내는 폭뢰로 귀청이 찢어지는 고통을 주었다.

스승이 단테가 차고 있는 허리끈을 풀어 달라고 했다. 스승은 그 끈을 잡고 오른쪽으로 돌더니 깊은 절벽 아래로 멀찌감치 집어 던졌다. 단테는 의아해하며 혼자 중얼거렸다.

"스승님이 아래로 신호를 보내는 걸 보니 분명코 어떤 일이 일어날 거야."

스승이 말했다.

"기대하는 것이 곧 나타날거야. 네가 상상하는 것이 떠오를 거니, 잘 보거라!"

진실은 간혹 거짓처럼 얼굴을 보일 때가 있다. 그래서 되도록 입을 닫는 것이 낫다.

그런 진실을 말하면 자칫 거짓말쟁이로 몰릴 수 있기 때문이다.

그러나 단테는 침묵할 수가 없었다. "이 희극을 두고 맹세하노니, 독자여! 이 구절들을 오래오래 사랑해 주기를 바랄 뿐이다."

바로 그때 무겁고 어두침침한 허공을 향하여 헤엄쳐 올라오는 형상이 보였다. 몇 초 지나지 않아서, 아무리 강한 심장을 가진 사람도 까무러칠 정도의 무시무시한 형체를 드러냈다. 이 괴물은 마치 암초에 걸린 닻을 끌어 올리려 바닷속에 잠수했다가 떠올라 팔을 쫙 벌리고,

또 다리를 웅크리며 올라오는 사람처럼 보였다. (136)

제17곡

고리대금업 지옥에서 괴물 게리온 등에 타다

　지옥의 심연에서부터 폭포를 거슬러 올라온 괴물은 게리온이다. 온 세상에 고약한 냄새를 풍기며 머리와 가슴을 강둑에 걸치고 있었다. 뾰족한 꼬리를 지닌 이 괴물은 전설대로 산을 쉽게 넘고 성벽과 무기를 쳐 부수는 괴력을 가지고 있다.
　여기에서 게리온은 '사기꾼의 상징'이다. 베르길리우스의 저서 〈아이네이스〉 제8권에서 몸통이 셋인 괴물로 표현된다. 나그네를 꾀어낸 후에 살해하는 사기꾼이자 도적이다. 지하세계 사기의 지옥인 여덟 번째 옥에서 안내하는 악마의 역할로 제격이다.
　베르길리우스 스승이 그놈에게 손짓으로 가까이 오도록 했다. 가까이 보니 얼굴은 사람이 아닌가! 가슴 위로 사람의 살가죽을 쓰고 있고 나머지 몸통은 완전히 뱀의 그것이다. 사자 것 같은 앞발부터 겨드랑이까지는 털이 무성했다. 그리고 등과 가슴, 양 옆구리에 동그라미 무늬가 그려져 있다. 타르타르인이나 터어키인들이 짠 직물도 이만큼 섬세하고 곱지는 않았을 것이다. 운명의 여신 아라크네도 이런 베를 짜 내지 못했으리라. 그놈은 전갈처럼 독을 품은 갈고리 모양의 꼬리를 공중에 휘둘러 댔다.

  스승이 단테의 손을 이끌고 뜨거운 모래와 불꽃을 피하여 가장자리로 조심히 붙어서 거대한 괴물 게리온에게 가까이 다가갔다.

  영령들은 아가리를 벌린 심연의 절벽위에 바싹 붙어 있었다.
(17곡 36, 37)

"여기 세 번째 골짜기에서 마지막 볼 기회이니 영령들이 뭘하는지 가서 보고 오거라, 나는 이놈을 구슬려 그 강한 어깨를 빌려 보도록 하겠다."

  단테는 입곱째 지옥의 가장자리를 혼자 걸어서 비참한 영혼들이 앉아 있는 곳으로 갔다. 그들은 고리대금하던 영령들이다. 비처럼 떨어지는 불꽃들과 뜨겁게 달구어진 모래를 손으로 내저으며 이리저리 피해 다니고 있었다. 마치 여름에 벼룩, 파리, 빈대에 물어뜯기는 개가 주둥이로 발목을 버둥대는 것 같았다.

  자세히 보니 모두가 목에 색깔과 문양이 서로 다른 돈주머니를 차고 있었다. 사자의 형상, 흰 거위 형상, 푸른 암퇘지 형상들의 주머니가 눈에 띠였다. 암퇘지 주머니를 찬 사내가 단테에게 외쳤다.

  "나는 파도바의 스크로베니 가문이고, 나머지는 피렌체 사람들이요."

  그들은 가문 대대로 고리대금업자들이다. 단테는 곤죽이 된 그들을 뒤로하고 스승 곁으로 돌아왔다. 벌써 스승은 그 사나운 짐승의 등에

게리온 등에 올라탄 단테 _ 윌리엄 블레이크 작
단테는 오돌오돌 떨며 조심스레 짐승의 등에 올라탔다.

올라타 있었다. 그가 말했다.

"이제 근세고 담대하거라! 우리는 이놈을 타고 사다리 삼아 내려가야 한다. 자, 앞에 타거라. 네가 꼬리에 맞으면 안되니 내가 뒤에 타마."

단테는 오돌오돌 떨며 조심스레 짐승의 등에 올라탔다. 그러자 항상 보호해 주시는 스승이 단테를 두 팔로 꼭 껴안아 주시며 외쳤다.

게리온아! 이제 가자구나!
원을 넓게 그리며 천천히 내려가자.
네가 이고 있는 특별한 짐을 생각하라.   (97-99)

게리온은 마치 나룻배가 움직이듯이 뒤로 걷더니 꼬리를 가슴쪽으로 돌려서 뱀장어처럼 이것을 쭉 펴고 흔들며 앞발을 움켜 모았다.

단테는 신화에서 추락하는 두 장면을 떠올렸다. 파에톤이 태양의 신인 아버지 아폴론을 졸라 태양의 전차를 몰다가 고삐를 놓쳐 하늘에서 불탔을 때와, 이카로스가 아버지 다이달로스를 졸라 밀랍날개를 만들어 달고 하늘에 오르다가 태양에 날개가 녹아 추락했던 순간을 떠올리며 단테는 게리온의 등위에서 벌벌 떨었다.

사방을 둘러봐도 공포스런 허공만 보였다. 그놈이 서서히 헤엄치며 빙글빙글 돌면서 내려가니 아래에서 불어오는 바람이 스치고 지나갔다. 오래지 않아 오른쪽 아래로 오싹한 소용돌이 소리가 들려왔다. 단테가 머리를 밑으로 슬그머니 내밀어 보니 불꽃이 등대처럼 보이고 신음소리가 들려왔다. 단테는 착륙시에 신화들처럼 추락하지나 않을까 걱정스러워졌다.

거대한 고통의 소리가 내려갈수록 크게 들려왔다. 게리온은 사방에서 들려오는 고통에 둘러싸여 빙글빙글 돌면서 내려가더니, 마치 먹이도 찾지 못하고 착륙하여 화가 치민 사냥매처럼 씩씩거리며 절벽 언저리로 다가갔다. 종착지에 내린 매처럼 바닥에 내려 앉더니 단테와 스승을 내동댕이치고서 곧바로 등을 돌리더니,

시위를 떠난 화살처럼 달아나 버렸다. (136)

제18곡

사기꾼 지옥 말레볼제, 사악한 열 개 구렁

단테와 스승을 등에 태우고 지옥의 여덟 번째 바닥에 도착한 게리온은 마치 속아서 괜히 힘만 썼다는 듯 씩씩거리다가 단테와 스승을 내동댕이치고서 등을 돌려 시위를 떠난 화살처럼 달아나 버렸다.

지옥에서도 사악한 구렁, 말레볼제(Malebolge)　　　　(18곡 1-3)

황량한 벌판 한가운데에 굉장히 넓고 깊은 '사악한 기운이 도는 웅덩이'가 패어 있었다. 높은 절벽과 넓은 웅덩이 사이에는 열 개의 깊은 구렁들이 둥그렇게 원을 이루며 나뉘어져 있었다. 그 형상은 마치 큰 성을 에워싼 해자들이 동심원을 이루며 성의 입구부터 가장 외곽까지 서로 다리로 연결하는 모양이다.

스승을 따라 단테가 왼쪽으로 발을 옮기니, 오른편에 새로운 고문 방식과 고문 기술자들이 보이고 고통받는 망령들이 첫 번째 구렁을 가득 채우고 있었다. 마치 성년이면 로마 성베드로 성당을 들어가고 나오는 수많은 순례의 군중들이 다리를 양방향으로 통과해 지나도록 질서를 배려한 것처럼, 그런 식으로 망령들은 양방향으로 벌거벗긴 채 빠르게 걷고 있었다. 그 행렬 위로 뿔난 악마들이 바위에 서서 긴 채찍으로 사정없이 내리치고 있었다. 매를 맞는 한 영혼을 단테가 알아보자, 그가 얼굴을 숙여 감췄다. 단테가 말을 건넸다.

"그대는 카치아네이코가 아닌가? 무슨 죄로 이런 고통을 당하는가요?"

"말할 기분은 안 내키지만 당신을 보니 살았던 세상이 떠오르네. 나는 후작의 욕정을 채워주려 내 예쁜 여동생을 주었던 사람이오. 나같은 볼로냐 사람들이 이곳에 넘치도록 많아요. 이곳에서 모두 서글피 울고 있다오."

이때 카치아네이코에게 악마의 채찍이 날라오며 끔직한 소리가 들렸다.

꺼져라, 첫 구렁의 뚜쟁이야!
돈줄 땡길 계집들이 여기 없으렷다.   (65, 66)

단테는 깜짝놀라 스승 옆으로 피하여 걸었다. 곧 돌다리 하나가 보여, 그 위로 올라섰다. 그리그 첫 번째 구렁을 떠나 오른편으로 접어들자 스승이 단테에게 말했다.

"잠깐! 뒤돌아서 우리와 한- 방향으로 가는 사악한 몰골들을 좀 보자. 저들 중에 몸집이 큰 자를 보아라. 째찍에도 눈물 한방울 흘리지 않는구나. 저자가 용맹과 지혜로 콜키스 사람들에게서 황금양털을 찾아온 이아손이란 사람이다. 그리스의 자존심을 찾아온 그 영웅이지. 그렇지만 여자를 많이도 속였단다. 렘노스섬에서 힙시펠레를 임신시키고 도망쳐 버렸지. 이뿐만 아니라 콜키스의 마법공주 메데이아를 유혹하여 조국을 배신토록 한 뒤에 그녀를 헌신짝처럼 팽개쳐 버렸다네. 결국 메데이아의 복수가 지옥에서 이루어진 셈이지."

이제 단테와 스승은 첫 번째 구렁을 떠나 좁은 둔덕을 가로질러 두 번째 구렁에 와있다. 이 구렁에서는 손바닥으로 자기 몸을 때리는 자들이 흐느끼고 있다. 곰팡이로 뒤덮힌 곳에서 피어난 독기가 눈과 코를 괴롭혔다. 다리 위로 몸을 피하고 내려 보니, 망령들이 똥물에 잠겨 있었다. 한 영혼이 똥물을 뒤집어 쓴 채 단테를 쳐다 보자, 그 영혼에게 단테가 소리쳤다.

"왜 나를 주시하는 건가! 그대는 혹시 루카의 백당 두목 아니었나?"

혓바닥 알랑거리다가 여기 똥물 구석에 처박혀 있다네. (125, 126)

두 번째 구렁에서 아첨꾼들의 소리를 듣고 스승이 단테에게 말했다.
"저기, 얼굴을 내밀고 지저분하게 머리를 풀어헤친 여자가 똥 묻은 손톱으로 몸을 긁적거리는 것을 좀 봐라."

저 여자가 타이테다. '나 맘에 들어?'
기둥서방이 묻자, '끝내 줘요!'
라고 대답했던 그 창녀란다. (133-135)

지옥편 - INFERINO 119

말레볼제의 악마들 _ 귀스타브 도레 작
매를 맞는 한 영혼을 단테가 알아보자, 그가 얼굴을 숙여 감췄다.

이제 우리가 본 것만으로도 진절머리가 나는구나! (136)

∽⌒∽

중세철학을 집대성한 토마스 아퀴나스는 타인의 자유의지를 보호하고자 윤리적 제도가 만들어졌다고 주장한다. 이 설을 근거로 단테는 인간의 자유의지를 훼손하는 사기·배신죄를 폭력·살인보다 더 무겁게 취급한다. 지옥 제 8원(옥)은 '사기', 제 9원(옥)은 '배신'의 지옥이다. 특히 8원을 말레볼제라 하며 열개 구렁으로 분류하여 치밀하게 다루고 있다.

 말레볼제는 지옥편 34곡중에 13곡(18곡-30곡)이나 차지하고 있다. 여기 처벌받는 영령들은 모두 사기꾼으로 칭한다. 사기꾼은 뚜쟁이, 아첨꾼, 성직매매자, 점쟁이, 탐관오리, 위선자, 큰도둑, 교사범, 분열자, 위조범으로 세분하여 열 구렁에 각각 투옥되어 있다.

∽∾

제19곡

세 명의 교황과 성직매매자를 처박는 구멍들

신약성경 〈사도행전〉에 점쟁이 시몬이 성령으로 안수하는 사도의 능력을 돈으로 사려다가 베드로에게 저주를 받았다는 기록이 있다.

"네가 하나님의 선물을 돈 주고 살 줄로 생각하였으니 네 은과 네가 함께 망할지어다."

사도행전 8장 20절

세 번째 구렁에는 하나님의 것들을 탐욕스러운 본성을 못 이기고 금과 은으로 팔아먹은 망령들이 거무스레한 바위 구멍들에 각자 처박혀 있었다. 여기 저주받은 구멍마다 머리와 몸은 구멍 안으로 처박혀 있고 죄인의 발과 넓적다리가 거꾸로 솟아 있었다. 양 발바닥에는 불이 붙어 불꽃을 내며 핥듯이 타오르고 있었다.

잠깐! 여기서 단테는 추억을 떠올렸다. 피렌체의 성요한성당에서 세

레를 받는 자들을 위한 구멍에 빠진 어린이를 구조물 하나를 부수고 구했던 생각이 났다. 단테는 이때 어린 목숨을 구하느라 기물을 파손하였는데도 성물 파괴자로 누명을 썼었다.

  단테가 스승에게 유달리 팔딱거리는 영혼은 누구냐고 묻자, 친절한 스승은 낮은 둔덕으로 단테를 이끌어 그 구멍 가까이 다가가도록 해 주었다. 단테는 고해를 핑계로 죽음을 미루는 살인자를 대하는 사제처럼 그 앞에 서서 구멍을 향해 말했다.

  말뚝처럼 곤두박질한 영혼이여, 누구인지 말할 수 있겠소?

(19곡 46-48)

  그러자 사악한 구멍의 영혼이 오히려 단테를 혼내듯이 소리쳤다.

아니 벌써 너 거기 와 있느냐.
벌써 거기 와 있느냐, 보니파키우스?
예언 기록보다 몇 년 속여 왔구나.

그렇게 빨리 탐욕을 다 채웠느냐,
탐욕에 눈이 멀어 그리스도의 신부도 속였더냐?
게다가 성직을 팔아먹기도 했다지?

(52-57)

  단테는 무슨 말인지 이해할 수 없어 어리둥절하며 욕을 먹고 정신나간 사람처럼 서있었다. 베르길리우스가 "그 사람이 아니다!"라고 대답하라 해서 시킨대로 말했다.

그러자 구멍의 영혼은 두 다리를 비틀며 비통한 목소리로 말했다.

"내게 무얼 원하는가? 나는 전에는 커다란 망토를 입었던 자(교황)이었소. 나는 암콤의 아들이요. 새끼곰, 조카들을 위해 돈을 긁어모아 주머니에 넣었고 그 죄로 여기에서 나 자신을 주머니에 처박고 말았다오. 내 머리 아래로는 다른 놈들이 바위 틈 사이에 갇혀 있는데, 나보다 앞서서 성물과 성직을 매매한 자들이오. 좀 전에 그대가 보니파키우스 8세인 줄 알고 소리를 쳤는데, 정작 그놈이 이곳에 오면 나도 아래로 내려갈 것이오. 그놈 다음에는 더 타락한 놈이 서쪽 프랑스에서 올 것이오."

여기에서, 암콤가문의 아들이면 교황 니콜라우스 3세임을 말한 것이다. 니콜라우스는 죽은 자의 예언능력으로 아직은 살아있는 교황 보니파키우스 8세를 위한 지옥자리가 준비되었다고 말한다. 보니파키우스 8세는 세속적 권력과 교황령 확장을 위해 흑당과 결사하여 자기를 반대하는 단테와 백당 사람들을 무참히 축출한 자이다.

그에 이어서 클레멘스 5세 교황도 한 구멍을 차지할 것이라고 선언한다. 클레멘스는 교황즉위 대가로 프랑스 필리프 4세와 비밀협약을 맺는다. 취임후 교황청을 아비뇽에 옮기고 성직을 매매하는 죄를 짓더니 결국 황제에게 수모를 당하다 죽는다. 〈지옥편〉 19곡은 단테의 교황들에 대한 응징이고 교황청에 대한 성직매매반대 선전포고이다. 이는 후일 종교개혁의 불씨가 된다.

성직매매자를 처박는 구렁 _ 윌리엄 블레이크 작 ▶
구멍의 영혼은 두 다리를 비틀며 비통한 목소리로 말했다.

지옥편 - INFERINO

단테가 교황을 꾸짖었다.

"하나님께서 베드로에게 천국 열쇠를 주시기 전에 원하신게 있었나요? 예수님의 제자 자리를 맛디아로 충원할 때 베드로와 제자들이 은이나 금을 요구하지 않았지요.

당신은 거기서 온당한 벌을 받고 있으니 불의로 번 돈이나 잘 간직하시오.

한때 신랑(하나님)의 사랑을 받았을 때 신부(교회)는 일곱 개의 머리(성체)를 지니고 태어나 열 개의 뿔(율법)에서 힘을 얻었소. 그러나 그 신부는 타락하여 세상의 왕들과 간음하였다오. 당신은 금과 은으로 하나님을 섬겼으니 우상숭배자와 다를 게 무엇인가? 그들이 금으로 만든 우상 하나를 섬긴다면, 당신들은 수많은 금을 섬겼구려!"

아, 콘스탄티누스여! 그대의 기독교 개종은 좋았으나
최초의 부유한 아버지(교황)가 그대에게서 받은 재물로
얼마나 많은 악의 어머니가 되었던가! (115-117)

사악한 구멍의 영혼은 이야기를 들으며 분노인지 양심가책인지 두 발을 사납게 흔들고 있었다. 스승은 단테가 마음에 들어 만족한 기색이었다. 두 팔로 단테를 품어 가슴 위로 번쩍 올려 구렁에서 나왔다. 그리고 다음 둔덕을 이어주는 활꼴 다리 위로 안고가서 산양도 건너기 힘들 험준한 돌다리 위에 단테를 가볍게 내려놓았다.

거기에는 또 다른 구렁이 입을 벌리고 있었다. (133)

제20곡

점쟁이 얼굴을 뒤로 비틀어
뒤로 걷게 하는 구렁

작가 단테는 지옥편 20곡을 쓰며 격정적인 감정을 토로한다.

이제 또 다른 형벌을 첫 번째 노래(지옥편)의
스무 번째 곡의 소재로 삼아
땅 속에 있는 자에 대한 시를 짓고자 한다.

벌써 나는 고통의 눈물로 젖어 있는
저 열려진 바닥을 온통 들여다볼 수 있는
지옥의 한 구렁에 와 있었다.　　　　　　　　　　(20곡 1-6)

단테는 사기꾼지옥의 네 번째 구렁에 와 있었다. 단테와 스승은 그곳에서 말없이 눈물을 흘리며 지나가는 한무리 영혼들을 보았다. 그들의 형상이 하도 기괴하여 자세히 보니 턱과 가슴이 비틀어져 얼굴이 등을 향해 돌아가 있었다. 앞을 볼 수 없으니 뒷걸음치며 걸어가고 있었다. 괴로운 눈물이 등골을 타고 엉덩이를 적시는 모습에 단테는 바위에 기대고서 흐느끼며 울었다. 이걸 보더니 스승이 말했다.

하나님의 심판받는 자에게
연민을 느끼는 것보다 더 큰 죄가 무엇이겠느냐. (29, 30)

"하나님을 반역한 영혼에게 연민을 갖다니, 넌 여전히 멍청이들과 다를 것이 없구나! 자, 고개를 들고 저자들을 보거라."

베르길리우스는 비참한 처벌을 받고 잇는 고대의 예언자와 점쟁이들을 가르키며 설명하였다. 그 중 그리스 비극에 등장하는 테베의 예언자 테이레시아스가 있었다. 오비디우스의 〈변신이야기〉에 그의 이야기가 기록되어 있다. 그는 자신의 사지를 바꿔 남자에서 여자로 변신하고 몇 년을 보내고 다시 남자로 돌아가기 위해 교미하는 뱀을 막대기로 후려쳐야 했다. 이어서 그 뒤로 보이는 여자를 가르키며 카라라(이탈리아 서부 대리석석산 산지)의 흰 대리석 사이로 파진 굴에서 살며, 별과 바다를 보며 점을 쳤던 아론타라고 소개하였다.

베르길리우스는 자신의 고향 만토바도 마술의 전설이 있다고 했다. 예언자 테이레시아스의 딸 만토는 알프스산 아래 베나코 호수에서 흐르는 포강의 늪지에 살며 마술을 부리며 살다가 그곳에 텅 빈 육신을

얼굴이 뒤로 돌아간 점쟁이들 _ 윌리엄 블레이크 작 ▶
괴로운 눈물이 등골을 타고 엉덩이를 적시는 모습에 단테는 바위에 기대고서 울었다.

남겼다. 그 뒤에 주변 사람들이 점점 모여 그녀의 유골 위에 도시를 세우고 만토바라 불렀다고 한다. 어쨌든 스승은 아직도 만토바의 시인으로 불려지고 있다.

이 잔인한 구렁에서 스승의 책 〈아이네이스〉에 등장하는 에우리필로스도 처벌받고 있었다. 그녀는 트로이를 공격하는 그리스 연합군 총사령관 아가멤논이 그의 딸을 재물로 바치게하는 비극을 연출한 여자점쟁이다. 스승은 단테에게 당대의 여자주술사들을 가르키며 설명을 이어갔다.

봐라! 바늘과 북, 물레를 버리고
점쟁이가 되어 버린 저 불쌍한 여자들을!
저들은 약초와 인형으로 마술을 부렸다. (121-123)

"자 이제 가자! 카인의 가시(달의 흑점 모양)가 남반구와 북반구의 경계에 걸려 스페인 세비야 아래 물결에 부딪히는구나. 어젯밤 보름달 아래 네가 어두운 숲에서 헤메고 있었지. 이 보름달을 잘 기억해 두라."
여기에서, 보름달은 북반구의 가장 서쪽인 스페인 서해안 아래로 지고 있었다. 말하자면 지상세계는 새벽인 것이다. 베르길리우스의 입을 통한 단테의 시 속에 시간을 알려 주고 있는 것이다. 지옥 입구에서 지금까지 숨가쁜 하루가 지난 것이다.

스승이 말하는 동안 우린 계속 길을 걸었다. (130)

∽⌒

　지옥의 여덟 번째 옥은 '사악한 자루'를 뜻하는 말레볼제(Male-bolge), 특수지옥이다. 여기는 열개의 구렁으로 배치되어 있다. 단테는 미래를 들여다 보려는 점쟁이나 예언가들을 네 번째 구렁에 배치한다. 이들은 신의 신성한 능력을 파는 자들이다. 세상을 혹세무민하는 죄로 성직매매자들의 구렁옆으로 나란히 배치한 것이다.

∽⌒

제21곡

탐관오리를 삶으며 찌르는
펄펄 끓는 역청구렁

단테가 다리를 건너와서 하염없이 우는 자들을 본 곳은 사악한 지옥의 다섯 번째 구렁이다. 역청이 거품을 품으며 부글부글 끓어 올라 구렁의 양 벽을 온통 새까맣게 칠하고 있었다. 베르길리우스가 단테에게 '조심하라'고 하면서 끌어당겼다. 그때 단테 뒤에 시꺼먼 마귀 한 마리가 다리 위로 날아오르고 있었다. 그 사나운 마귀의 억센 어깨 위에 한 죄인의 허리가 얹혀 있었다. 마귀가 단테와 스승이 서 있는 다리에 이르자 다리 아래 마귀들을 향해 소리 쳤다.

말레브란케들아, 이 놈은 루카의 탐관오리야
이놈을 역청 구렁 속으로 처박아 놓아라.　　　　　(21곡 38, 39)

여기에서 말레브란케(Malebranche)는 '사악한 앞발'이란 말로 단테가 만든 합성어이다. 주로 탐관오리를 처벌하는 악마들이다. 죄인을 역

역청속 탐관오리 _ 귀스타브 도래 작
떠오른 죄인에게 말라브란케들이 달려들어 백개도 넘는 쇠갈퀴로 그를 찔러 댔다.

　청에 풍덩 집어넣자 곧 뒤집혀져 떠오른 죄인에게 말라브란케들이 달려들어 백개도 넘는 쇠갈퀴로 그를 찔러 댔다. 그 꼴은 마치 요리사들이 가마솥에 넣은 고기가 떠오르지 않도록 갈고랑쇠로 밀어 넣는 것과 같았다.
　갑자기 그 마귀들이 다리 밑에서 달려 나와 스승님을 향해 갈고리를 곤두세웠다. 스승님이 그걸 보고 쏘아붙였다.
　"어떤 놈도 허튼 수작 부리지 마라! 날 찌르기 전에 너희 중 대표 하나가 내 말을 듣거라. 그리고 나를 찌를건지 말건지 정하라!"

마귀들이 한목소리로 "말라코다를 내보내자!"고 외쳤다. 말라코다(Malacoda)는 '사악한 꼬리'라는 말이며, 이 곳 악마들의 우두머리이다.
말라코다가 나서자 스승님이 위엄있게 말했다.

스승님이 말하기를, 말라코다야
너희들은 우리를 방해하지만
우리가 하나님의 의지와 섭리 없이

여기에 올 수 있으리라 생각하느냐?
하늘에서 저 사람에게 이 거친 길을
안내하길 바라셨으니 우리를 지나가게 하라! (79-84)

그러자 말라코다는 갈고리를 내던지며 다른 놈들에게 "건드리지 말라!"고 당부했다.
무서워 숨어서 떨고 있던 단테를 스승이 불렀다. 단테를 보더니 분이 풀리지 않은 마귀들이 말을 주고 받았다.
"저놈의 등짝을 이 쇠갈퀴로 한번 만져 줄까?"
"그래 한 번 주물러 주자고!"
그러자 말라코다가 몸을 휙 돌리며 소리쳤다.
"이놈들아. 어서 내려놔라! 그러다 큰일 난다."
가는 길에 무너진 다리에 대하여 말라코다가 "무너진 지 1266년이 지났다"고 설명했다. 예수가 1266년전 34세에 십자가에서 죽으시고 곧바로 지옥세계에 내려와서 림보에 머물러있던 구약시대의 영혼들을

마귀들이 길을 막다 _ 귀스타브 도래 작
갑자기 그 마귀들이 다리 밑에서 달려 나와 스승님을 향해 갈고리를 곤두세웠다.

구원하여 천국으로 가는 여정에 다리가 파손되었다는 이야기이다.

말라코다는 졸개들을 잠잠케 하며 그중에 바르바리치아를 불러 "네가 이들을 지휘하라"고 명했다. 그리고 몇명 졸개를 부르더니 펄펄끓는 저기 구렁을 돌아서 스승과 단테를 안내하여 무사히 다음 둔덕까지 모시라고 명령하였다.

단테는 이빨을 갈면서 나서는 안내 마귀들을 도저히 믿을 수 없어 스승에게 "우리끼리 가시지요?"라고 하자, 스승님이 단테를 타이르며 말했다.

지옥편 - INFERINO 135

"마음을 담대히 먹길 바란다. 저들 맘대로 이빨을 갈도록 두자. 저들도 역청에 처박힌 악령들 때문에 분노하고 있거든."

 그들 마귀들이 왼쪽 둔덕으로 돌아 걸어가다가 멀리 대장에게 이빨로 혀를 물어 보이며 신호를 했다.

 그러자 바르바치아가 궁둥이로 나팔을 불었다. (139)

제22곡

끓는 역청에서 말레브랑케와 악령의 뺑소니 게임

개구리와 생쥐의 이솝 우화같은 일이 말레볼제에서 벌어졌다.

단테는 캄팔디노전투에 기병으로 참전한 적이 있기에 기사들의 행진과 기병들과 전위대들의 전투를 알고 있었다. 나팔소리, 종소리, 북소리에 혹은 깃발 신호에 따라 병력은 움직이는 것을 알고 있다. 그러나 지금 바르바리치아가 궁둥이로 분 이러한 야릇한 나팔소리(방귀)에 따르는 말레브랑케('사악한 앞발'이란 뜻의 악마)들만큼 일사분란하지는 않았다.

교회에는 성인과 함께, 술집에는 술꾼들과 함께 간다고 하지 않는가! 단테와 스승은 열 마리 마귀들과 함께 걸었다. 그 얼마나 기괴한 동행인가!

뜨거운 역청의 고통을 줄이려고 역청속 악령들은 마치 개구리처럼 등을 내보이다가 번개처럼 숨어들어가고, 기슭에 코끝만 내놓다가도 말라브랑케가 다가가면 부글부글 끓는 거품속으로 숨어들었다. 개구리들중에 미처 피하지 못한 한마리처럼 죄인 하나가 그만 루비칸테라는 마귀에게 낚이어 채였다.

저주받은 마귀들이 합창하듯 외쳤다.
루비칸테, 저놈의 등에
손톱을 찔러넣어 껍데기부터 벗겨라!   (40-42)

단테가 스승에게 원수 마귀들 손아귀에 걸린 처량한 악령을 알아봐달라고 졸랐다.
그래서 스승님이 그자에게 가까이가서 묻자 그 죄인이 대답했다.
"나는 치암폴로이고 나바르 왕국에서 태어났소. 내 아버지는 재산을 탕진하고 자살했고 어머니는 나를 하인으로 보냈다오. 그러다가 나는 왕의 신하가 되었는데 거기서 그만 뻥땅치는 법을 배워 결국 여기 탐관오리를 처벌하는 역청 지옥에 끌려 왔다오."
악랄한 고양이들속에 들어온 생쥐를 바르바리치아가 두 팔로 움켜쥐고 다른 마귀들을 물리치면서 스승님에게 물을 것 있으면 조금 더 묻도록 허락하였다.
스승이 이 지옥 구렁에 있는 이탈리아인들에 대해 이어서 묻자,
"방금 사르데냐인과 헤어졌는데 그가 여기 있다면 나는 마귀 발톱도 갈고리도 무섭지 않을 것이요."
이 말에 마귀 하나가 듣고 화가 나서 소리쳤다. "우리가 너무 봐줬군!" 그러더니 갈고리로 그의 팔을 찍어 살점 하나를 가져가 버렸다.

다른 마귀는 다리를 찍으려 했다. 그러자 마귀 두목이 무시무시한 표정으로 주위를 둘러보았다. 그러자 잠시 진정되었다. 상처를 붙잡고 있는 치암폴로에게 스승이 내처 물었다.

"방금 헤어진 사르데냐인은 누구인가?"

"그 사람은 고미타라는 수도사였다오. 주인의 눈을 속이고 적들과 이간질하여 챙긴 희대의 탐관오리였소. 이런! 저기 이를 부득부득 가는 저 마귀를 보시오! 내 가려운 곳을 저 마귀가 긁어 주려나 봐요."

마귀 하나가 달려들려 하자 두목이 소리를 질러 막았다.

"저리 꺼져라, 빌어먹을 날짐승아!"

그러자 나바르의 술책꾼 치암폴로가 다시 입을 열었다.

"그대가 토스카나나 롬바르디아 사람을 원한다면 내가 데려오겠소. 그러자면 이 말레브란케들이 잠시 물러나야 할거요. 그러면 일곱이라도 불러 모으겠소. 휘파람만 불면 되지요. 우리끼리 으레 하는 신호라오."

마귀 하나가 어이없다는 듯 소리쳤다.

"그 따위 간교를 부리다니, 네 이놈! 잽싸게 도망치겠다는 거 아니야?"

그러자 술책꾼이 말을 받았다. 일부러 마귀들을 약올리려는 듯 말했다.

"나야 원래 간교하지. 동료들을 숨 막히게 고통에 처넣을 수도 있고 말고."

마귀는 유혹을 못 참고 쏘아 붙였다.

"네가 지금 도망가면 뛰어서는 쫓진 않겠다. 대신 이 날개를 퍼덕여

지옥편 – INFERINO   139

역청 위로 날아올라 널 잡겠다. 자 도망쳐라!"

나바르의 술책꾼은 기회를 잘 포착했다. 한순간에 마귀 손아귀를 벗어나 뛰어 내렸다. 마귀는 솟구쳐 올라야 했기에 나바로인이 더 빨랐다. 마귀 두 마리가 서두르다가 서로 얽혀 그만 뜨거운 역청 속에 추락했다. 두목 바르바리치아는 마귀 네 마리를 맞은 편 둔덕으로 날아가게 했다.

그들은 기슭에 내려가 이미 끓는 역청에 구이가 되어버린 마귀들을 건져 내려고 애를 썼다.

우리는 그렇게 얽혀 있는 그들을 놔두고 떠났다. (151)

◀ **서로 얽힌 말레브란케들** _ 귀스타브 도래 작
마귀 두 마리가 서두르다가 서로 얽혀 그만 뜨거운 역청 속에 추락했다.

제23곡

위선자를 처벌하는 구렁과 대제사장 가야바

　사기꾼들의 지옥 8원은 이른바 특수지옥이다. 여기는 말레볼제 라는 사악한 이름을 가지고 있다. 이곳에는 악령들이 열 개의 참혹한 구렁들에서 다양한 사기 죄목으로 처벌 받고 있다. 단테와 스승은 이제 말레볼제의 여섯 번째 구렁으로 마치 작은 형제회 수사들처럼 조용히 앞뒤로 걸어갔다. 단테 머리에는 여러 생각이 떠올랐다.

　조금 전에 벌어진 소란은 마치 개구리와 생쥐에 대한 이솝우화 같았다. '조롱거리로 전락한 마귀들은 얼마나 짜증이 났을까?' 단테는 그 말레브란케들이 재추격할 거라는 걱정이 들어 스승에게 말하니 스승도 예감하고 있었다는 듯이 다음 구렁으로 피해갈 완만한 길을 찾았다. 아니나 다를까 마귀들이 날개를 펼치고 날아오고 있었다. 스승은 단테를 자식처럼 덥석 안고 둔덕 가장자리를 타고 서둘러 넘어갔다. 마귀들이 스승을 덮친 것은 스승님의 발이 여섯 번째 구렁 기슭에 미끄러지면서 막 닿았을 때였다. 하늘의 지고하신 섭리로 마귀들은 자기 구역을 넘어선 여기에서부터는 빠져나올 힘을 빼앗겨 무기력해졌다.

그 아래 황금빛 물든 사람들을 발견했다. (23곡 58)

    단테와 스승은 안도의 한숨을 내쉬고 앞을 보니 아주 느리게 걷는 일행이 보였다. 그들은 눈까지 덮는 모자가 달린 황금색 망토를 입고 있는데, 그 모양이 퀄른 수도사들 같았다. 그런데 그들은 겉과 속이 달랐다. 금빛 망토 안으로 납으로 된 외투를 입고 있어 겉으로는 화려하지만 얼마나 무겁고 지겹겠는가!

    단테와 스승은 눈물을 흘리면서 느리게 걷는 그들을 살펴보며 혹시 이름으로 알만한 영혼들을 찾아 보자며 대화를 나눴다. 그러자 토스카나 방언을 알아든 망령들이 뒤에서 소리를 질렀다.

    "잠깐 멈추시오! 이 어두운 곳을 빠르게 달리는 자들이여! 내가 몇명 찾아주겠소."

    스승이 "저들과 보조를 맞추자"고 말했다. 비좁은 길 틈으로 그들이 다가와서 단테를 뚫어져라 쳐다보며 말을 걸어왔다.

    "목을 움직이다니, 살아있는 사람 같구나. 그대는 무슨 특권으로 이 무거운 외투를 입지 않고 이 곳에 있는가? 여기 슬픈 위선자들에게 온 토스카나 사람이여, 그대는 도대체 누구이신가?"

    내가 태어나 자란 곳은
    아름다운 아르노 강가에 있는 큰 도시였다오
    나 거기서 갖던 육신을 여기 갖고 있지오.

그런데 그대들은 누구이길래 볼에는
흐르는 눈물이 멈추질 않네요. 그대들을 이렇게
금빛으로 빛나게 하는 벌은 무엇인가요? (23곡 94-99)

그들은 볼로냐 출신의 "영광의 동정녀 마리아 기사단"으로 당파를 벗어나 화합을 꾀하고 약자를 보호하자고 창설하였는데, 겉과 속이 다르게 세속적 안락을 추구하는 행태를 보이며 '향락을 즐기는 기사단'으로 불리게 되었다.

대화중에 갑자기 말뚝 세 개로 바닥에 뉘여 십자가에 못 박힌 망령이 나타났다. 단테를 보자 몸을 비틀며 수염 사이로 한숨을 내쉬었다.

"저 십자가에 처형된 자는 바로 예수를 처형하자고 앞장선 바로 그자, 대제사장 가야바이오. 발가벗고 길을 가로질러 누워 있으니 누구든 밟고 지나가야 합니다. 그의 장인 안나스와 다른 사악한 씨앗들도 여기 구렁에서 비슷한 인과응보의 벌을 받고 있지요."

베르길리우스는 십자가에 못을 박힌 채 참혹한 모습으로 영원한 형벌에 처해진 망령을 보고 놀라워하며 그 곳을 벗어나가자고 서둘렀다.

여기에서, 유대의 바라세파 대제사장 가야바는 예수를 십자가에 처형한 죄 그대로 십자가에 못에 박히고 묶여 처벌을 받는다. 더하여 많은 위선자 죄인들에게 무참히 짓밟히는 벌을 받고 있다. 인과응보의 벌, Contrapasso(콘트라파쏘)를 댓가로 받고 있다. 지옥의 처벌은 모

못 박힌 가야바를 밟는 납옷 입은 위선자들 ▶
말뚝 세 개로 바닥에 뉘여 십자가에 못 박힌 망령이 나타났다.

지옥편 - INFERINO

두 이러한 대응식 처벌이다.

　스승이 빠른 걸음으로 나아갔다. 단테도 여섯 번째 구렁의 무거운 짐을 진 자들과 헤어져,

　사랑스러운 발길을 따라갔다.　　　　　　　　　　　　　(148)

제24곡

도둑들을 처벌하는 무시무시한 뱀구렁

사악한 말레볼제의 일곱 번째 구렁으로 오르는 다리는 완전히 허물어져 있었다. 베르길리우스 스승은 부서진 바위 파편들을 잘 살피며 단테를 이끌었다. 꼭대기에 올랐을 때 단테는 숨이 얼마나 가빴던지 덜썩 주저앉고 말았다.

단테여, 일어나라!
이제야말로 네가 나태함을 벗어 버릴 때로구나.   (24곡 46)

스승이 용기를 불어넣는 가르침으로 단테를 격려하였다.
"베게를 베고 이불 속에 누워 편안함을 즐기다가는 명성을 얻을 수 없느니라! 명성없이 삶을 소모하는 사람은 허공의 연기나 물속 거품과 같은 흔적만을 세상에 남길 따름이다. 단테야 일어나라! 무거운 육체에 눌려 주저앉지 않으려면, 모든 싸움을 이기겠다는 정신으로 숨막히는 어려움을 극복하여라. 우리는 더 높은 계단까지 올라가야 한다."

더 높은 계단은 베드로의 계단이라는 연옥의 계단을 말한다. 스승은 단테에게 희망을 잃지 말라고 격려하였다. 단테는 약한 모습을 보이지 않으려고 일부러 당당히 소리를 내었다. "스승님, 계속 가시지요. 저는 강하고 의연합니다."

활꼴 돌다리 끝에 겨우 이르자, 아래에서 괴상한 소리가 들리는 듯했다. 일곱 째 구렁에는 어떤 광경이 펼쳐질까? 두렵고도 떨렸다. 몇 걸음 내려오자 끔찍하게도 엄청난 뱀들이 얽혀있지 않은가. 단테는 피가 거꾸로 도는 것 같았다.

살무사, 날아다니는 뱀, 점박이 독사, 아프리카 독사, 머리가 둘 달린 뱀들까지 리비아에서 홍해 언저리까지 사막의 모래를 다 합쳐도 이 구렁의 뱀들 독보다 못할 것이다. 벌거벗은 악령들은 저 사악하고 무시무시한 뱀들 속에 뒹굴고 있었다. 손을 뒤로 젖혀 뱀들에게 서로 포승줄처럼 묶였다. 허리는 뱀의 꼬리와 머리로 뒤얽혀 있었다.

그때 단테쪽에 있던 악령에게 커다란 뱀이 와락 달려들더니 목과 어깨 부분을 물어뜯었다. 모음 O나 I를 아무리 빨리 쓴다 해도 그자의 몸에 불이 붙고 타버려 재가 되어 부서져 내리는 것만큼은 빠르지 않을 것이다. 그러나 놀랍게도 재는 땅에 스러졌다가 또다시 제 스스로 모이더니 순식간에 이전의 형상대로 자라나는 것이 아닌가?

불사조는 죽었다가 오백 년이 지나야 다시 태어난다는데… 불사조는 평생을 오로지 유향과 발삼 진액만 먹고 살며 몰약과 계피로 제 몸을 감싸며 죽는다고 한다.

뱀에게 물어뜯겨 죽었다가 다시 일어나서 격렬한 고통 때문에 어쩔

흑당지도자로 약탈자 반니 푸치 _ 귀스타보 도레 작
벌거벗은 악령들은 저 사악하고 무시무시한 뱀들 속에 뒹굴고 있었다.

줄 모르고 악령들은 숨만 몰아쉬고 있었다. 하나님이 정의로운 복수를 위하여 끝없이 벌을 주시는 광경을 바라보며 단테는 하나님을 찬양했다.

"오, 하나님의 전능이여! 얼마나 경외로우신가!"

스승이 눈앞의 악령에게 누구인지 물었다. 악령이 대답했다.

지옥편 - INFERINO 149

"나는 얼마 전에 토스카나 피스토이아에서 여기 무시무시한 지옥의 목구멍으로 떨어졌소. 내 이름은 짐승 반니 푸치라오."

단테가 대뜸 끼어들었다.

"그자를 도망치지 못하게 하시고 무슨 일로 여기에 쳐 박혔는지 물어보세요. 저 꼴을 본 적이 있어서요."

그자도 단테의 얼굴을 세심하게 살피더니 낯빛이 사악하게 변하였다. 그리고 험한 말들을 쏟아 냈다.

"내가 비참한 모습으로 널 만난 것이 괴롭구나. 그래, 나는 아름다운 성물을 성당 제의실에서 훔친 도둑이기 때문에 이곳에 떨어져 있지. 다른 자가 그 죄를 다 뒤집어썼다. 네게 말한다. 귀를 열고 내 예언을 똑바로 기억하라. 내 고향 피스토이아에서 나의 흑당은 사라지지만, 너의 피렌체도 새로운 사람과 법으로 변할 것이다. 너의 백당은 상처를 입지 않고 도망가는 자는 하나도 없을 것이다."

마르스가 불길한 구름을 겹겹이 두른
마그라 계곡에서부터 번개를 몰아오면
피체노의 벌판 위에서 모진 폭풍우가 오리라.

피렌체에 거친 싸움이 벌어질 것이다.
번개가 삽시간에 구름을 찢어 버리리라.
상처없이 도망가는 백당은 하나도 없으리라.   (145-150)

여기에서 '마르스'는 불을 상징하며 전쟁의 신이다. 과거에는 피렌체

흑당지도자로 약탈자 반니 푸치 _ 귀스타보 도레 작
내가 비참한 모습으로 널 만난 것이 괴롭구나.

의 수호신이기도 하였다.

반니 푸치의 예언대로 1301년 피렌체 백당의 도움으로 피스토이아 흑당은 붕괴되지만, 1302년에는 교황 보니파키우스의 계략으로 피렌체 백당은 흑당에게 철저하게 파괴된다. 단테는 추방되고 평생 쓰라린 망명길에 오르게 된다.

내 이렇게 말하는 것은 네 마음에 고통을 주기 위해서다. (151)

제25곡

용이 불을 품고, 도둑과 뱀의 몸이 바뀌는 변신지옥

　날도둑 반니 푸치는 상스러운 손짓을 하며 "하나님, 이거나 먹으쇼!"라고 고함쳤다. 이걸 보고 뱀 한 마리가 다가와 그의 목을 휘감으며 "할 말이 고작 그거냐?"고 말하는 듯했다. 또 다른 뱀이 그의 두 팔과 몸뚱이를 감아 칭칭 묶어 버렸다.
　깜깜한 지옥을 다 뒤져도 하나님께 그렇게 방자한 망령은 보지 못했다. 그때 분통을 터트리며 켄타우로스(반인반마) 하나가 달려오며 "어디야 어디? 그 사악한 놈이 어디 있는거야?"고 외쳤다. 커다란 켄타우로스의 등에는 온갖 독사들이 가득 실려 있었다.
　이번엔 어디서 날개를 쫙 펼친 용 한 마리가 그 놈의 목덜미 바로 위를 도사리고 앉아 망령들에게 불을 품어대기 시작했다. 스승이 말했다.
　"이놈이 카쿠스다. 아벤티누스절벽에 살면서 일대를 피와 죽음의 호수로 만든 놈이지. 결국 헤라클레스에게 몽둥이로 맞아 죽었지".
　그리스·로마 신화에 나오는 카쿠스는 불의 신이자 대장장이인 불카누스의 아들로 동굴에 살며 약탈을 일삼던 괴물이다. 헤라클레스의 소를 훔쳐 그에게 죽음을 당했다.

불을 품어대는 카쿠스용이 방향을 틀자, 세 망령이 슬그머니 단테 밑으로 피해 왔다. 그들이 서로 속삭이자 단테가 스승에게 입술에 손가락을 갖다대며 소리를 죽이라고 표시했다.

독자여, 지금 내가 말하는 것이 믿기지 않더라도 놀라지 마시라!
직접 본 나도 아직도 수긍하기 힘드니까. (25곡 46, 47)

단테가 저들을 향해 눈을 치켜뜨고 바라보고 있는데 발이 여섯 달린 뱀이 순식간에 한 망령을 휘감고 두 뺨을 물어뜯었다. 담쟁이덩굴이 아무리 나무를 얽어매어도 그 끔찍한 악마가 자기 몸으로 다른 놈의 사지를 휘감는 것만큼은 못 될 것이다.

그런데 마치 뜨거운 초가 녹아내리듯
두 몸은 서로 엉키더니 색깔이 뒤섞여
원래 지녔던 각자 모습이 사라졌다. (61-63)

두 개의 머리는 하나가 되고 두 얼굴도 하나가 되었다. 네 개 팔다리가 변하여 마치 도마뱀의 사지가 되었다. 완전한 변신이다. 아무일 없던 듯이 꼼지락거리며 도마뱀이 울타리를 넘어 가듯이 사라졌.
이번엔 후추 알갱이처럼 까맣고 창백한 새끼뱀 한 마리가 이글거리는 눈으로 두 망령에게 돌진하였다. 한 망령의 배꼽을 꿰뚫고는 길게

뱀과 도둑들의 변신 _ 미켈란젤로 작
그들은 서로 잔악한 눈길로 마주보며 서로의 얼굴을 바꾸었다.

몸을 뻗었다. 그 망령은 열병에 걸린 듯 잠에 취한 듯 하품을 했다. 망령은 뱀을, 뱉은 망령을 마주 보았다. 망령은 상처에서, 뱀은 입에서 연기를 거칠게 내뿜었었다. 연기가 서로 부딪히며 합쳐졌다.

"뱀들에 물려 죽은 가엾은 군인들을 묘사한 루카누스여, 신화를 통해 '변신이야기'를 쓴 오비디우스여! 이 순간에는 입을 다물어라. 그대들이 아무리 절묘한 변신의 시를 지었더라도 난 부럽지 않다. 내가 직접 보고 하는 말에 귀를 기울이라!"

    뱀과 망령의 존재는 서로 형상만 바뀌었을 뿐,
    두 형상의 질료가지 바꿀 정도로
    변신하지는 않았으니

    오히려 완벽한 변신이었다.
    뱀의 꼬리는 쇠스랑처럼 갈라졌고
    죄인의 두 발은 하나로 합쳐졌다.   (100-105)

하나의 몸은 일어나고 다른 하나는 주저앉았으나, 그들은 서로 잔악한 눈길로 마주보며 서로의 얼굴을 바꾸었다. 주저앉은 놈은 입을 앞으로 내밀고 귀를 머리 안으로 끌어당겼다. 이렇게 짐승으로 변한 망령은 씩씩거리며 계곡으로 도망갔다. 이걸 본 다른 망령은 "여기 도둑들은 이 구렁 전체를 뱀처럼 기어서 다닐 거야"라고 지껄이며 침을 뱉었다.

여기 일곱 번째 구렁의 망령들은 서로 바꿔가며 변하고 또 변하였다. 참으로 역겨운 지옥의 모습이다.

　단테는 세 망령들을 금방 알 수 있었다. 피렌체 기벨린당 가문과 관계된 자들이다.

　한 놈은 가빌레요, 네가 그토록 원망하는 자였다.　　　　　(151)

◈◈

　루카누스는 지옥편 림보에서 단테가 만난 네 문호중 한 명이다. 〈파르살리아〉라는 대서사시를 남겼다. 여기에 카토의 부하 사벨루스가 리비아 사막에서 뱀에 물려 고열로 타서 재가 되어 죽고, 다른 부하 나시디우스는 뱀에 물려 부어 올라 갑옷이 터져서 죽었다고 기술되어 있다. 루카누스는 네로와 친했으나 결국 그에게 처형당했다.

◈◈

모사꾼 오디세우스와 디오메데스가 있는 불꽃구렁

단테는 뱀구렁에서 본 다섯 도둑이 모두 피렌체 사람인 것을 보고 개탄하였다.

기뻐하라 피렌체여! 그대 그토록 위대하여
날개를 활짝 펴고 바다와 대륙을 넘어
지옥에까지 그대 이름을 떨쳤으니!　　　　　　　　　　(26곡 1-3)

단테는 괴로움만 가슴에 안고 그 뱀구렁을 떠난다. 스승은 내려왔던 바위를 다시 오르며 단테를 끌어 올렸다. 단테는 여덟 번째 구렁으로 가는 동안 내내 끔찍했던 변신장면을 지울 수 없어 고통스러워 했다.

　마침내 여덟 번째 구렁위 언덕에 도착했다. 여름날 언덕에서 쉬고 있던 농부가 포도를 경작하고 수확하던 저 계곡에서 떠다니는 무수한 반딧불들을 내려다보듯이, 단테는 그렇게 아래를 내려보고 있었다. 수

많은 불꽃이 구렁을 샅샅이 비추고 있었다.

  구약성서에서 엘리사가 말들이 하늘로 날아오르며 엘리야 스승을 태운 마차가 떠나는 것을 보듯, 단테는 높이 치솟는 구름같은 불꽃들을 바라보았다. 베르길리우스 스승이 말했다.

저 불꽃 속에는 망령들이 있다
자기들을 태우는 화염에 휩싸여 있다.　　　　　　　　　(47.48)

단테는 스승에게 물었다.
"저기 에테오클레스가 자기 형제와 함께 불타던 장작더미에서 솟아오르듯, 저렇게 갈라진 불꽃 속에 있는 자는 누구입니까?"

그가 대답하길, 저 속엔 오디세우스와 디오메데스가
고통을 겪고 있으니 그들은 함께
분노를 샀으니 그처럼 벌도 함께 받는 것이다.　　　　　(55-57)

  여기에서 에테오클레스는 비극의 테베왕 오이디프스의 아들이다. 왕이 눈이 멀어 유랑을 하자 그는 정권다툼으로 쌍둥이 형과 싸워 함께 죽고 함께 화장되었다. 죽어서도 반목이 심해 불꽃이 둘로 갈라졌다고 한다.

모사꾼 오디세우스와 디오메데스 _ 윌리엄 블레이크 작 ▶
그들은 함께 분노를 샀으니 벌도 함께 받는 것이다.

지옥편 - INFERINO

지옥 여덟 째 원 말라볼제에서도 여덟 번째 구렁의 주인공은 오디세우스와 디오메데스이다.

이들은 트로이 전쟁을 승리로 이끈 영웅들이다. 그들은 아킬레우스를 꾀어 전쟁에 끌어들였고, 목마를 만들어 트로이에 선물을 주는 것처럼 속여 기습하여 공략했다. 트로이의 상징인 팔라디움 여신상을 훔치기도 했다. 또한 긴 전쟁을 끝내고 고향에 돌아와서 쉬고 있는 부하들을 꾀어 헤라클레스의 기둥(지브롤터 해협, 중세에는 바다의 끝으로 여김)을 지나 남반구 대양으로 항해를 떠난다. 마침내 남반구의 육지를 발견했지만 폭풍이 몰아쳐 연옥산에 좌초되어 모두 몰살케한 자들이다.

그 불꽃 속에서 그들은 목마의 기습으로 트로이가 망하고 트로이의 장군 아이네이아스가 탈출하여 로마의 고귀한 씨앗이 된 운명을 한탄하고 있다. 또한 오디세우스와 디오메데스는 아킬레우스를 감언이설로 속여 사랑하던 데이다메이아를 버리고 전쟁에 나서도록 했다. 결국 데이다메이아는 자살하고 아킬레우스는 분노에 쌓이기 시작했던 것이다. 이제 그들은 이런 것들을 후회하고 통곡하며 팔라디움(트로이에 모신 아테나 여신상)의 벌을 받고 있는 것이다.

단테가 스승에게 그들을 담은 불꽃과 말할 수 있게 해 달라고 간청했다. 불꽃이 마침 가까이 왔을 때 스승이 그들에게 말을 건넸다.

"아, 하나의 불속에 함께 있는 그대들이여! 내가 살았던 동안 쓴 싯구들로 그대들에게 도움이 되었다면 걸음을 멈추고, 어떻게 죽어서 이곳에 왔는지 말해 주시오?"

불꽃의 거대한 뿔이 바람에 흔들리듯 펄럭였다. 말하는 혀처럼 소리를 내보냈다.

"내 자식의 간청도, 늙은 아버지의 연민도, 아내 페넬로프의 신실한 사랑도 세상과 인간의 악과 가치에 대하여 알고자 하는 내 가슴속의 열정을 이겨 낼 수가 없었소.

그래서 오직 배 한 척에 동료들과 넓은 남반구 바다를 향해 모험을 했다오.

그대들의 혈통을 생각하라! 그대들은
짐승처럼 살기 위해 태어난 것이 아니라
덕과 지혜를 따르기 위해 태어났다.   (118-120)

이 짧은 연설로 동료들은 욕망에 불타 아무도 멈추게 할 수 없을 정도였다오.

마침내 산 하나가 멀리 희미하게 나타났는데
어찌나 높이 솟았던지 그런 산(연옥)을 본 적이 없었소.   (133-135)

풍랑은 우리 배를 바닷물과 함께 세 바퀴 돌게 했다오. 네 바퀴 째에 선미가 높이 치솟고 뱃머리가 바닷속으로 잠겨 파도가 위로 덮쳐 왔소."

하나님께서 원하신 대로 였다오.   (142)

제27곡

사악한 조언하며 속죄?
천국이냐 악마의 손이냐?

격정에 찬 오디세우스의 불꽃이 잠잠해지자 단테는 스승의 허락을 받아 떠났다.

다른 불꽃이 마치 시칠리아의 놋쇠 황소 안에서
타 죽는 자의 찢어지는 소리를 내며 다가왔다.   (27곡 9-15)

"나와 대화를 꺼려 말고, 내가 이렇게 불타고 있는 것을 보시오. 말해 주시오! 로마냐 사람들은 어떻게 사는지? 나는 테베레강이 흐르는 시골사람 이었다오."

여기에서 단테가 인용한 놋쇠 황소는 시칠리아 폭군에게 아테네의 명장 페릴루스가 만들어 바친 소이다. 폭군은 사람을 황소 안에 태워 죽일 때 황소 울음소리가 울려 나오도록 했다. 그 첫 번째 희생자는 바로 페릴루스 자신이었으니 기가 막히다.

스승은 라틴 사람이니 단테에게 대답하라 했다. 단테가 거침없이 말을 꺼냈다. 단테는 로마냐, 라벤나, 몬타냐 지역 등의 소식을 샅샅이 전해주고 불꽃에게 물었다.

"그대는 누구인지 그대 이름이 세상에 오래 남길 원한다면 말해 주시오."

불꽃은 한동안 펄럭이다가 날카로운 혀를 이리저리 낼름거리더니 한숨짓는 듯했다.

"나의 말이 세상에 돌아갈 사람에게 할 줄 알았다면 나풀거리지 않았을 걸, 이 깊은 구렁에서 살아서 돌아갈 자는 없을 것이기에 죄다 말하겠소. 나는 이탈리아 통틀어 가장 지혜롭고 교활한 자, 귀도 다 몬테펠트로이오. 나는 군인이었다가 속죄하려 끈을 허리에 묶은 수도사가 되었소. 그런데 벼락 맞을 사제가 나를 옛날의 죄악으로 다시 밀어 넣었다오. 나는 사자가 아닌 여우처럼 모략과 술수로 살았다오. 소문을 듣고 찾아온 사악한 교황 보니파키우스의 거짓 구원약속에 속아 더러운 계략을 그에게 조언하였다오."

절 구원해 주시니 조언하여 드립니다만,
'약속을 길게 하면서 지키기는 짧게' 하면
높은 보좌에서 승리를 거둘 것입니다.   (112-114)

교황 보니파키우스는 단테가 앞 지옥에서 들었듯이 이미 지옥행이 확정되어 있었다. 오죽하면 단테가 그를 '새로운 바리세 사람들의 왕'이라 했던가! 그는 몬테펠트로 조언대로 반목해 왔던 콜로니가문을 사

사악한 조언하고 미노스 꼬리로 여덟번 감겨 불지옥에 온 죄인
나 여기 불구렁에 떨어지게 되어 이러한 불옷을 입고 고통 속에 지내고 있다오.

탕발림으로 꾀어서 이용해 먹고 결국 멸문 파괴시켜 버렸다.

몬테펠트로가 죽자 성 프란체스코가 그의 영혼을 천국으로 인도하려 왔으나, 동시에 검은 천사 케루빔 한 마리가 이걸 막았다.

"데려가지 마시오. 옳지 않소. 저놈은 기만적인 조언을 했기에 지옥의 내 졸개들에 떨어져야 하오. 내가 저놈의 머리채를 움켜주어야겠소. 죄를 뉘우치면서도 동시에 악을 행하는 것은 모순되므로 지옥에게 우선권이 있습니다."

이 이야기는 영혼의 사후 운명은 죽는 순간에 결정된다는 기독교 교리를 특히 강조한다. 또한 '악마는 자기 재산을 잘 지킨다'는 논리를 증명하였다.

오, 괴로워라 이 몸이여! 그 악마가 나를 움키고
'네 놈은 내가 논리정연하리라는 생각을 미처
못 했으리'라고 말했을 때 어찌나 떨었던가!

악마가 나를 미노스에게 끌고 갔다오. 미노스는
딱딱한 등에 제 꼬리를 여덟 번 휘감고 나서는
노발대발 냅다 날뛰더니만 꼬리를 물어뜯으며

'이 놈은 필시 사기꾼 불의 족속이야'라 했으니
그대 보다시피 나 여기 불구렁에 떨어지게 되어
이러한 불옷을 입고 고통 속에 지내고 있다오.   (121-129)

불꽃은 말을 마치고 이내 떠났다. 단테와 스승은 둔덕에 올라 마침내 또다른 활꼴 다리 위에 이르렀는데 그것은 다른 구렁을 덮고 있었다. 그 구렁 속엔 이간질 때문에,

이간질로 짐을 진 자들이 죄값을 물고 있었다.   (136)

제28곡

불화와 분열죄로
몸통이 둘로 찢겨진 마호메트

단테는 아홉 번째 구렁에 들어섰다. 이 구렁에서 벌어지는 상처와 피의 광경은 어느 누구도 완벽하게 묘사할 수 없으리라. 이 구렁에는 생전에 다른 사람을 중상모략하거나 불화의 씨앗을 퍼트린 영혼들이 제각기 기묘한 형태로 처벌을 받고 있었다.

더러는 구멍나고 더러는 잘려나가서 처참하고 끔찍한 모습을 어찌 인간의 언어로써 담아낼 수 있으랴! 카르타고 전쟁시에 한니발이 로마 병사들의 수많은 반지들을 노획하여 산처럼 쌓아 모으고, 그 긴 전쟁으로 피를 흘리고 죽은 사람들을 다 불러 모으면 이 장면을 이해할 수 있을까?

턱부터 방귀 뀌는 곳까지 찢어져 고통받는 자를 보았다. (28곡 22)

그자는 "난도질당한 나의 몸을 봐라!"라고 외치고 있었다. 이 자는 7

세기 이슬람교의 창시자로 그리스도교를 분열토록한 죄로 지옥 여덟째 원, 말라볼제의 아홉 째 구렁에 있다. 이슬람교의 경전 '코란'은 구약성서의 모세오경(모세가 지은 창세기부터 다섯 성서)을 그대로 싣고 있다. 따라서 여호와를 '알라'라 부르며 같은 하나님을 믿고 있다. 그러나 예수를 큰 선지자일 뿐, 신은 아니라며 삼위일체를 부정한다.

두 다리 사이에 창자가 매달려 있고
내장이 드러났으며 먹은 것을 똥으로
만드는 축 처진 주머니가 보였다.

내가 그를 뚫어지게 바라보자
그는 나를 보며 두 손으로 가슴을 열어 보이고
말했다. '내가 몸을 찢어 가르니, 봐라!'

난도질당한 나, 마호메트의 몸을 봐라!
내 앞에 울며 가는 저자는 알리,
얼굴이 턱부터 이마의 털까지 찢어졌지.　　　　　　　　　　(25-33)

마호메트가 말을 이어서 스승을 향해 설명했다.
"우리 뒤에 마귀가 지키고 있다가 우리가 열을 지어 한바퀴 돌면 칼을 휘둘러 또다시 갈기갈기 찢어 놓지. 그 상처는 그 마귀 앞에 가기 전에 다시 아물기 때문이야.
그런데 돌다리 위에 있는 그대들은 누구인가? 죄가 드러나 심판을 받으려 여기에 왔나? 벌 받기가 두려운가?"

베르길리우스 스승이 대답했다.

"이 사람은 죽은 자가 아니오. 이미 죽은 내가 그를 이끌고 하늘의 섭리로 여기를 지나는 것이라오."

이 말을 들은 수백의 망령들이 고통도 잊고 구렁 속에서 단테를 바라보았다. 모두 단테에게 뭔가 부탁을 하려고 하자, 마호메트는 한쪽 발을 무겁게 들더니 떠났다.

코가 눈썹까지 잘려 나가고 귀는 한 개만 남은 망령이 시뻘건 피로 가득한 목구멍을 열고 말하며 다가왔다. 그 망령이 동료 쿠리오의 턱을 쥐어 입을 벌리게하고 외쳤다. 불화와 간언을 일삼았던 쿠리오가 목구멍에서부터 혀를 잘린 채 공포에 떨고 있었다.

"바로 이자가 카이사르로 하여금 루비콘강을 건너도록 간언을 한 자이오. 카이사르의 의심을 잠재우고 주사위를 던지게 했었지요."

쿠리오는 로마의 호민관으로 카이사르가 원로원의 결의를 무시하고 '주사위는 던져졌다'고 외치며 로마로 진격하도록 간언을 했다. 폼페이우스와 내전을 치르고 공화정을 무너뜨리게 한 간신이다.

어느 망령은 손이 다 잘린 짧막한 양팔을 어두운 허공에 쳐들고 뚝뚝 떨어지는 피로 얼굴을 적시며 소리치고 있었다. 이자는 피렌체의 궬프당과 기벨린당을 원수처럼 불화시킨 모스카이다. 토스카나 지역에 온통 악의 씨앗이 되었다.

단테가 구렁을 살펴보니 머리가 잘린 몸체 하나가 다른 망령들과 태연히 걷고 있는 게 아닌가. 그자는 자신의 머리를 초롱등처럼 한손으로 들고 있었다. 자기 몸으로 제 등불이 되었으니 하나 속에 둘이요 둘

불화와 분열죄, 머리를 든 베르트랑
그자는 머리를 허공에 높이 치켜들고 자기 이름을 자랑스럽게 말했다.

속에 하나였다. 그자는 머리를 허공에 높이 치켜들고 자기 이름을 자랑스럽게 말했다.

"내가 받는 이 흉악한 벌을 봐라! 이보다 더 참혹한 모습을 본 적이 있는가? 나는 헨리왕을 꼬드기어 제 아비를 모반토록 한 보른의 베르트앙이다. 압살롬이 다윗을 모반하도록 이간질한 아히도벨의 교사도 이보다는 더하지 않았지."

서로 굳게 믿는 자들을 내가 갈라놓았으니
아, 고달프구나! 나의 머리를 몸뚱아리에서
떼어서 이렇게 등불처럼 들고 다닌다오! (139-141)

인과응보는 내 안에 이같이 나타난 것이라오. (142)

제29곡

말레볼제의 마지막 구렁, 위조범과 연금술사 지옥

찢어져 고통받는 망령들을 보며 단테가 눈물을 훔치는 것을 보고 베르길리우스가 단테에게 "왜 너의 시선은 온통 무참히 잘린 망령들에 틀어박혀 있냐?" 하며 책망했다.

단테가 저 구렁에 당숙어른이 죗값을 치루는 것을 보고 그렇다고 말하자, 스승이 말했다.

"그자는 여기에 두고, 다른 자들을 봐라!"

스승은 이 구렁의 둘레가 35 킬로미터나 되어 아직도 둘러봐야 할 곳이 많으니 서두르자고 했다. 이윽고 두 사람은 제8지옥의 마지막 구렁(열 번째)에 도착했다.

우리는 말레볼제의 마지막 수도원 위에 있었다. (29곡 40)

수도사(망령)들이 눈앞에 모습을 드러냈다. 그들은 단테에게 애달픈 고통의 화살을 쏘아대고 있었다. 단테는 다른 구렁에서 보이지 않았던 연민에 물들었고, 비명소리에 괴로운 듯 손으로 귀를 막았다.

여름철 이탈리아 마렘마, 사르데냐에서 창궐한 전염병과 고통들을 모두 한 도가니에 몰아넣으면 바로 이곳과 같을 것이다. 여기서 풍기는 악취는 썩어가는 인육에서 나오는 듯 했다.

말레볼제의 마지막 둑에 올라서니 열 번째 구렁이 시야에 딱 들어왔다. 그곳에서는 하나님의 사도와 정의의 이름으로 위조 사기꾼들이 벌을 받고 있었다. 어두운 계곡에서 떼를 지어서 더러는 배를 깔고, 더러는 서로의 등을 베고 눕고, 더러는 엉금엉금 기어다니며 괴로워하고 있었다.

단테가 서로 기대 앉은 두 망령에게 다가가서 보니 머리끝부터 발끝까지 딱지가 더덕더덕 붙어 있었다. 마치 불에 달아오른 냄비들처럼 보였다. 미칠듯이 가려워 몸부림치며 식칼로 물고기의 비늘을 벗기듯이 손톱으로 제 몸을 할퀴고 있었다.

스승이 그들과 대화하라 하자, 단테가 말을 걸었다.

"첫 번째 세상에서 그대들에 대한 기억을 오래 남기고 싶다면, 그대들이 누구인지, 그리고 저지른 추하고 괴로운 죄를 털어놓으시오."

서로 기대앉은 두 망령 중 하나가 몸을 떼면서 말했다.

"나는 아레초에서 연금술사 노릇한 그리폴리노라는 사람이오. 시에나의 주교 아들 알베로에게 '공중을 날 수 있다'고 농담하였다가 끝내 다이달로스처럼 만들지 못했다고 그가 나를 불 속에 처넣어 태웠다오. 심판받을 때 허위를 용서하지 않는 미노스가 지옥의 맨 밑바닥 여기 구렁에 보냈다오."

위조범과 연금술사 처벌 피부병 지옥 _ 윌리엄 블레이크 작
미칠듯이 가려워 몸부림치며 식칼로 물고기의 비늘을 벗기듯이 손톱으로 제 몸을 할퀴고 있었다.

여기에서 다이달로스는 신화속 인물이다. 아테네의 발명가로 아들 이카로스를 위해 밀랍날개를 제작한 자이다. 하늘로 올라 신을 보겠다는 이카로스는 욕망으로 오르다가 그만 밀랍이 태양에 녹으며 날개가 꺾여 추락해서 죽게된다. 또한 다이달로스는 유명한 미노스의 미궁(미로)을 설계한 자이기도 하다.

"그 당시에 시에나에는 프랑스인처럼 허황된 자가 많았나 보네요?" 라고 단테가 스승에게 말하자, 옆에서 듣고 있던 다른 문둥이가 말을 받았다.

"시에나에는 유산을 탕진한 자도 많았소. 그 비싼 정향을 양념으로 써서 요리해 먹고, 포도원과 삼림을 날린 자도 많았소. 그런 시에나 사람들과 다른 부류를 찾는다면 나를 자세히 보시오. 내 얼굴이 답해 줄 것이오.

내가 연금술로 금속을 위조했던
카포키오의 망령임을 그대는 알게 될 거요.
그대는 날 기억할 것이오.   (136-138)

내가 참으로 타고난 원숭이였음을 그댄 기억하리라."   (139)

제30곡

서로 물어뜯고 치고받는
위조범과 사기꾼 망령들

　단테는 금속 위조자인 연금술사에 이어 변장사기꾼, 위조화폐범, 거짓증언하는 사기꾼들을 만나게 된다. 열 번째 구렁엔 이렇게 네 부류의 위조사기꾼들이 처벌받고 있다. 이 구렁에는 사악한 죄와 벌로 미친 영령들이 날뛰고 서로 물어뜯고 있었다. 단테는 두 개의 그리스 신화의 예를 통하여 아비규환의 지옥을 설명한다.

　헤라는 바람둥이 남편 제우스의 연인인 테베의 공주 세멜레 때문에 테베의 혈족들에게 분노와 저주를 퍼부었다. 헤라가 제우스의 번개에 세멜레를 불타 죽게하자 제우스는 자궁에서 아이 디오니소스를 구해낸다. 세멜레의 동생 이오는 두 아이를 낳고 기르면서 조카를 돌보았다. 이것이 헤라의 분노를 사서 이오의 남편을 사자처럼 미치게 하여 자식을 살해토록 한다. 불행한 이오도 다른 자식과 물에 뛰어들어 죽었다.

　트로이가 망했을 때 프리아모스왕의 아내인 불쌍한 헤카베는 그리스의 노예가 된다. 아끼던 딸 폴리세네는 그리스 영웅 아킬레우스의 영혼을 달래는 제물로 희생된다.

여기에 아들 폴리도로스의 시신이 바닷가에 밀려온 것을 보게되며, 그녀는 가슴이 찢어질 듯 괴로워서 개처럼 울부짖었다.

그러나 테베의 이오공주 부부와 트로이의 헤카베왕비의 광기와 비극이 아무리 잔혹하게 사람을 찢었다해도 그때 단테가 본 돼지떼처럼 서로 물어뜯으며 내달리던 두명의 비쩍 마른 망령들보다 모질지는 않았을 것이다.

그중 하나가 연금술사 카포키오의 목덜미를 이빨로 물어 질질 끌고 갔다. 이 광경을 본 다른 아레초 연금술사 그리폴리노가 말했다.

"저 미친 망령은 쟌니 스키키요. 저렇게 광폭하게 우릴 괴롭힌다오. 저놈은 다른 자로 변장하여 대신 유언하고 유서를 변조했지요. 다른 미친 망령은 죄많은 미라의 망령이오. 이 여자는 위장하고 자기 아버지 침실로 들어가서 죄를 지었소. 결국 아버지에 쫓겨 떠돌아 다니다가 죽었다오."

여기에서 미라의 비극은 오비디우스의 〈변신이야기〉에 나온다. 키프로스의 공주로 아프로디테의 저주를 받아 아버지를 이성으로 사랑하게 되어 죄를 짓고 방황하다가 죽어서 몰약나무가 되었다고 한다.

단테가 눈길을 돌리니 현악기 류트처럼 생긴 자가 보였다. 갈증으로 입술 하나는 턱을 향하고, 윗 입술은 하늘을 향해 쳐들고 있었다. 위조범 아다모는 이렇게 물 한 방울을 그토록 갈망하고 있었다.

극심한 수종이 물기를 죄다 빨아들여

가랑이 아래가 나머지 몸뚱이에서 완전히 잘려 나갔다.

(30곡 50-52)

아다모는 아름다운 개천이 흐르던 고향을 떠올리며 갈증으로 괴로워하며 말하였다.

카센티노의 푸른 언덕에서 아르노 강에
흘러 내리는 작은 개천들은
서늘하고도 잔잔한 운하들을 이루면서

언제나 내 앞에 있음이 속절없구나. 그걸
머리에 떠올리면 내 얼굴 살을 뜯어내는
고통보다 더 날 목태우고 괴롭힌다오. (64-69)

아다모는 피렌체의 금화 피오리노를 위조한 자이다. 피오리나의 앞면은 세례자 요한 얼굴이, 뒷면은 피렌체를 상징하는 백합이 새겨져 있다. 결국 그는 화형을 당했다.

단테가 아다모에게 "오른편에 달라붙다시피 누워 있는 두 사람을 아냐?"고 물었다.

"한 년은 요셉을 모함한 보디발의 아내이고, 다른놈은 트로이를 속인 거짓말쟁이 시논이오. 그들은 심한 열병으로 지독한 냄새를 풍기고 있다오."

여기에서 요셉은 성경 〈창세기〉 39장에서 이집트에서 종살이할 때

지옥편 - INFERINO   177

위조범과 사기꾼 _ 귀스타브 도레 작
위조범과 거짓말쟁이는 온갖 쌍욕을 하며 치고받고 한참을 싸우고 있었다.

이야기의 주인공이다. 주인 아내의 동침 유혹을 거절하자 그 여자가 요셉에게 누명을 씌워 감옥에 가게 했다.

한편 시논은 트로이에서 그리스가 목마를 만들고 바다로 퇴각한 것처럼 하고, 본인이 거짓포로가 되어 목마를 트로이 성안에 들이도록 거짓말한 자이다.

그러자 한 망령이 아다모의 불룩한 배를 주먹으로 쳤다. 북치는 소리가 났다. 그러자 아다모도 그의 얼굴을 후려갈겼다. 시논이 비명을 질렀다. 위조범과 거짓말쟁이는 온갖 쌍욕을 하며 치고받고 한참을 싸우고 있었다. 단테는 그들의 싸움에 푹 빠져 있었다. 이걸 보더니 베르길리우스 스승이 단테를 크게 질책했다.

"계속 보다가는 홀려서 네가 나랑 싸우겠구나!"

단테가 부끄러워 안절부절하며 말은 차마 못하고 반성을 하려는 모습을 보이자 스승이 말했다.

"작은 부끄러움으로 네가 저지른 것보다 더 큰 잘못도 씻어 준다. 이제 걱정을 거두어라. 내가 곁에 있다는 것을 잊지 마라."

그런 것을 엿들으려 하는 것은 천박한 일이니까. (148)

제31곡

신들에 반항한 니므롯과 거인들의 지옥

 단테는 베르길리우스 스승을 따라서 사악한 말레볼제 열 구렁을 벗어나왔다. 둘은 한마디 말도 없이 한참을 걸었다. 어느 언덕 위에 이르니 어디선가 천둥치듯 요란한 뿔나팔 소리가 들려왔다. 여기는 지옥의 심연인 아홉 번째 원 입구이다. 심연의 오프닝을 알리는 나팔소리는 마치 롤랑이 로스보에서 패한 후 샤를마뉴 대제의 도움을 구하는 나팔 소리보다 컸으리라.
 중세 프랑스 서사시 〈롤랑의 노래〉에서 사라센인들에 포위된 위기에 구원을 부르는 뿔나팔 소리를 인용했다. 그 울리는 방향을 보니 멀지 않은 곳에 탑들이 눈에 아른거린다. 단테가 스승에게 "높은 탑이 보입니다. 이곳은 어디인가요?"라고 물었다.
 스승님이 단테의 손을 잡아 주시며 말했다.
 "어둠속에서 보니 진실이 상상에 가려진다. 가까이 가면 알리라. 자, 빨리 움직이자!"

> 어슴푸레 보이는 저것들은 탑이 아니라 거인들이라
> 그들 배꼽 아래는 웅덩이에 잠겨 있다. (31곡 31-33)

안개가 걷히고 거인들의 모습이 드러나자 단테에게 두려움이 덮쳐 왔다. 상반신을 우뚝 세운 모습이 마치 시에나의 몬테레지오성 안의 높은 망루들 같았다. 하늘에서는 제우스가 천둥을 울리며 위협하고 있었다.

거인의 얼굴을 보니 로마의 성베드로 성당의 솔방울처럼 길었다. 그 거인이 울부짖자 스승이 소리쳤다.

"바보 멍청아, 화가 나거든 네 가슴에 감고 있는 뿔나팔로 해라!"

스승이 단테에게는 부드럽게 설명했다.

"이 자는 니므롯인데, 자신이 만든 나팔 때문에 세상에 공통어가 쓰이지 않게 되었지.

저자는 버려두자. 어떤 말도 통하지 않는 망령이지."

성경 〈창세기〉 6장 기록에 사람들 외에 네피림이라는 거인족속이 살았고, 노아의 홍수로 멸절되었다. 〈창세기〉 11장에 바벨탑 이야기가 나온다. 사람들이 교만해져 하늘에 닿는 탑을 쌓자, 하나님은 하나의 언어를 없애어 사람들을 흩어지게 하였다. 오만한 거인 니므롯이 주도하여 바벨탑을 건설했다고 단테는 믿고 있다. 니므롯은 '반역'을 뜻한다.

더 내려가니, 아주 사나워 보이는 거대한 거인이 왼팔은 앞으로 오른팔은 뒤로 돌려진 채 쇠사슬에 묶여 있었다. 목덜미에서 아래로 다섯 번이나 휘감겨 있다. 이 교만한 망령은 제우스에게 대항하다가 벌을 받고 있다.

이름은 에피알테스, 거인들이 신들에게
전쟁을 걸 때에 놀라운 위력을 보이며
휘두르던 팔이 이제는 꼼짝도 못하는구나. (100-102)

그때 에피알테스 거인이 몸부림을 쳤다. 강한 지진으로 땅이 흔들리자 단테는 겁에 질려 죽을 것만 같았다. 단테와 스승은 마음을 진정하고 이 거인을 떠나, 이번엔 사자를 천 마리나 잡아먹으며 살았다는 험악한 거인 안타이오스에게 다가갔다.

여기에서 안타이오스는 바다의 신 포세이돈과 대지의 여신 가이아 사이에서 태어난 거인이다. 그는 '신과의 전쟁'에 개입하지 않았기에 몸이 묶이지 않은 상태이다. 스승이 그를 기분좋게 치하하며 부탁했다.

"그대는 한니발이 스키피오에게 패한 계곡에서 살았지요? 신들과 거인들의 전쟁에 그대가 개입했으면 아마 땅의 아들인 거인들이 이겼을 것이라고 지금도 생각한다오. 우리를 코키토스 얼음호수로 내려보내 주시겠소? 여기 이 사람은 살아 있고 세상에 돌아가서는 그대 이름을 널리 알릴 수 있다오. 얼굴 찌푸리지 말고 고개를 숙이시오"

거인 안타이오스는 헤라클레스를 움켜쥐었던
손을 내밀어 스승님의 몸을 잡아 쥐었다. (131-132)

거인 안타이오스가 단테를 손으로 잡아 얼음지옥에 놓다 _ 윌리엄 블레이크 작 ▶
거인이 허리를 굽히는 모습이 볼로냐의 기울어진 가리센다탑 위로
구름을 맞이하는 것처럼 보였다.

지옥편 - INFERINO

단테 또한 스승을 붙잡아 한 몸이 되었다. 안타이오스 거인이 허리를 굽히는 모습이 볼로냐의 기울어진 가리센다탑 위로 구름을 맞이하는 것처럼 보였다. 단테는 너무 무서워서 차라리 다른 길로 돌아가고 싶은 마음이었다.

높은 탑같은 거인은 루키페르와 유다를 함께 삼켜버린 지옥의 맨 밑바닥으로 허리를 구부리고 단테와 스승을 사뿐히 내려놓더니 곧,

배의 돛대처럼 그 거대한 몸을 일으켰다. (145)

제32곡

지옥의 심연, 배신자는
코키토스 얼음호수에 잠겨

지옥의 맨 밑바닥은 지옥의 마지막, 아홉 번째 원(Cerchio)이다. 얼어붙은 코키토스 강이 마치 호수와 같다. 이곳은 배신자들이 얼음 속에서 영원히 고통을 받는 최악의 지옥이다. 네 구역으로 나뉘어 가족과 친척을 배신한 자, 조국이나 공동체를 배신한 자, 믿고 온 손님을 해친 자, 은인을 배신한 자들이 벌을 받고 있다.

단테는 저 슬픈 심연의 구멍에 맞는 시를 지으려 생각의 즙을 온전히 짜내리라 결심한다. 그러나 맨정신으로 어찌 지하우주의 중심 바닥을 묘사할 수 있겠는가. 그래서 뮤즈를 찾는다.

암피온을 도와 테베의 성을 쌓은
여신들이여! 나를 도와 나의 싯구를 보태어
내 말이 사실과 어김없도록 해 주오.

지옥편 - INFERINO

전설에 따르면 암피온이 리라를 연주하자 뮤즈들이 카이론산의 돌들을 움직여 테베의 성벽이 쌓여졌다고 한다. 이처럼 단테가 문장을 띄우자 첫 싯귀가 지어졌다.

아, 말할 수 없이 사악하게 창조되어
표현하기조차 힘겨운 족속들아
차라리 세상에 양이나 염소였으면 좋았을 것을! (13-15)

단테가 코키토스를 막 밟으려는 순간, 이런 소리가 들려 왔다.
"네가 어떻게 지나가는지 보리라. 불쌍하고 지친 네 형제들의 머리를 밟지 마라!"

봄에 개구리가 물 위로 코만 내밀고 개굴거리듯
얼음 속 영혼들이 납빛이 된 얼굴로 이를 부득부득 갈고 (33-36)

코키토스의 첫 구역 카이나이다. 가족과 친척을 배신한 자들의 망령들이 하체는 얼음에 잠긴 채 입에서는 추위가, 눈에는 슬픈 마음이 드러나고 있다. 단테가 보니 두 망령이 서로 머리카락이 엉킨 채 두 마리 숫염소처럼 맞붙어 싸우고 있었다. 옆에 있는 망령이 이들은 아버지 알베르토의 재산으로 죽고 죽이는 형제들이라 설명했다. 상속 받으려 조카를 살해한 망령도 있었다.

스승과 단테는 중력이 모두 모이는 중심을 향하여 걷는다. 여기는 카이나 구역과 접하는 안테노라 구역이다. 호수 위로 즐비한 머리들

코키토스 배신지옥 얼음호수에 갇힌 악령들 _ 윌리엄 블레이크 작
조국이나 공동체를 배신한 자들이 얼음 위로 머리만 내밀고 고통받는 지옥이다.

사이를 걷던 중 어떤 자의 머리가 발길에 차였다. 이곳은 조국이나 공동체를 배신한 자들이 얼음 위로 머리만 내밀고 고통받는 지옥이다. 그가 울부짖으며 "왜 날 차는 거냐? 몬타페르티의 복수를 하러 왔느냐? 네가 살아 있는 놈이라고 함부로 대하는 것이 아니냐?"하며 욕지거리를 퍼붓었다. 단테가 베르길리우스 스승에게 양해를 받고 그 망령의 말을 받았다.

"그래, 난 살아있는 사람이다. 네놈이 명성을 원한다면 네 이름을 내가 기억속에 적어 두는 것이 좋겠다."

"내 소원은 그와 반대다. 여기서 꺼져라! 이놈아, 날 괴롭히지 말고."

단테는 그자의 머리채를 움켜쥐고 "네놈 이름을 대라, 그렇지 않으면 머리카락이 하나도 안 남을 거야!"

망령은 "머릴 다 뽑히고 머리통을 수천 번 내던져도 말하지 않겠다"라고 버텼지만, 옆에 다른 망령이 너무 쉽게 그의 이름을 불렀다. "보카, 무슨 일이야?"

보카는 피렌체인으로 이중간첩 노릇하며 몬타페르티 전투에서 승전을 앞둔 궬프당 기수의 손을 잘라 궬프당을 혼란시켜 패퇴시킨 자이다.

스승과 단테가 어느 구멍에 이르자 한 망령의 머리가 다른 망령의 모자가 된 희한한 모습을 보았다.

배가 고파 빵을 개걸스레 씹어 먹는 것처럼
위에 있는 자가 밑에 있는 자의 머리와 목이
맞붙는 곳을 쉴 새 없이 이빨로 깨물고 있었다. (127-129)

단테가 그에게 물었다.

"이자를 그토록 짐승처럼 씹어 먹으며 증오하고 저주를 퍼붓는 이유가 무엇인가? 그렇게 서러워 우는 이유가 무엇인가? 그대들은 누구인가? 무슨 죄를 지었길래 이러는가? 내 혀가 마르지 않는 한…"

저 위 세상에서 내 너를 위해 갚아 줄 것 아니냐? (139)

제33곡

루지에리 대주교 머리를 씹는 우골리노, 끝판 지옥

아직 코키토스의 두 번째 구역인 안테노라이다. 조국이나 공동체를 배신한 자들이 있는 곳이다. 공격하던 망령이 끔찍하게 변한 먹이에서 입을 떼고는 씹어 먹던 뒤통수의 헝클어진 머리카락으로 입을 닦으며 말했다.

"얘기를 하자니 생각만해도 고통스러워 가슴이 미어진다오. 나는 피사의 우골리노 백작이었고, 내가 물어뜯는 이 자는 반역자 루지에리 대주교라오. 이놈을 그렇게 믿었건만 이놈에게 참혹한 죽음을 당했다오. 이놈은 나뿐 아니라 나의 자식과 손자들도 그 탑의 골방에 가두고 굶겨 죽였다오. 탑의 감옥에서 허기로 손을 물어뜯게 될 지경이자 자식들이 일어나서 말했소."

어버지, 저희를 먹으면 고통이 훨씬 덜할 거여요.
이 불쌍한 육신을 입혀 주셨으니 이제 벗겨 가세요.　(33곡 61-63)

닷새가 지나며 장남부터 하나하나 죽어 버렸다. 눈이 먼 우골리노는 시신을 더듬다가 그만 먹는 끔찍한 죄를 저지르고 말았다. 여기까지 말하고 눈을 부릅뜨더니 뼈다귀를 씹는 개처럼 억센 이빨로 루지에리의 처참한 머리통을 다시 물어뜯어 먹었다.

아, 피사여! 시(SI, 네, 긍정) 소리가 울려 퍼지는
아름다운 나라에 사는 사람들의 수치여
다른 도시들이 너를 응징하지 않고 뭐하는가! (79-81)

그들의 모습을 뒤로하고, 단테는 울음을 허용하지 않는 구역으로 걸음을 재촉하였다. 이 곳은 프톨로메아로 불리는 세 번째 얼음지옥 구역이다. 여기에는 믿고 찾아온 손님을 배신한 자들이 있다. 울음은 두 눈을 가로막는 고통의 눈물로 변하여 안으로 스며들어 가슴을 죄어 온다. 지독한 추위가 단테의 얼굴의 모든 감각을 마비시켰다.

그런데 한 가닥 바람의 살랑거림이 느껴졌다. 베르길리우스 스승이 말했다.

"이제 곧 대답을 해 줄 곳에 닿을 것이고, 눈으로 바람의 원인을 보게 될 것이다."

그때 얼음장을 뒤집어쓴 망령이 말했다.

"내 얼굴에서 이 너울을 걷어 눈물이 얼어붙기 전에 잠시 호소라도 하게 해다오.

나는 수도사 알베르고이오."

루지에리 대주교 머리를 씹는 우골리노 _ 귀스타브 도레 작
뼈다귀를 씹는 개처럼 억센 이빨로 머리통을 물어뜯어 먹었다.

단테가 말했다. 그대가 벌써 죽었다니?

그가 대답했다. 저 위 세상에 내 육신이

어떻게 되었는지 난 전혀 모르겠소. (121-123)

"이 프톨레메아에는 생명의 실을 끊는 운명의 신 아트로포스가 움직이기 전에 영혼이 여기 지옥으로 떨어지는 일이 종종 있다오. 이렇듯 '영혼이 육신을 배반할 때'라오."

알베르고는 파엔차의 파계 수도사로 궬프당의 총수였었다. 1285년

세력다툼하던 형제들에게 화해의 연회를 베풀고, '과일 가져오라'의 신호를 자객들에게 보내어 초대한 모두를 급습하여 몰살시킨 자이다.

> 그 육신은 마귀가 빼앗아 가고
> 그 이후로 남은 시간은 남김 없이
> 마귀의 지배를 받는다는 것이오.　　　　　　　　　　(130-132)

　프톨레메아 구역에는 알베르고 말고도 신뢰와 우정을 배신한 짐승 같은 자들이 세상에 아직 육신을 남긴 채, 영혼만 지옥에 떨어진 망령들이 많이 있다. 이 자들은 세상에서 자기 영혼 대신에 마귀를 육신에 밀어 넣었다.
　"손을 내밀어 자기 눈을 잠시 열어달라"는 알베르고의 간청을 단테는 들어 주지 않았다. 그 악령에게는 무자비한 것이 바로 예의였으니까.
　정직한 전통은 다 버리고 악의만 가득 남긴 사람들아, 왜 너희들은 세상에서 사라지지 않는가! 너희의 영혼은 이미 코키토스에서 얼음 먹을 감고 있지만

> 육신은 아직도 저 위에서 살아 있는 것 같았다.　　　　　　(157)

제34곡

가롯 유다를 씹어먹는 지옥의 왕 루키페르, 지옥끝

코키토스가 얼음지옥이 된 이유가 밝혀진다. 지옥의 왕의 깃발들이 다가오고 있었다. 스승은 단테에게 앞을 잘 보라고 말했다. 마치 자욱한 안개가 밀려들듯 어둠이 잠겨오는데 바람에 돌아가는 풍차가 멀리서 보인다. 혹독하게 찬 바람을 단테는 피할 곳이 없어 몸을 움츠렸다.

여기는 지옥 마지막 바닥인 아홉 번째 원에서도 최후의 구역인 주테카 구역, 일명 루키페르의 연못이다. 이곳 망령들은 얼음 속에 갇혀 유리 속 볏짚처럼 투명하게 모습이 드러나 있다. 누워있는 놈, 서있는 놈, 물구나무 선 놈, 몸이 활처럼 구부러져 있는 놈들이 고통 속에 침묵한다.

베르길리우스 스승은 옛날에는 아름다운 용모를 지녔다던 하나님의 피조물이 타락하여 지옥의 왕으로 있는 모습을 단테에게 보여 주는 것이 즐거운 것 같았다.

"여기에 디스, 루키페르가 있다. 정신을 바짝 차려야 한다."

단테는 이 말이 떨어지자 온몸이 얼어붙어 기진맥진하여 죽은 것도 산 것도 아닌 것 같았다.

고통의 왕국의 왕이 몸의 상반신을 얼음 밖에 내놓고…
전에 본 거인들은 그의 팔뚝에도 비교가 안 된다.　　(34곡 28-30)

지옥의 왕은 원래 케루빔 천사장인데 창조주께 오만하게 눈썹을 치켜세우다가 추한 모습으로 이 곳 지구에 처박혀 마귀들의 왕이 된 것이다. 머리가 좌, 우 어깨에 하나씩 더 달려있다. 얼굴도 셋이다. 앞 쪽 얼굴은 진홍색인데 증오를 상징한다. 오른쪽 얼굴은 누런 색으로 폭력을, 왼쪽 얼굴은 검은 색으로 무지를 상징한다.

저마다 얼굴 아래로 범선의 돛보다 훨씬 큰 거대한 두 날개가 뻗어 있다. 여섯 날개에는 깃털이 없어 박쥐의 그것과 흡사하다. 한 번 퍼덕이면 세 방향으로 바람을 일으켜 코키토스 구석구석을 꽁꽁 얼어붙게 만들어 버렸다. 여섯 눈에서 증오의 눈물이 세 개의 턱밑으로 흘러내려 피 섞인 침과 범벅이 되어 고드름으로 맺혀 있다.

세 개의 입은 죄인 하나씩을 물고 이빨로
마치 삼을 갈기갈기 찢어발기듯 씹자
세 죄인들은 못 견디게 괴로워했다.　　　　　　(55-57)

스승이 말했다. "머리가 입으로 들어간 가운데 망령은 은화 30냥에 예수를 팔아 넘긴 가롯 유다이다. 머리가 아래쪽으로 대롱대롱 매달린

주테카, 얼굴 셋인 루키페르가 배신자를 씹고 있다
머리가 좌. 우 어깨에 하나씩 더 달려있다. 얼굴도 셋이다.

놈들은 카이사르의 은혜를 배신하고 그를 죽인 브루투스와 카시우스이다. 봐라, 말도 못하고 몸을 비비 꼬는구나."

밤이 다시 온다. 떠나야 할 시간이다. 볼 것은 이제 다 봤다.

(68, 69)

스승은 단테에게 목을 껴안으라고 하더니 그놈의 날개짓을 피해 겨드랑이에 붙어 털을 밧줄 삼아 얼음조각 틈으로 내려왔다. 그놈의 정강이 정도 내려와서 스승이 말했다. "꽉 붙잡아라 다른 길이 없다. 이

사다리로 악의 세계를 빠져나가야 한다."

어느 순간 단테가 루키페르 쪽으로 눈을 돌리자 이번에는 그놈이 다리를 위로 치켜들고 있었다. 단테가 스승에게 물었다.

"우리가 봤던 얼음호수는 어디 있으며 이자가 어찌 거꾸로 처박혀 있나요? 해는 어떻게 저녁에서 아침으로 금방 바뀌었나요?"

"단테야, 넌 아직 지구 저편에 있는 줄로 알고 있구나. 우린 어느 순간 중력이 모이는 지점을 지나쳤지. 우린 맞은편 반구 바로 아래 있게 되었다. 여기는 아침이지만 저쪽은 저녁이야. 그놈이 하늘에서 떨어진 곳이 바로 여기이다. 이전에 이곳의 육지는 사탄의 왕이 무서워서 우리의 반구로 옮겨 왔지. 루키페르가 떨어진 구멍의 땅도 그자를 피하려 동굴을 남겨두고 남반구의 바다에 연옥산으로 솟구쳐 오른 것일 거다."

바알세불(루키페르 별명)에서 떨어진 곳에 개울 물줄기가 휘감아 흘러내린다. 스승과 단테는 밝은 세상으로 돌아가기 위해 그 거친 길로 들어갔다. 쉴 겨를도 없었다.

그가 앞서고 내가 뒤를 따르며 위로 올라갔다.
마침내 우리는 둥글게 열린 틈을 통해
하늘이 실어 나르는 아름다운 것들을 보았고 (136-138)

그렇게 해서 밖으로 나와 별들을 다시 보았다. (139)

지옥의 바닥, 지옥의 왕 루키페르 _ 귀스타브 도레 작
범선의 돛보다ᄂ 큰 여섯 날개를 퍼덕이며 코키토스 구석구석 꽁꽁 얼어붙게

∾↭

성경 〈이사야서〉 14장에 루키페르의 타락과 몰락 이야기가 기록되어 있다.

"너 아침의 아들 계명성이여 어찌 그리 하늘에서 떨어졌으며 너 열국을 엎은 자여 어찌 그리 땅에 박혔는고, 네가 네 마음에 이르기를 '내가 하늘에 올라 하나님의 뭇 별 위에 내 자리를 높이리라. 내가 북극 집회의 산 위에 앉으리라. 가장 높은 구름에 올라가 지극히 높은 이와 같아지리라' 하는도다. 그러나 이제 네가 스올 곧 구덩이 맨 밑에 떨어짐을 당하리로다."

∾↭

지옥편 - INFERINO   197

단테 판타지아 신곡

연옥편
PURGATORIO

단테가
연옥에서 펼치는
상상과 예술마당!

PARADISO TERRESTRE

지상낙원: 단테와
베아트리체의 만남

7둘레: 욕정

6둘레: 탐욕

5둘레: 인색, 낭비

4둘레: 태만

3둘레: 분노

2둘레: 질투

1둘레: 교만

제1곡

절망을 뚫고 희망의 별이 보이는 곳, 연옥에 이르다

    단테는 새로운 세기가 시작하는 1300년의 성 금요일 새벽부터 일주일 동안 저승세계를 여행한다. 성 금요일은 예수 그리스도가 십자가에 매달려 죽은 날이다. 베르길리우스 스승의 안내로 사흘간 고통의 지옥 세계 여행을 마치고 단테는 예수 그리스도가 부활하신 일요일 새벽, 드디어 푸른 하늘과 별이 보이는 연옥에 이른다.

    단테는 끔찍했던 지옥을 잠시 회상하며 연옥편 이야기를 새롭게 시작한다. 지옥편 시작 때처럼 뮤즈들을 불렀다. 그들 중 서사시를 관장하는 맏언니 칼리오페를 찾는다.

    한결 더 좋은 물을 지치려고 이제야말로
    저 참혹한 바다를 뒤로 남겨 두고
    내 재주의 조각배가 돛대를 올리는구나.

이제 나는 이 두 번째 왕국, 인간의 영혼이
깨끗이 씻어지고 하늘에 오를 준비를 하는
이 곳(연옥)에 대하여 노래를 부를 것이다.

오, 성스러운 뮤즈들이여, 그대들에 복종하오니
여기서 나의 죽어버린 시에 생명을 주소서.
칼리오페여, 잠시 여기에서 일어나 주소서! (1곡 1-9)

단테는 해가 떠오르는 푸른 하늘빛에 감격하며 다시 기쁨을 찾은 날을 회상하며 글을 써 내려 간다.

연옥의 새벽은 어떠했던가? 오직 아담과 이브만 보았을 네 개의 큰 별이 새벽 하늘에 찬란한 빛을 발하고 있었다. 네 개의 별은 사주덕 즉 지혜, 용기, 절제, 정의를 상징한다. 여기는 남반구 세계이므로 당연히 북극성은 보이지 않았다.

단테가 별을 보고 노래하는 동안 한 노인이 다가왔다. 존경심을 불러일으킬 만한 풍모를 지닌 노인이다. 백발에 긴 수염을 길렀고 긴 머리카락은 두 갈래로 가슴까지 드리워져 있었다. 네 줄기 거룩한 별빛이 그의 얼굴을 밝혀 주었다. 이 노인이 바로 연옥의 문지기인 우티카의 카토이다. 노인이 위엄있는 목소리로 물었다.

캄캄한 강을 거슬러 영원한 감옥을 탈출한 너희들은 누구냐.
(40, 41)

그러자 베르길리우스 스승은 단테에게 정중히 무릎을 꿇도록 시늉하였다. 그리고 카토에게 대답하였다.

"나는 하늘에서 내려오신 한 여인(베아트리체)의 부름으로 이 사람을 구하여 여기까지 데리고 왔습니다. 지금까지 지옥 세계를 이 사람에게 보여 주었으니 이제 당신의 치하에서 속죄하고 정화하는 영혼들을 보여 주고 싶소이다. 이 사람은 그대처럼 '고귀한 자유'를 찾아서 가고 있소. 나 또한 당신의 사랑하는 아내 마르치아가 있는 림보에서 왔습니다. 부디 당신의 일곱 왕국을 지나가게 해 주시오! 당신의 소식과 자비로움을 그녀에게 잘 전해 주겠소."

바닷가에서 문지기 카토를 만나는 단테
존경심을 불러일으킬 만한 풍모를 지닌 노인이다.

카토는 기원전 건실한 공화주의자로 카이사르에 맞서다가 패하자, 투항하기 보다 우티카에서 자결한 로마의 영웅이다. 살아서 목숨을 걸고 자유를 수호한 카토는 죽어서 연옥지기의 적임자로 선임되었다.

카토는 하늘의 명령으로 림보에서 헤어졌던 아내를 잠시 떠올려 봤다. 그리고 이 일들이 하늘이 허락하신 일임을 알고 베르길리우스에게

연옥편 - PURGATORIO 203

말했다.

> 그럼 가라, 이 사람을 미끈한 갈대로
> 띠를 매어 주고 얼굴을 씻어 주어
> 모든 때가 말끔히 씻어지도록 해 주거라!
>
> 지옥의 음침한 안개로 가려진 눈으로는
> 천국의 첫 번째 천사 앞으로
> 절대 나아 갈 수 없을 것이니까. (94-99)

카토는 연옥섬 주변을 설명하더니 끝으로 "단테는 이곳에 다시 돌아오지 못하게 하라!"고 당부하고 사라졌다. 이제 먼동이 트자, 멀리 바다가 일렁이는 것이 보였다. 스승은 단테를 섬 주변 물결이 부딪히는 낮은 곳으로 데려갔다.

펼쳐진 풀밭 위에 스승이 두 손을 살포시 내려 놓자 단테는 그 뜻을 알고 눈물 젖은 얼굴을 스승께 돌렸다. 스승은 지옥의 연기가 감추었던 얼굴의 빛깔을 말끔히 회복시켜 주셨다.

아무도 항해한 적 없고 아무도 모르는 해안에 이르러서 카토가 시킨 대로 스승은 단테에게 겸손한 띠를 매어 주었다. 갈대를 꺾자마자 그 자리에서 그 겸손한 식물은

> 예전과 마찬가지로 다시 솟아올랐다. (136)

제 2 곡

천사의 날개로 바다 건너온 영혼들, 카셀라의 연가

    단테와 스승은 연옥섬의 바닷가에서 아름다운 여명의 빛에 감격하며 우두커니 서 있었다. 그런데 수평선부터 저 멀리서 한 줄기 빛이 단테를 향하여 나타났다. 빛은 빠르게 바다를 건너오고 있었다. 어떠한 비행도 그에 비할 수 없으리라.

    빛의 양쪽에 새하얀 것이 보였다. 가까이서 보니 하얗던 것은 날개를 단 천사의 모습이 아닌가! 천사는 뱃사공이고 날개는 돛대란 말인가? 천사는 인간의 재주로 비견할 수 없다. 로마의 테베레강에서 영혼들을 싣고 이곳 연옥 해안까지 오는 동력으로 날개만으로도 충분하였다.

> 보라! 날개를 하늘 높이 세우고 영원한 날개를 펼쳐
> 바람을 안고 있는 그분의 모습이 보이느냐!   (2곡 34-36)

    그 성스러운 새의 환한 빛에 단테는 시선을 떨구었다. 수백의 영혼

연옥편 - PURGATORIO

을 실은 천사의 배는 날렵하고 가벼워 보였다. 배 안의 영혼들은 이스라엘이 이집트에서 나올 때로 시작하는 구약성서 〈시편〉의 구절들을 한목소리로 노래하듯 암송했다.

〈시편〉 113편을 보면, "할렐루야, 여호와의 종들아 찬양하라, 여호와의 이름을 찬양하라. 이제부터 영원까지 여호와의 이름을 찬송할지로다. 해 돋는 데에서부터 해 지는 데에까지 여호와의 이름이 찬양을 받으시리로다…."(1-3절)

천사가 십자가의 성호를 긋자 영혼들은 모두 물가로 뛰어내렸다. 천사의 배는 올 때보다 더 빠르게 돌아갔다.

배에서 내린 영혼의 무리는 주위를 이리저리 둘러보다가 마침 서성이는 단테와 스승을 보고 연옥에 오르는 길을 물었다. 스승이 "우리도 당신들과 같은 순례자이오. 다만 다른 길을 거쳐 방금 이곳에 왔을 뿐이라오."라고 말하였다.

영혼들은 단테가 숨 쉬는 모습을 보고 새파랗게 질린 얼굴로 놀라워했다. 살아있는 자를 본 이 행운의 영혼들 중에서 하나가 불쑥 나서더니 커다란 애정으로 단테를 껴안으려 하자 단테도 그렇게 하려고 몸을 움직였다.

오, 겉모양 제외하곤 헛된 그림자여
그의 뒤로 내 손으로 세 차례나 안아 봤으나
그때마다 손들은 내 가슴으로 되돌아왔네. (79-81)

◀ **천사의 날개로 모는 배로 바다 건너 연옥에 온 영혼들** _ 귀스타브 도레 작
천사는 뱃사공이고 날개는 돛대란 말인가? 천사는 인간의 재주로 비견할 수 없다.

그림자같은 영령이 웃음을 지으며 뒤로 물러설 때 단테는 그를 알아보았다. 바로 유명한 음유시인이며 작곡가인 카셀라이다. 그는 단테의 시를 종종 작곡하였었다. 카셀라가 말했다.

"내가 필멸의 몸으로 그대를 흠모했던 것처럼 지금도 흠모합니다. 그대는 어째서 이곳에 있는 거지요?"

"카셀라여, 내가 있던 곳으로 다시 돌아가려고 이런 여행을 하고 있다오. 그런데 당신은 어쩌다 시간을 그리 많이 뺏겼소?"

"연옥에 실어 갈 영혼을 고르는 천사가 여러 번 나의 부족함을 알고 연옥행을 거부했어요. 그러다가 특별한 석 달 동안 연옥 문을 활짝 열 때가 있었지요. 천사가 강어귀에서 날개를 활짝 펴고 있으면, 아케론 지옥의 강으로 내려가는 자들 말고는 누구라도 그 아래로 모여들었다오."

여기에서 특별한 세 달이란 1299년 성탄일로부터 1300년 3월 마지막주 부활절까지 새로운 세기를 맞는 대희년의 첫 세 달을 말한다. 단테가 카셀라에게 노래를 청했다.

"당신의 사랑스러운 노래로 육신을 이끌고 이곳까지 오느라 고생한 내 육신을 위로해 주길 바랍니다!"

내 마음에 속삭이는 사랑
그가 부드럽게 노래하기 시작했다.
그 부드러움이 아직도 내 안에서 울리고 있다.   (112-114)

스승을 포함한 모두가 노래에 정신이 팔려 있었다. 그때 근엄한 노인이 소리 높이 외쳤다. 카토가 어느새 와 있었던 것이다.

"이게 무슨 일이냐, 게으른 영혼들아! 어서 산으로 달려 올라가 너희 허물을 벗어 터려라."

마치 풀밭에 모여 쪼아 대던 비둘기 떼가 위협을 느끼면, 순간 살고 싶어서 모이를 버리고 도망하는 것처럼 영혼 무리는 노래를 멈추고 정신없이 산으로 향했다.

우리도 그에 못지않게 빨리 그곳을 떠났다. (133)

제3곡

연옥 절벽 밖에서 서성이는 영혼들, 만프레디왕 등장

잠시 순례의 길을 잃고 음악에 심취했던 베르길리우스 스승은 양심에 가책을 받아 언짢은 듯 보였다. 단테도 참회하는 마음으로 스승의 뒤를 따랐다. 그러자 발걸음이 점차 자유로워지며 앞으로 나아갈 열망이 생겼다. 단테는 눈을 들어 바다 위에서 하늘의 높은 곳을 향해 솟아오른 산을 바라보았다.

단테의 뒤에서 태양이 붉게 타오르자 단테 앞에 그림자가 길게 드리워졌다. 오직 자기에게만 생긴 것에 단테가 혼자 남은 것이 아닌지 두려워하자 스승이 말했다.

어째서 아직도 날 믿지 못하느냐,
내가 너와 함께 있으며 널 인도하지 않느냐. (3곡 23,24)

"내 육신은 나폴리에 묻혔지. 내 앞엔 그림자가 없지만 놀랄 필요 없다. 천국에선 어떤 하늘도 다른 하늘(천국의 9개 하늘)의 빛을 가로채지 않는다."

    삼위일체 안에서 하나인 본체를 지니신
    가이 없으신 그분의 길을 우리들의 이성으로
    거쳐갈 수 있으리라 기대하는 자는 미친 자이다

    인류여, 있는 그대로에 만족하라
    그대들이 모든 것을 볼 수 있었다면
    마리아께서 인자를 낳을 필요도 없었으리라.   (34-39)

  플라톤이나 아리스토텔레스같은 철학자가 신의 삼위 안에 하나인 본체를 이성으로 헛되이 헤아리는 것을 두고 하는 말이다.
  그러는 동안 가파른 암벽으로 둘러싼 산기슭에 도착했다. 스승이 걸음을 멈추고 "날개 없는 자가 오르기에 어느 쪽이 덜 가파를까?"라고 말하며 살펴보는 동안 왼쪽에서 한 무리의 영령이 나타났다. 스승이 안심하며 "사랑하는 아들아, 희망을 다시 다지려무나!"라고 단테를 다독이며, 그들 선택된 무리에게 길을 묻자,
  "돌아서서 우리 맞은 편으로 가시오!"라며 한 영혼이 손짓을 하며 대답했다.
  그들 가운데 한 영혼이 대담하게 단테에게 자기 눈썹과 가슴 위의 상처를 보여 주고 말을 걸었다. 그는 교황청으로부터 성례의식을 금지 당했던 시대에 죽었는데, 당연히 지옥에 가 있지 않고 여기 연옥에 와

있다. 그럴수가?

"내 이름은 만프레디, 시칠리아를 다스린 자이오. 부탁하오니 세상에 돌아가거든 나의 딸 코스탄차에게 하나님의 한없는 자비로 죽기 직전에 구원받아 이곳 연옥에 있는 나를 알려주고 '나를 위해 기도해 달라' 전해 주시구려."

희망이 한 가닥 푸르름을 지닌다면
그런 파문의 저주에도 불구하고 영원한 사랑은
길을 잃지 않고 돌아올 것이오.   (133-135)

성령을 모멸한 자는 삶의 끝에서 회개한다고 해도
오만의 시간의 삼십 배를 이 절벽 밖에서 서성거린다오.
                                                (136-138)

다만 현세의 성스러운 기도로 하늘의 법이 정한 대기시간을 단축할 수 있다. 그는 사제의 도움없이 스스로 죽기 전에 회개하고 겨우 구원을 받은 자이다. 그래서 만프레디는 이 소식을 딸에게 전하고 싶었다. "외동딸의 기도가 나를 얼마나 기쁘게 할 수 있을지 생각해 달라" 하며 부탁을 한다.

여기선 세상 사람들을 통해 엄청난 것을 얻는다오.   (145)

◀ **연옥 암벽을 오르는 단테**
"돌아서서 우리 맞은 편으로 가시오!"라며 한 영혼이 손짓을 하며 대답했다.

제4곡

험준한 연옥산을 오르며 단테가 보는 해안과 햇빛수레

감각이 기쁨이나 고통에 몰입되어 있으면 영혼 또한 그 기능이 무디어진다. 단테는 만프레디의 인생 역전 이야기에 빠져서 그만 시간에 대한 감각의식이 잠시 무뎌졌다.

벌써 정오의 시간이 아닌가? 정신을 차려 보니 순간 영혼들이 한목소리로 외치는 소리가 들렸다. "여기 그대들이 찾는 길이 있다오!"

나에게 빛이 되고 희망을 주신 스승님을 따라
강렬한 욕망의 깃털과 잽싼 날개로 날고 싶다.   (4곡 28-30)

단테와 스승이 험준한 벼랑 사이를 통과하자 위로는 높은 절벽이 가로 막았다. 아래로는 가파른 비탈이 탁 트여 보였다. 단테가 어디로 갈지 망설이자 스승이 말했다.

"한 발도 뒤로 물러서지 마라. 현명한 분이 오셔서 이끌어 주실 것이다. 내 뒤에 바짝 붙어 따라 와라."

산꼭대기는 너무 높아서 시선조차 닿지 않았다. 베르길리우스가 단테를 격려하며 힘을 넣어 주었다. "아들아 저기까지만 네 몸을 끌어 올려라!"

단테가 마침내 바위턱에 이르러 주저앉았다. 안도의 숨을 쉬고 동쪽 하늘을 보니 태양이 왼편에서 빛나고 있었다. 단테가 낯설어하자 스승이 설명해 주었다.

"북반구 예루살렘의 시온산과 남반구 이 산은 지구 위에서 같은 자오선을 공유하고 있다. 파에톤은 전차를 잘못 몰아 궤도를 벗어났지만, 운행궤도의 원은 변함이 없지."

여기서 파에톤은 그리스 신화에서 태양신 헬리오스(아폴론)의 서자이다. 아버지를 졸라서 마침내 태양의 전차를 몰게 된다. 하지만 미숙함으로 궤도를 이탈하여 지구에 큰 피해를 줄 상황이 되자, 제우스가 번개를 쳐서 추락시키고 만다.

연옥산은 다른 산과 다르다.
아래에서 시작할 때 가장 힘들고
위로 오를수록 더 쉬워진단다. (88-90)

스승이 말을 마치자 어디선가 목소리가 들려 몸을 돌려 보니 그늘 속에서 게으름을 피우는 자들이 보였다. 단테는 어눌한 행동과 말을 하는 친구를 알아보고 소리쳤다.

"오, 벨라콰! 자네의 운명은 걱정없겠지만, 왜 이렇게 앉아만 있는 건

가?"

"형제여, 올라간들 무슨 소용인가? 문 앞에 앉아있는 천사가 내가 들어가는 것을 막을 텐데. 내가 죽기 전까지 오만하게도 회개를 미뤘기에 그에 해당하는 연수를 환산한 만큼은 연옥 문 밖에 있어야만 한다네. 오직 은총이 가득한 마음에서 나온 기도만이 시간을 단축할 수 있겠지."

스승은 벌써 다시 산을 오르기 시작하였다.

"어서 가자! 봐라, 태양이 여기 자오선에 닿아 정중앙(정오)에 이르렀으니, 세상의 밤은 벌써 다가와서,

바닷가에서 모로코의 모래에 발을 딛는구나." (139)

◀ **연옥산 단테를 이끄는 베르길리우스** _ 윌리엄 블레이크 작
"어서 가자! 봐라, 태양이 여기 자오선에 닿아 정중앙(정오)에 이르렀으니, 세상의 밤은 벌써 다가와서, 바닷가에서 모로코의 모래에 발을 딛는구나."

제5곡

영혼은 천사에게, 육신은 악마 손에 붙잡힌 부온콘테

단테와 스승은 게으른 영혼들을 떠나 길을 가고 있는데 다른 무리 영령들이 단테를 보더니, "저걸 좀 봐, 그림자가 있는 사람이 걷고 있네!"라며 소리를 지르고 있었다. 단테가 눈을 돌리며 머뭇거리자 스승이 꾸짖었다.

내 뒤를 따르라! 저들은 떠들도록 내버려 두고
바람에 흔들리지 않는 탑처럼 굳건하여라!　　　　(5곡 13-15)

사람은 생각에 생각을 겹쳐 놓다 보면
원래의 목표를 잃게 마련이니
힘이 서로를 약화시키기 때문이다.　　　　(16-18)

산허리를 돌자 또다른 무리가 "우리를 불쌍히 여기소서!"를 반복적으로 노래하며 다가왔다. 단테의 몸에 빛이 통과하지 않는 것을 알아채고 깜짝놀라더니 말을 걸었다.

"타고난 육신을 그대로 간직하고 은총으로 가는 영혼이여, 잠시 걸음을 멈추시오.

우리는 모두 폭력으로 최후를 맞이한 죄인들이요. 다행히 하늘의 빛이 죄를 깨우치게 하여 뉘우치고 삶을 떠났다오."

그리고 차례대로 단테에게 "우리 중 아는 대로 소식을 이승의 세상으로 전해 주시구려. 은총을 받은 사람들이 우리를 위해 기도하여 죄가 빨리 씻기도록 해 주세요."라고 부탁하였다. 그들은 모두 이승을 그리워하고 있었다.

한 영혼이 이어 말했다. 아, 저 높은 산으로
당신을 이끄는 소망이 이루어진다면
어진 자비로 내 소원을 이루도록 도와주세요.   (85-87)

자신을 몬테펠트로 출신 부온콘테라고 밝혔다. 그는 단테가 피렌체의 궬프당 편으로 참전했던 캄팔디노 전투에서 반대편 기벨린당의 장군이었다. 그는 패퇴하고 행발불명 상태이었다. 그는 맨발로 도망치다가 목에 구멍이 난 채 죽어가면서 마리아의 이름을 되뇌어 마지막 구원의 밧줄을 잡았다고 한다. 그리고 연옥에 오게 된 이야기를 했다.

내 진실을 말할 테니 산 사람들에게 알려 주시오.
하나님의 천사가 날 데려가자 지옥의 악마가 울부짖었소.

부온콘테의 영혼은 천사의 손에, 육신은 악마가 급류로 보냄 _ 귀스타브 도레 작
그는 맨발로 도망치다가 목에 구멍이 난 채 죽어가면서 마리아의 이름을 되뇌어 마지막 구원의 밧줄을 잡았다고 한다.

'하늘에서 온 자여 왜 내 것을 훔치는가?

그자의 마지막 한 방울 눈물 때문에
불멸의 부분(영혼)을 가져가는 것인가!
그렇다면 그자의 육신은 내가 챙겨 가겠다!' (103-108)

"사악한 악마는 수증기와 바람을 일으켜 내 시신을 급류에 떠내려가게 하여 먼 곳 아르노강으로 넘겼지요. 그 곳 강바다에서 내가 죽을 때 가슴에 손으로 만든 십자가에서 비로서 풀려났다오."

또 여자 영혼이 다가왔다. 남편이 하인을 시켜 자기를 죽였다는 억울한 영혼이 말했다. 그녀는 죽어가면서도 하나님의 사랑을 잊지 않았다고 한다.

"나를 기억해 주세요! 내 이름은 피아라고 합니다. 시에나(피렌체 근처 도시)가 내게 생명을 주었고 마렘마(도시)가 날 거두었다는 사실은 나에게 보석 반지를 끼워 주고,

나와 결혼했던 그자가 잘 알고 있어요." (136)

제6곡

사공없이 폭풍우에 휩쓸린 이탈리아여! 단테의 절규

　노름판이 끝나면 돈을 딴 사람에게 사람들이 몰리듯 단테도 부탁하는 무리에 둘러싸여 있었다. 단테가 베르길리우스 스승에게 물었다.
　"나의 빛이신 스승님, 스승님의 책에는 이러한 중보기도가 하늘의 법을 꺾을 수 없다고 하셨습니다. 영혼들이 저에게 부탁하는 일들은 쓸데없는 망상이 아닌지요?"
　"내가 그렇게 한 말은 맞다만, 그러나 생각해보니 저들의 희망도 헛된 것은 아니란다. 죄는 죽은 뒤에 하는 기도로 씻을 수 없단다. 그러나 너무 의심에 갇히지 말라. 진실과 지성 사이의 빛이신 베아트리체가 해답을 말해주실 거니 기다려라."
　여기에서 가톨릭의 연옥에 대한 교리는 단테 시대에 와서야 정립되어, 죽은 자를 위한 기도의 효력에 대해서 아직 혼돈이 있을 때이다. 베르길리우스의 저서 〈아이네이스〉는 기원 전, 즉 예수 이전에 씌어진 고전이다.

"자, 날이 저물기 전까지 서둘러 높이 오르자! 마침 저쪽에 혼자 앉아 우리를 쳐다보는 영혼을 봐라. 그가 지름길을 알려 줄지 모르겠다. 참으로 사자처럼 도도한 모습의 영혼이구나."

베르길리우스가 그에게 다가가 "순탄한 오르막길을 가르쳐 달라." 부탁했지만 대꾸조차 없었다. 그러다가 스승이 '만토바 출신'이라고 하자 그 영혼이 벌떡 자리에서 일어나, "만토바 사람이시군요. 나도 동향이오. 소르델로라 합니다." 하더니 스승의 목을 끌어안았다.

단테는 고향이름만 듣고도 저렇게 반기는 모습을 보고, 문득 서로 물고 뜯는 한심한 고국 이탈리아와 도시들이 생각이 났다.

아 비천한 이탈리아여, 고통스러운 집이여
사공도 없이 폭풍우에 떠도는 배여
부패와 싸움으로 타락한 나라여.   (6곡 76-78)

유스티니아누스가 고삐를 고친다 한들
무슨 쓸모가 있겠는가.   (88-90)

단테는 하나님의 말씀을 기억한다면 '고삐를 쥘 안장에는 성직자가 아닌 카이사르가 앉아야 한다'며 교황의 정치권력을 반대하였다. 성직자들이 감히 고삐를 쥐고 있기에 이탈리아는 야수가 되어 아무리 박차를 가해도 똑바로 나아가질 않았다. 동로마제국의 유스티니아누스왕의 눈부신 개혁도 '안장이 비어 있으면 쓸모가 없다'는 말이다.

"무정한 사람이여 와서 봐라! 몬테키와 카펠레티같이 서로 원수가

연옥편 - PURGATORIO

음유시인 소르델로 _ 안토니오 바르니 작
"만토바 사람이시군요. 나도 동향이오. 소르델로라 합니다."

된 가문들을. 이들은 벌써 슬퍼하며 떨고 있지 않느냐! 잔인한 사람들이여, 고통받는 귀족들아, 서로 상처를 치료하라!"

    세익스피어는 베네치아, 베로나 등 이탈리아 여행에서 많은 소재와 영감을 받아 작품을 썼다. 그는 여기 베로나의 원수 가문인 몬테키 가문과 카펠레티 가문의 자식들간의 비극적인 사랑을 주제로 〈로미오와 줄리엣〉을 저술하였다.

    그대의 도시 로마를 보라! 자식을 잃고
    홀로 되어 밤낮으로 울면서 나의 카이사르,

왜 나를 버렸는가? 라고 부르짖지 않는가! (112-114)

나의 피렌체여, 사리 분별 잘하는 시민들 덕에
이런 망나니들의 혼란에 벗어나 있다고
생각하느냐, 참 행복하기도 하겠다. (127-129)

  단테는 이탈리아의 모든 도시들이 폭군들로 가득하고 온갖 떼거리들이 폭력을 저지르고 있다고 개탄하였다. 시민들은 정의에 대하여 말로만 쏘아대고 공동의 의무를 외면한 채 호시탐탐 자리만 탐하고 있고 도시들은 법률과 화폐, 공직과 관습등 온갖 제도를 바꾸어 가며 얼마나 사람들을 휘둘렀는가!
  그대들을 잘 돌이켜 보면, 깃털 이불 위에 누워서도 편히 쉬지 못하고 아픔을 줄이려고 몸을 뒤척거리는

병든 여자와 하나도 다르지 않음을 알게 될 것이다. (151)

제7곡

시인 소르델로와 노래하는 군주들의 신비로운 골짜기

요란하고 들뜬 인사를 나누고 나서 음유시인 소르델로가 스승에게 "그런데 당신은 누구이신가요?"라고 물었다. 스승님이 대답했다.

"이 산에 오기 전에 내 뼈는 옥타비아누스 황제에게 묻혔소. 나는 베르길리우스요. 천국에 오르지 못한 이유는 죄는 짓지 않았으나, 예수 탄생 전이라 신앙이 없었기 때문이요."

소르델로는 깜짝 놀라 믿기 힘든 듯 "그렇지! 그게 아냐!"를 반복하더니 겸손하게 아랫사람이 예를 표할 때 붙드는 곳(무릎 아래)을 껴안았다.

오, 라틴의 영광이여 당신께서는
우리 언어의 힘을 증명한 영원한 스승이십니다. (7곡 16-18)

"무슨 공덕과 은총으로 내게 오셨는지요? 지옥 어느 구역에서 오시는 길인가요?"

"지옥 저 밑에는 어둠으로 슬픔이 깔리는 곳(림보)이 있소. 거기서는 고통의 비명이 없는 대신에 희망을 잃은 한숨 소리만 들린다오. 순수한 어린 영혼들과 함께 머물고 있다오. 세가지의 신성한 덕, 믿음·소망·사랑의 진리를 깨닫지 못했지만 다른 덕은 알고 실천해 온 사람들과 함께 있다오. 자, 연옥 문이 어디있는지 가르쳐 주겠소?"

"제가 잘 안내해 드리겠습니다. 날이 저무네요. 밤에는 오르지 못하니까 쉴 만한 곳으로 가시지요. 오른쪽에 영혼들이 모여 있는 데 알만한 위인들을 만나게 되어 잠시 즐거우실 것입니다. 어둠은 우리의 의지를 약하게 만듭니다. 위로 오를 수는 없지만 주위를 돌거나 아래로 내려갈 수는 있습니다."

"그렇다면 우리를 편히 쉴 만한 곳으로 데려다 주시겠소?"

소르델로는 낮은 골짜기 아래 꼬불꼬불하지만 가파르지 않은 길이 움푹 꺼진 곳으로 안내했다. 황금과 순은과 보석들의 푸른색과 녹색의 애매랄드 조각들이 현란하게 빛을 낸다고 해도, 여기 풀과 꽃의 형형색색의 아름다움을 이기지는 못하리라.

자연은 이곳을 색색으로 물들이고
천 만 가지에서 향기로 그윽하게 감싸며
전혀 새롭고도 알 수 없는 신비로 만들었다.

'살베 레지나(성모 마리아에 송가)!' 수많은
영혼들이 잔디와 풀밭에서 노래 부르는데

찬송하는 군주들의 골짜기 _ 귀스타브 도레 작
소르델로는 낮은 골짜기 아래 꼬불꼬불하지만 가파르지 않은 길이 움푹 꺼진 곳으로 안내했다.

밖에서는 움푹 팬 골 때문에 보이지 않았다.   (82-84)

단테 일행은 영혼무리들보다 높은 곳에 머물면서 거기 영혼들을 살펴 보기로 했다. 이 곳은 군주들이 머무는 골짜기이다.

게을렀던 루돌프왕, 힘있게 통치한 오토카르, 프랑스 왕가의 문장인 '백합의 치욕'이 된 필리프3세와 '프랑스의 악' 필리프4세, 시칠리아와 나폴리를 잘 통치한 '늠름한 코'의 샤를 앙주1세, 혼자 앉아있는 영국의 헨리왕 등이 보였다.

"소박한 생활을 한 헨리3세를 보시오. 그는 그 가지에서 더 나은 열매(영국법 개혁한 에드워드1세)를 맺었지요. 제일 낮은 곳에서 위를 올려보고 있는 사람은 굴리엘모 후작인데 그로 인한 반란을 수습하지 못하고 그가 다스리던.

몬페라토와 카나바제를 울게 하였다오." (136)

제8곡

이브를 유혹한 뱀을 두 칼로 물리치는 두 천사

때는 순례자가 멀리서 들려오는 만종소리에 하루를 보내고 사랑을 떠올리며 가슴 저미는 시간이었다. 그때 한 영혼이 일어서서 "모두 함께 하자!"고 손짓을 하며,

"데 루치스 안테! 빛이 다하기 전에 창조주께 기도합니다."라고 외치며 경건하고 아름다운 멜로디로 기도하는 모습을 보고 단테는 정신이 혼미해지는 듯했다.

다른 영혼들도 부드럽고 경건하게 그를 따라 노래를 불렀다. 그 고귀한 영혼들은 뭔가를 기다리는 듯했다. 얼굴들은 창백하고 유순해 보였다.

> 불로 달구어진 두 자루의 칼을 들고
> 두 천사가 높은 곳에서 내려오는 것이 보였다.   (8곡 25, 26)

그들의 옷은 새로 싹튼 잎사귀처럼 푸르렀고 쉴 새 없이 움직이는 녹색 날개로 바람을 일으키고 있었다. 한 천사는 단테 일행 쪽에, 다른 천사는 저편 언덕에 내려앉았다. 천사들의 금발은 눈에 띄었으나 얼굴에서 퍼져나오는 광채는 감당하기 어려웠다.

소르델로가 말했다. "저 두 천사는 이 골짜기에 있는 뱀으로부터 우리를 지켜주려고 성모 마리아의 품에서 왔답니다. 해지기 전에 저 아래 영혼들과 이야기를 나눠 보시면 좋겠지요?"

일행이 겨우 세 걸음 옮겼을 때, 한 영혼의 얼굴이 단테의 눈에 들어왔다. 바로 단테가 존경하던 법관 니노 비스콘티였다. 그가 저주받은 곳에 있지 않고 이곳에 있는 것을 보니 얼마나 기뻤던지! 그들은 반가운 인사를 주고받았다. 니노가 단테의 여행이야기를 듣고 말했다.

"하나님의 태초 목적은 감춰져 있으나 하나님이 그대에게 주신 은총의 이름으로 부탁드리오. 당신이 그 거대한 물결을 건너게 될 때 나의 딸 조반나에게 나를 위해 기도해 달라고 말해 주시오. 그 애 엄마는 미망인의 상징인 흰색 너울을 벌써 벗어 던졌소. 사랑의 불꽃은 곧 시들고 그녀 무덤에 가문의 문장들만 헛되이 지킬 것이오."

니노 법관은 절도 있게 타오르는 곧은 정열의 표식을 얼굴 전체에 분명하게 드러냈다. 단테는 대화 중에도 별들이 느릿느릿 움직이는 하늘에 눈을 고정하고 있었다. 스승이 말했다. "아들아, 무얼 그렇게 바라보느냐?"

"저 타오르는 세 개의 불꽃이 이곳 남극을 온통 환하게 비추고 있습니다."

아침에 보았던 네 개의 밝은 별들이 저물고, 저녁이 되니 믿음·소

망·사랑을 상징하듯 세 별이 유독 빛나고 있었다. 바로 그때 소르델로가 스승의 팔을 끌며 말했다.

"저기 우리의 원수를 보십시오!"

계곡의 열린 빈틈으로 뱀 한 마리가 슬그머니 나타났다. 아마도 이브에게 선악과를 준 그놈일 것이다.

그놈은 풀과 꽃 사이에서 때로 멈추어
머리를 돌리다가 다시 몸을 비틀어 꿈틀거리며
흉측한 긴 끈처럼 기어왔다.   (100-102)

순간 성스러운 매들이 어떻게 날아올랐는지 두 마리가 푸른 날개로 잽싸게 공기를 가르고 움직이자 그 뱀은 줄행랑을 쳤고 천사들은 자기 자리로 날아 돌아갔다.

단테는 니노가 소개한 코라도 말라스피나 왕자와도 이야기를 나누며 축복의 말을 해 주었다. 그들은 단테에게 감사하며 말했다. "당신이 방금 들려준 이야기는,

진실한 못으로 당신의 마음에 깊이 박히게 될 것이오."   (139)

◀ **이브를 유혹하는 뱀을 물리치는 두 천사** _ 귀스타브 도레 작
계곡의 열린 빈틈으로 뱀 한 마리가 슬그머니 나타났다. 아마도 이브에게 선악과를 준 그 놈일 것이다.

제9곡

성녀 루치아의 날개, 연옥문 세 계단과 천사의 두 열쇠

  밤이 깊어오며 단테 일행 다섯 모두는 앉아있던 풀밭 위에 그대로 쓰러져 누웠다. 먼동이 터오고 제비가 구슬프게 노래를 부르자 단테는 환상 가운데 꿈을 꾸었다.

  하늘에서 금빛 독수리 한 마리가 나타나 날개를 쭉 펴고 선회하다가 강하하자 단테는 신화 속 트로이의 왕자 가니메데스가 납치되는 환상 속에 독수리가 본인을 움켜쥐고 불타는 하늘로 치솟는 것 같이 느꼈다.

  금빛 독수리와 단테는 불에 타는 것 같았다. 꿈속의 열기가 너무나 생생하여 단테는 화들짝 잠에서 깨어났다. 마치 어머니 테티스 품에서 잠이 든 채 피신한 아킬레우스가 낯선 곳에서 덜 깬 눈으로 바라보는 상황 같았다.

  여기에서 그리스 신화들을 소개한다. 트로이의 가니메데스는 빼어난 용모 때문에 제우스에게 납치되어 신들의 술시중을 들었다고 한다.

한편 아킬레우스는 트로이 전쟁을 피하려고 어머니 테티스가 외딴 섬 스키로스로 데려다가 여자로 분장시켜 숨겼지만, 꾀많은 오디세우스가 찾아내어 설득하자 결국 트로이 전쟁에 참전하고 전사한다.

단테는 꿈속인지 생시인지 새파랗게 질린 채 어리둥절했다. 정신을 차리고 보니 곁에는 위안이 되는 스승님이 계시고, 해는 벌써 두 시간 전에 떠 올라 있었다. 바다가 보였다. 그리고 스승의 목소리가 들렸다.

두려워 말고 정신을 가다듬어라.
우리는 가야 할 길을 잘 가고 있다.
처지지 말고 온 힘을 다해 앞으로 가자. (46-48)

이제 연옥에 도착하였다.
절벽 한 곳 벌어진 틈이 바로 연옥의 문이다. (49-51)

"조금 전 네가 꽃밭에서 잠든 동안 하늘에서 고귀한 여인이 왔었지. '나는 루치아라 하오. 이 잠자는 사람의 길을 수월하게 도와주리다' 하더니 소르델로와 다른 영혼들을 남겨 두고 너를 품에 안아서 위로 올랐단다. 나는 그 뒤를 따라왔고…"

단테와 스승은 절벽이 갈라진 틈의 한구석에 이르렀다. 문이 하나 보였고 문 아래로 각각 다른 색깔의 세 계단이 있고 문앞에는 묵묵히 앉아 있는 천사가 보였다. 천사가 단테를 보더니 칼을 뽑아 들자 반사된 빛이 단테의 얼굴을 비추었다. 그가 외쳤다.

"그대는 원하는 게 뭐냐? 너희 안내자는 어디 있느냐? 조심하라!"

성녀 루치아가 독수리 날개로 단테를 안고 하늘로 오름
금빛 독수리와 단테는 불에 타는 것 같았다. 꿈속 열기에…

    스승님이 "하늘의 루치아께서 조금 전 알려 주셨다오."라고 대답하자, 비로서 문지기 천사의 음성이 친절하여졌다.
    "그분이 너희 길을 잘 인도하시길! 자, 우리 계단으로 걸어 올라오너라!"

단테는 안심하고 계단을 올랐다.

첫 계단은 맑게 빛나는 거울처럼 흰 대리석으로 되어 자신의 모습을 비치고 있어 성찰하고 회개하라는 뜻이 담겨 있다.

둘째 계단은 짙은 자색을 띤 울퉁불퉁한 돌로 되어 있었다. 아픈 죄를 고백하고 깨어져 마음에 금이 가 있음을 상징한다.

마지막 셋째 계단은 마치 핏줄에서 피가 용솟음치는 것 같은 붉은 돌로 구성되어 있어 보혈의 피로 죄를 씻음을 상징한다.

회개의 세 단계인 '양심·고백·결단'을 상징하는 세 계단을 오르자 위쪽으로 다이아몬드처럼 빛나는 문턱에 하나님의 천사가 앉아 있었다. 단테는 천사의 거룩한 발 앞에 경건하게 엎드려서 "자비의 이름으로 들여보내 주소서!"라고 간청했다.

> 단테는 가슴을 세 번 두드렸다. 그러자
> 천사는 칼 끝으로 단테의 이마에 일곱 개의 P자를 그었다.
>
> (111-113)

여기에서 단테가 가슴을 세 번 친 이유는, '세 잘못(마음, 말, 행동) 모두 내 탓입니다.'라고 참회하는 의미이다. 상처 'P'자는 이탈리아어로 'peccato'의 첫 글자로서 죄를 의미한다. 일곱 개의 죄란 연옥의 일곱 개 둘레마다 연단받고 용서받아야 하는 죄들을 의미한다.

천사는 단테에게 "들어가거든 일곱 개 상처를 하나하나 씻어 버려라!"고 말하였다.

그리고 "나는 이것을 성 베드로에게서 받았다."라고 말하며, 마른 흙색의 옷 속에서 두 개 열쇠를 무겁게 꺼냈다. 먼저 은색 열쇠를 그리고 나서 황금색 열쇠를 꺼내어 문에 슬쩍 대면서 말했다.

이 두 개의 열쇠 중 어느 하나라도
자물쇠 안에서 제대로 돌아가지 않으면
이 길은 결코 열리지 않으리라.
(121-123)

연옥문 천사와 세 계단 _ 윌리엄 블레이크 작
"들어가거든 일곱 개 상처를 하나하나 씻어 버려라!"

천사가 거룩한 문을 열어 젖히고 나서 말하길, "들어들 가라. 그러나 뒤를 돌아다보는 사람은 밖으로 되돌아간다는 걸 명심하라!" (130-132)

황금열쇠는 인간의 죄를 사하시는 하나님의 권능의 열쇠이고, 은 열쇠는 참회하는 자를 이끄는 사제의 재량을 표하는 열쇠이다. 단테는 연옥문에 먼저 은 열쇠를 꽂고 다음에 황금열쇠를 꽂았다. 두 열쇠의 힘이 합치되자 문이 요란한 소리를 내며 열렸다.

그 성스러운 문의 무쇠로 만든 굴대가 돌쩌귀 안에 돌아가면서 내는 소리가 얼마나 날카롭고 요란했던지 카이사르가 로마를 공략하고 굳게 닫혔던 금고문을 여는 소리도 이보단 덜 했으리라.

그 천둥소리가 지나고 단테가 귀를 기울이자 이번에는 "테 데움 라우다무스, 천주여 당신을 찬미합니다!"라는 목소리가 감미롭게 들려왔다. 소리가 들리다 말다, 마치 오르간 연주에 맞춰 부르는 노래를 들을 때 그러하듯이,

 노랫말이 그런 아련한 인상을 남겨 주었다.   (145)

∽⌒

 단테의 저승세계 순례를 돕는 천국의 복된 세 여인은 베아트리체 그리고 성모마리아와 성모의 명을 받은 성녀 루치아(Luccia)이다. 루치아는 지옥과 연옥에서 단테의 여정을 평탄케 하는 임무를 맡았다. 지옥에서 이미 등장했고, 연옥에서는 독수리 큰 날개로 단테를 안아서 연옥문까지 옮겨다 주었다. 또한 일곱 구역을 통과하도록 돕는다. 루치아는 극 중에서 순례의 의미를 강하게 드러내도록 한다. 루치아는 천국의 최고 하늘 엠피레오에서 단테와 다시 만나게 된다.

∽⌒

제10곡

교만연옥, 겸손을 상징하는 눈부신 대리석 조각작품들

 단테와 베르길리우스는 우여곡절 끝에 연옥문을 통과하고 드디어 연옥의 첫 번째 층(둘레)에 들어섰다. 길이 순탄하지 않았다. 바위 틈에 난 길은 좁디좁았고 파도처럼 이리저리 이어져 있었다.

> 바늘구멍과 같은 틈을 겨우 통과하고
> 앞을 보니 탁 트인 산마루이었다.   (10곡 16, 17)

 단테는 산마루에서 이어진 절벽 벼랑 주변을 살펴보고 놀라워 했다.

> 온통 하얀 대리석 암반에 그리스 조각가
> 폴리클레이토스뿐만 아니라 자연마저
> 무색케 할 만큼 눈부신 조각들로 장식되어 있었다.   (31-32)

대리석 암벽에 부조된 겸손을 상징하는 조각 작품들
세 번째 작품에는 로마 황제 트라야누스의 영광의 이야기가 새겨져 있었다.

첫 작품이다. 가브리엘 천사가 살아있는 듯한 형상으로 다가왔다. "아베, 은총을 받은 이여 기뻐하여라! 주께서 너와 함께 계신다"라고 말하며 수태고지를 하는 것 같았다. 성모 마리아 옆에 신약성서 〈누가

복음〉 1장에 나오는 "주의 종이오니 말씀대로 이루어지이다."라는 말이 밀랍에 인장을 찍은 듯 선명히 새겨져 있었다.

두 번째 작품이다. 여호와의 성궤를 끄는 수레와 황소가 있다. 구약성서 〈사무엘하〉 6장의 장면이다. 그 축복받은 궤 앞에 다윗왕이 겸손하게 춤을 추고 이를 못마땅해 하는 왕비 미갈이 궁궐 창가에 새겨져 있었다. 사람들은 일곱 합창대로 나뉘어 감탄하고 있었다.

세 번째 작품에는 로마 황제 트라야누스의 영광의 이야기가 새겨져 있었다. 말을 타고 있는 황제와 말의 재갈 옆에서 울고있는 과부가 로마의 깃발을 든 기사들에 둘러싸여 있다. 과부가 "폐하, 죽은 제 아들의 원수를 갚아 주십시오. 제 가슴이 미어집니다."라고 말하며 황제와 대화를 나누는 역사속 유명한 장면이다.

연옥의 갤러리 세 작품에는 성모마리아의 겸손, 유대왕 다윗의 겸손, 위대한 로마황제 트라야누스의 겸손을 보여 주고 있다. 연옥의 첫 층(둘레)에서 오만한 자들의 죄악을 극적으로 부각시킨다.

저쪽을 봐라! 교만의 죄를 지은 영혼들이
등에 바위를 이고 참으로 느리게 움직이는구나. (100-102)

단테가 꿈틀대는 형상들을 보고 스승에게 "스승님, 저들은 사람의 영혼처럼 보이지 않습니다. 과연 무엇인지요?"라고 묻자, 베르길리우스 스승이 대답했다.

"바위를 이고 걷는 형벌이 무거워 그들은 몸을 바닥을 향해 구부리고 있단다. 나도 처음엔 못 알아봤다. 자세히 보아라. 모두가 가슴을 치며 후회하는 것이 보이느냐?"

단테가 외쳤다. "오만한 그리스도인들이여, 가엾은 자들이여, 너희 마음의 눈은 병이 들어 방향을 잃고 뒤로 가는 길에 믿음을 두고 있구나!"

  우리는 최후의 심판을 향하여 온전히
  날아갈 천사같은 나비가 되기 위하여
  태어난 유충들임을 모르는가?

  아직 형체마저 다 갖추지 못한
  완전하지 못한 벌레 같은 그대들,
  어찌하여 마음은 그리도 교만한가!   (124-129)

단테는 지붕이나 천장의 무게를 받치며 가슴을 무릎에 의지한 인간 형상의 기둥들을 떠올려 봤다. 다만 기둥일 뿐이지만 보는 사람에게 생생한 괴로움을 일으킨다. 저 영혼들이 바로 그 모습이었다. 등에 진 무게에 따라 경·중이 다르더라도 그들 중 가장 인내가 강한 자일지라도,

  '더 못하겠다!' 말하며 울먹이는 것 같았다.   (139)

제11곡

교만의 연옥에서 반성하는 단테, 영광이란 헛된 것

교만의 연옥에서 영혼들이 고행을 하면서 주기도문의 뜻을 풀어가며 함께 기도하고 있었다.

"하늘에 계신 우리 아버지! 사랑을 무한히 베풀어 주시고 부드러운 숨결을 주심에 감사드립니다. 하늘에 평화가 저희에게 임하게 하옵소서. 천사들이 호산나를 노래 부르며 제물로 바친 것같이 저희들도 그리하게 하소서. 매일의 양식을 오늘도 저희에게 주옵소서. 저희가 저희 죄를 용서하듯이 저희들의 죄를 용서하시옵소서. 저희는 너무 미약하오니 저희를 시험받지 않도록 하여 주시고, 다만 악에서 구하여 주옵소서.

주님, 이 마지막 기도는 뒤에 남은 영혼들을 위하여 기도 드립니다. 아멘."

영혼들은 그들과 우리의 안녕을 위해 기도하면서 악몽과도 같은 무게를 견디며 느리게 움직였다. 첫 번째 연옥의 둘레를 오르면서 속세의 그을음을 씻고 있었다.

단테는 스스로 다짐했다.

"그들은 언제나 우리를 위해 기도하는데, 우리는 여기 선한 의지에 뿌리를 둔 영혼들을 위해 무엇을 말하고 무엇을 할 수 있을까? 우리도 연옥의 영혼들이 세상의 허물을 벗고, 가볍고 순수하게 별의 운행에 오를 수 있길 기도해야 한다."

정의와 연민으로 무거운 짐에서 자유로워지기를
날개를 펴고 바라는 천국으로 높이 날아오르길! (11곡 37-39)

단테는 무거운 짐을 지고 고행하는 한 영혼의 고백을 직접 듣게 된다.

연옥편 11곡 교만죄로 고행하는 세밀화가 오데레시
Te Deum Laudamus 하나님 당신을 찬미합니다.

연옥편 – PURGATORIO 245

내 이름은 움베르토, 교만의 죄는 나 하나만
　황폐시킨 게 아니라 나의 집안 모두를
　모조리 재앙에 빠뜨렸다오.　　　　　　　　　　　　　(67-69)

　움베르토의 '교만의 죄'라는 말에 단테는 스스로 반성하였다. 단테로 인하여 알리기에리 가문도 모함을 당하고 흑당에 추방당하며 쓰라린 재앙에 처해 있는 게 아닌가?
　단테를 알아보는 또다른 영혼이 단테를 부르자, 단테는 금시 알아보고 "아니 당신은 파리에서 세밀화의 대가인 오데리시가 아니오?" 하며 반갑게 인사했다. 오데리시는 본인의 교만을 고백하고 그나마 하나님을 향한 삶으로 구원을 받은 것을 감사하다며 말했다.
　"형제여, 프랑코의 양피지 그림이 더 생생하니 영예는 그의 것이오. 살아있는 동안에 나는 드러나고 싶은 욕망으로 그에게 친절하지 못하였소. 그 교만의 대가를 이렇게 치르고 있다오."

　아, 인간의 능력은 공허한 영광 뿐이오!
　움튼 싹이 쇠락의 계절에 이르지 못하고
　그 가지 끝에서 얼마나 허망하게 시드는지!　　　　　(91-93)

　"화가로서 한 획을 그은 치마부에도 제자 지오토가 휘저으니 명성은 흐려지고, 귀도(제자)는 다른 귀도(스승)에게서 언어의 영광을 빼앗았으니, 아마 그 둘을 보금자리에서 또 내쫓을 사람이 태어났을 거에요. 속세의 명성이란 지나가는 한 줄기 바람에 지나지 않으니 어떤 명성이

무거운 돌을 짊어진 교만한 자들의 고행 _ 귀스타브 도레 작
오데리시는 본인의 교만을 고백하고 그나마 하나님을 향한 삶으로 구원을 받은 것을 감사하다며 말했다.

천년을 갈까요? 가장 느린 하늘, 항상천의 회전(36,000년)에 비하면 눈 깜박할 시간이 아닌가요?"

여기에서 스승 '귀도'는 청신체(Dolce stil Nuovo, 감미롭고 새로운 시) 시를 창시한 귀도 귀니첼리로 단테가 아버지라 칭한 자이며, 뒤의 제자 '귀도'는 청신체를 부흥시킨 귀도 카발칸티로 단테가 존경해서 청신체 시를 지어 올리기도 한 선배이자 친구이다.

오데레시는 시에나를 다스리며 명성을 떨쳤던 영혼 살바니가 느린 걸음으로 지나가자 그를 비유하며 말했다.

"살바니는 삶의 정점에서 부끄러움을 버리고 시에나의 캄포 광장에서 친구의 목숨을 구걸하였다오. 세상의 명성은 풀잎처럼 왔다가 가는 것이니, 세상에서 풀잎을 자라게 하는 그분이 그를 거두어 짧은 시간에 여기로 데려온 겁니다. 교만했던 살바니는 수치를 무릅쓰고 구걸한 용감한 일로 연옥의 시간을 단축하고 있다오.

그러한 행동이 그런 제한을 없애 주었지요." (142)

제12곡

교만의 길바닥에 새긴 12 양각작품들, '교만과 패망'

단테는 교만으로 지은 죄의 댓가로 멍에를 지고 황소처럼 고행을 하는 영혼들의 어깨에 맞추어 최대한 허리를 숙이고 천천히 걸었다. 시간이 지나자 이윽고 베르길리우스 스승이 말했다.

이제 그를 떠나자
돛을 펼치고 노를 저어 자기 배를 밀고 나가야 한다.

(12곡 4-6)

스승이 "아래를 봐라! 네 발이 딛고 있는 돌바닥에 그려진 예술 작품을 보면 기분이 좋아져서 가는 길이 수월해질 것이다."라고 말하자, 단테가 보니 산이 깎여서 길이 된 암반에 실제처럼 정교하게 새긴 양각 솜씨가 절묘해 보였다. '교만과 패망'의 스토리가 있는 열두 작품이 펼쳐 있었다. 성경과 신화와 역사에 나오는 장면들이다.

- 최고로 귀하게 창조된 천사 루키페르가 타락하여 하늘에서 추락하는 것을 보았고,
- 제우스에 대적하다가 번개창에 꿰뚫려 죽은 브리아레오스를 보았고,
- 아폴론, 아테나, 마르스가 무장을 한 채 아버지 제우스 옆에서 거인들의 잘려 나간 사지를 내려다 보는 모습을 보았고,
- 교만의 바벨탑 아래 언어를 잃고 혼란에 빠진 자들을 바라보는 니므롯을 보았다.
- 열네 명의 자식을 자랑하다가 아폴론과 아르테미스에게 모두 죽은 자식들을 보며 절규하는 테베의 왕비 니오베의 새겨진 그림을 보고 단테는 비통에 빠지기도 했다.
- 블레셋 군대에 패하고 길보아에서 자신의 칼로 자결한 사울왕이 보였고,
- 아테나와 베짜기 기술을 겨루다가 신들의 노여움에 거미가 된 아라크네가 있고,
- 백성의 원성을 피해 전차를 타고 도망치는 르호보암(솔로몬의 아들)이 있고,
- 보석에 눈이 멀어 남편을 전쟁의 죽음으로 몬 어머니를 살해한 알크마이온이 있고,
- 하나님을 모독하고 유대를 공격하다가 오히려 대패하고 결국 아들들에게 죽임을 당한 앗시리아의 산헤립왕이 보였고,
- 토미리스 여왕에게 살해 당한 '피에 굶주렸던' 페르시아의 키루스 왕이 보였고,

- 열두 번째 그림에는 유대의 젊은 과부 유딧에게 목이 잘려 살해된 앗시리아의 홀로페르네스가 보였다. 그의 잘린 머리를 보고 앗시리아 군대는 질겁하고 도망쳤다.

그리고 단테는 파괴되어 재로 변한 트로이를 보았다. 아, 비참한 일리온성이여!

그 어떤 명인과 대가의 재주와 붓이
이런 형상과 명암을 그려낼 수 있겠는가?
마음을 압도하는 섬세한 예술의 극치여! (64-66)

단테와 스승은 산 둘레를 상당히 긴 시간을 돌았다. 태양은 더 빨리 제 길을 가고 있었다. 스승이 입을 열었다. "고개를 들어라! 생각에 잠길 시간이 없구나. 저기 우리를 기다리는 천사를 봐라!"

얼굴이 반짝이는 샛별처럼 빛나는 천사가 하얀 옷을 입고 팔을 벌리고 날개를 펼치며 말했다. "이리 오너라! 계단이 가까웠다. 이제 넌 더 쉽게 오르게 될 것이다."

천사가 단테를 한 쪽으로 이끌고, 날개로 단테의 이마를 치더니 잘 깎인 바위 계단으로 난 '다음 둘레'로 가는 길을 안내했다. 단테가 그 계단을 향해 가는 동안 성서 〈마태복음〉 5장에 나오는 "심령이 가난한 자는 복이 있도다!"로 시작하는 '산상수훈'의 노래가 형용할 수 없을 만큼 편안하게 들려왔다.

아, 저 아래 지옥의 통로와 얼마나 달랐던가!

거기서는 끔찍한 통곡소리와
함께 들어갔지만
이곳에서는 감미로운 노래와
함께 들어간다네. (112-114)

"스승님, 무슨 무거운 것이 제
게서 없어졌습니까? 오르는 계단
이 힘들지 않아요."

네 이마 위 P자들 중에 방금
하나가 지워졌다.
너의 발길은 선한 희망으로
더 가벼워질 것이다.

(122-125)

길바닥에 그림, 교만으로 패망한 주제의 그림들
_ 윌리암 블레이크 작

단테는 오른손 손가락으로 천사가 이마에 새긴 여섯 개의 P자를 더
듬어 찾아보았다.

이를 지켜보던 스승님이 미소를 지었다.   (136)

제13곡

질투죄로 눈 꿰맨 영혼들의
'사랑의 향연' 낭송극

　연옥 첫 둘레 순례를 마친 단테와 스승 베르길리우스는 천사의 안내로 두 번째 둘레를 향한 계단 위로 올라갔다. 여기 두 번째 연옥에서는 질투로 눈 먼 자들에게 사랑의 채찍이라는 고행이 주어지고 있었다. 스승이 하늘의 태양을 바라보며 말을 했다.

　　오, 내가 믿는 소중한 빛이여
　　이 낯선 길에서 우리를 인도하소서.　　　　　　　　(13곡 16, 17)

　천오백 미터쯤은 됐을 거리를 지나자 단테는 영혼들이 암송하는 자비의 일화를 담은 세 종류의 소리를 듣게 된다. 이 소리들은 질투와 투기하는 자들에게 들려주는 교훈 같았다.
　"저들에게 포도주가 없네"라고 한 영혼이 외치자 여러 영혼들이 합창으로 따라 했다. 성경 〈요한복음〉 2장의 '가나의 혼인잔치'에서 성모

연옥편 – PURGATORIO　　253

가 이렇게 말하자, 예수가 행한, 물을 포도주로 만드시는 자비의 기적을 상징한다.

또 다른 소리가 들려왔다. "내가 오레스테스다!", 이 말은 친구 필라테스가 그를 대신해서 죽으려고 친구의 이름으로 외치는 말이다. 죽음의 칼 앞으로 나서는 우정의 극치를 보여준다.

이어서 또 다른 영혼이 "너희 원수를 사랑하라"라고 말했다. 예수가 제자들에게 하신 산상수훈, 사랑의 가르침이다. 성경 〈마태복음〉 5장 44절에 나온다.

연옥의 둘째 둘레에는 바위와 같은 색깔의 초라한 옷을 입은 영혼들이 서로 머리를 어깨에 기대며 절벽에 등을 기대고 늘어서 있었다. 이들은 성모 마리아와 천사와 성인들의 이름으로 "자비를 베푸소서" 하며 기도하고 있었다. 단테는 다가가서 그들의 모습을 자세히 보더니 측은한 마음으로 눈물을 흘리고 말았다.

날아가지 못하도록 길들이는
새로 포획된 야생의 매처럼 그들의 눈썹은
모조리 철사로 뚫려 꿰매져 있었다.   (70-72)

단테는 눈꺼풀의 꿰맨 자국으로 눈물을 흘리고 있는 그들에게 기도하여 주었다.

"당신들은 반드시 하늘의 빛을 볼 것이오. 하나님의 은총이 그대들의 남은 양심의 찌꺼기를 거두시길, 그 위로 맑은 마음의 강물이 흐르기를 원합니다."

질투로 하나님까지 모욕하고 죽기 전 회개하고 연옥에서 고행받는 사피아
_ 루도비코 치골리 작

　단테가 라틴 출신의 영혼을 찾자, 한 여인이 턱을 위로 쳐든 장님의 모습으로 다가왔다. 단테가 그 영혼에게 이름과 고향을 알려달라고 말하자 그 여인이 말했다.

　"저는 시에나 출신의 사피아라고 합니다. 저는 어리석게도 언제나 나의 행복보다 다른 사람들의 불행을 즐겼지요. 심지어 적이었던 피렌체와의 전쟁에서 패하길 원하였고 우리 편이 고통스럽게 도망하는 모습을 보고 희열을 즐겼답니다. 하나님을 두려워하지 않고 살다가 임종 때 다가와서 고결한 피에르의 인도로 겨우 회개하고 지옥행을 면했습니다. 저는 하나님께 너무 큰 빚을 지고 있습니다."

공교롭게 '사피아' 뜻은 지혜이다. 여인 사피아가 단테의 숨쉬는 모습을 보고 단테에게 여기에 오게된 사연을 묻자 단테가 대답했다.

"내 눈의 고행은 여기에서는 길지 않을 겁니다. 더 큰 두려움은 아래 연옥의 교만의 죄를 씻는 고행이오." 단테는 교만하게 살았던 삶을 뉘우치듯 말했다.

"그리고 나를 인도하시는 분은 저기 말없이 서 계신 스승님이십니다. 나는 살아있는 사람이오. 그대를 위해 기도할 수 있도록 나에게 청하여도 좋습니다."

"오 당신의 기도로 저를 이롭게 해주시길 원합니다. 토스카나 제 일가에게 제 이름 사피아를 일깨워 주세요. 시에나 사람들은 헛된 미련에 사로잡혀 있다오. 앞으로 더 큰 좌절을 맛볼 것이오.

수많은 인재를 잃을 것이라오.   (154)

∽⌇

지옥과 연옥에 화자로 등장하는 여인

지옥의 벌 받는 영혼들 중에 주인공으로 등장하는 여자는 5곡에서 음욕의 영원한 벌을 받는 슬픈 프란체스카이고, 연옥에서 죄 씻음을 하는 영혼에는 13곡에서 질투의 고행을 하는 사피아이다. 연옥 5곡에서 남편에게 죽은 피아는 잠깐 소개된다.

∽⌇

제14곡

삶의 진실과 기쁨을 잃은 토스카나 도시들과 가문들

　질시와 투기로 황폐화된 토스카나 도시들의 유력했던 가문들이 몰락하는 이야기가 이어진다. 하늘은 이탈리아에 아름다운 강들과 산들과 평야를 축복으로 내려 주었지만 도시들과 사람들은 짐승보다 못하게 타락하고 말았다. 연옥의 둘째 둘레에서 죄를 씻고 있는 영혼들이 이를 보고 눈물로 한숨 짓는다.
　눈꺼풀을 철사줄로 꿰맨 두 명의 영혼이 단테를 바라 보더니, 눈을 멀쩡히 뜨고 떴다 감았다하는 모습을 너무나 신기하게 여겼다. 두 영혼은 용기를 내어 예의를 갖추고 단테에게 먼저 말을 걸었다.

　아직도 육신에 담긴 채 하늘로 가는 영혼이여
　당신은 어디서 왔으며 누구이신가요?　　　　　(14곡 10-12)

　"나는 토스카나를 가로지르는 작은 물줄기 아르노강이 아펜니노 산

연옥편 - PURGATORIO　　257

맥의 팔테로나산 어느 계곡에서 발원하여 삼십육킬로미터에 이르는 곳에서 태어났소. 나의 이름은 아직 알려지지 않아 소용없을 것이오." 라고 단테가 말했다.

한 영혼이 토스카나의 역사, 지리를 꿰뚫고 있듯이 받아서 이야기하며 그 곳 도시들과 주민들을 돼지, 개, 여우, 늑대들에 비교하며 타락을 한탄하였다. 특히 피렌체를 피로 범벅을 한 사악한 숲이 되었다고 말했다. 다른 영혼도 슬픈 표정을 지으며 듣고 있었다. 먼저 말했던 영혼이 본인 이름은 귀도 델 두카라 하며 계속 이야기 했다.

나의 피는 언제나 질투로 부글부글 끓었소.
혹시나 기뻐하는 사람들을 보면
사악해지는 내 얼굴을 볼 수 있었을 거요.   (85-87)

"도시들마다 존경받던 가문들이 삶의 진실과 기쁨을 누리려는 선을 빼앗기고 황폐화되었다오. 사랑과 예절로 가슴을 채웠던 귀부인과 기사 그리고 노고와 휴식은 모두 어디로 갔는가? 자, 토스카나 사람이여, 이제 가 보시오! 자꾸 얘기 하자니 너무 슬퍼져 차라리 울고 싶소이다."

이 선한 영혼들을 뒤로하고 단테와 스승은 침묵 속을 걷고 있는데 갑자기 청천벽력 같은 소리가 연이어 위에서 덮쳐 왔다.

"무릇 나를 만나는 자마다 나를 죽이겠나이다!" 이는 성경 〈창세기〉 4장에서 하나님의 사랑을 더 받은 동생 아벨을 질시하여 죽이고 에덴에서 추방당한 가인의 말이다.

"나는 돌이 된 아글라우로스다!", 이는 아테네의 공주가 언니와 헤르

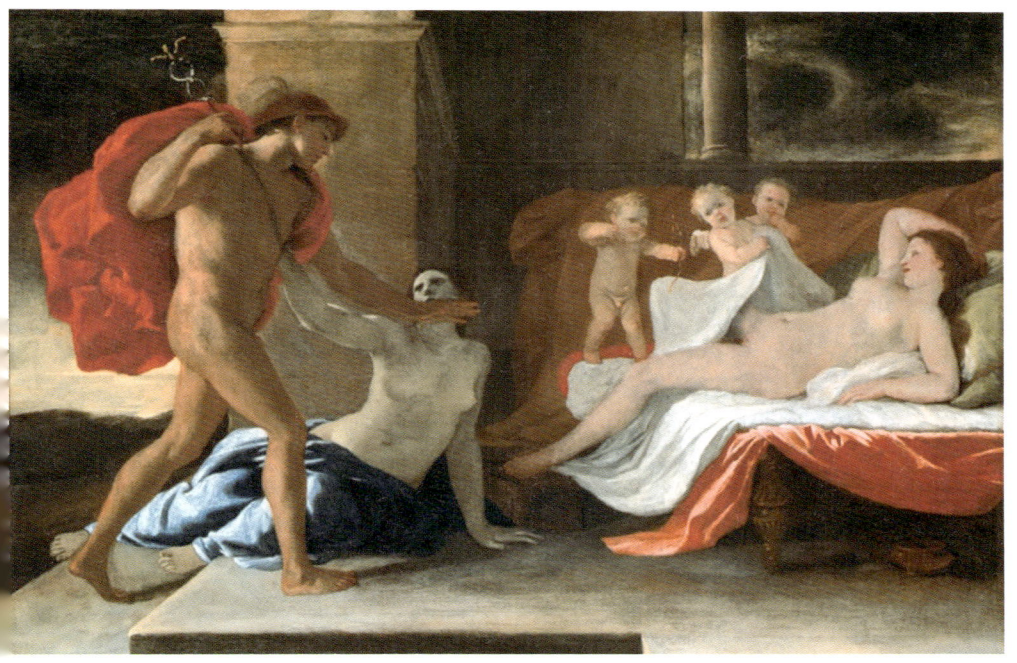

언니와 헤르메스의 사랑을 이간질하려다 돌이 되는 아글라우로스 공주

메스의 사랑을 질투하고 이간질 하려다 천벌을 받은 사연이다.

 단테는 놀라서 베르길리우스 스승에게 재빨리 몸을 붙였다. 주변이 조용해지자 스승이 말했다.

 "이것은 사람들이 자기 분수를 지키도록 만든 억센 재갈 같은 교훈이다."

 그러나 사람들은 미끼에 걸려들어
 낚시바늘을 냉큼 삼키고 꼬임에 넘어가니
 재갈도 교훈도 다 소용이 없구나.

연옥편 – PURGATORIO   259

하늘은 너희를 부르고 너희 주위를 감도시며

영원한 아름다움을 보여주시려 하는데

너희의 눈은 땅바닥만 내려다보고 있구나. (145-150)

그래서 모든 것을 주관하시는 분이 벌을 주시는 것이다. (151)

제15곡

질투의 고행을 벗고 자비의 세 환상을
보는 단테

단테와 스승은 저무는 태양을 향해 걷고 있었다. 그때 갑자기 단테에게 더 강렬한 빛이 이마를 때렸다. 마치 태양이 거울에 반사되어 때리는 것 같았다. 단테가 정면을 못보고 시선을 옆으로 돌리자 베르길리우스 스승이 말했다.

"하늘의 가족인 천사들이 내는 빛으로 눈이 부신 것이니 너무 놀라지 마라! 우리를 다음 계단으로 오르게 하려는 분이시다."

그때 축복받은 천사가 다가오며 단테에게 기쁜 음성으로 말했다.

"이 길로 가면 아래 계단보다 덜 가파른 계단으로 이어지리라."

천사가 인도한 계단을 오르자, "자비를 베푸는 자들은 복되도다. 즐거워하라!"라는 노랫소리가 뒤에서 들려왔다.

질투를 이긴 자여 즐거워하라! (15곡 38, 39)

연옥편 - PURGATORIO

스승이 단테에게 말했다.

"사람들이 세상의 한정된 재화와 권력을 소유하려는 것을 목적으로 살다 보니, 질투는 사람들의 한숨에 부채질하는 거와 같다. 그러나 사람들의 욕망이 땅바닥이 아니라 위로 솟구쳐 하늘의 사랑을 향한다면, 그리고 '우리들의 것(공유)'이라 말하는 사람들이 많아진다면 선은 충만하여 지고, 자비는 더 타오를 것이다. 모든 영혼은 거울처럼 사랑을 주고 받기 때문이다. 나의 설명이 부족하다면 네가 연옥 정상에서 만나게 될 베아트리체가 너의 바라는 마음을 잘 채워 주실 것이다."

이마에 새겨진 상처(p) 두 개가 먼저 지워졌듯
연단을 통해서만 아무는 다섯 개 남은 상처도
속히 없어지게끔 온 힘을 다하도록 하여라.　　　　　(79-81)

어느덧 단테가 다음 둘레에 이르자, 거기서 단테는 황홀한 세가지 꿈에 사로잡혔다.

첫 번째 꿈이다. 사람들이 가득찬 성전 입구에서 한 여인(성모)이 부드러운 모습으로 말했다. "아이야, 어찌하여 우리에게 이렇게 하였느냐? 보라, 네 아버지와 내가 근심하여 너를 찾았노라."

성경 〈누가복음〉 2장에 나오는 장면으로 예수가 열두 살 때 부모와 유월절에 예루살렘에 갔을 때, 부모에게 말하지 않고 혼자 남아 사흘 동안 랍비들과 토론하던 일화이다. 아이를 혼내지 않고 타이르는 엄마 마리아의 사랑을 보여준다.

다음 장면에는 분노의 눈물로 얼굴을 얼룩질한 여자가 나타났다.

자비의 세 환상 중, 스데반의 순교 _ 안니발레 카라치 작
"죽여라 죽여!" 하면서 한 사람을 돌로 쳐서 죽이는 장면을 보았다.

"페이시스트라토스왕이여, 우리의 딸을 감히 껴안았던 저 무엄한 팔에 복수해야 합니다." 그러자 아테네의 왕이 말했다. 왕의 온화하고 자비로운 모습을 보여준다.

"우리를 사랑하는 자를 벌한다면 우리에게 해를 끼친 자들은 어떻게 할 것인가?"

이어서 증오의 불길로 타오르는 사람들이 "죽여라 죽여!" 하면서 한 사람을 돌로 쳐서 죽이는 장면을 보았다. 성경 〈사도행전〉 7장 스데반이 순교하는 장면이다. 스데반은 죽어가면서도 원수를 용서하는 모습을 보여준다.

"주 예수여, 제 영혼을 받으소서. 이 죄를 그들에게 돌리지 마옵소서"

스승이 잠에서 깨어나려는 사람같은 단테의 모습을 보고 "네가 얼굴에 탈을 백 개를 쓴다고 해도 네 생각을 나에게 감출 수 없다."고 말하며 말을 이었다.

네가 본 환상들은 영원한 샘에서 흘러내리는
주님의 평강이 담긴 물을 네가 진실된 마음의
문을 열고 영접하였기에 보인 것이란다.   (130-132)

저녁이 다가오고 단테와 스승은 저무는 햇살 속을 걸어가는데 웬 연기가 어둠처럼 다가오고 있었다. 피해 갈 틈이 없었다.

연기는 우리의 시야와 맑은 공기를 빼앗아 갔다.   (145)

제16곡

신의 예정보다 '사람의 자유의지'를 말하는 마르코

연옥 세 번째 둘레는 분노로 죄지은 자들이 연단받는 곳이다. 여기는 짙은 연기가 자욱하여 눈을 뜨기조차 힘들었다. 단테는 장님처럼 길잡이 스승의 어깨에 기대며 걸었다. 수많은 목소리들이 들려왔다. 영령들이 기도를 하며 분노의 죄를 씻고 있었다.

"우리의 죄를 씻어 주시는 하나님의 어린 양이여, 자비와 평강을 내려 주소서!"

그때 한 영령의 목소리가 단테에게 들려왔다.

당신은 누구이기에 육신으로 연기를 헤치며 가는가
아직도 달력으로 시간을 나누는 자처럼. (16곡 26-27)

단테가 말했다. "당신을 만드신 분께 온전히 돌아가려 스스로를 깨끗이 하는 피조물이여, 우리와 함께 한다면 나에 대한 놀라운 얘기를

연옥편 - PURGATORIO 265

돌려주겠소이다.

죽어야 비로소 벗어날 육신에 아직 싸인 채
나는 천국으로 오르고 있소이다.
지옥의 고통을 통과해서 이곳까지 왔지요.   (37-39)

하나님의 특별한 은총으로 나는 하나님의 궁전을 볼 것이다."
단테의 놀라운 말을 듣고 그 영령이 말하기 시작했다.
"나는 롬바르디아 사람 마르코입니다. 세상 돌아가는 것을 잘 알았고 사람들이 별로 탐탁치 않게 여기는 미덕인 자유의지를 무척 사랑했다오. 지금 들어선 길로 계속 가시면 찾는 계단에 이를 것이오. 당신이 하늘에 오르거든 부디 저를 위해 기도해 주세요! 저의 말을 들어 보시고 가시기 바랍니다.
사람들은 신의 예정된 계획대로 된 일이라 여기고 모든 원인을 하늘에 돌리려고 합니다. 그렇다면 사람들의 자유의지는 없어지고 선에 대한 기쁨도 악에 대한 슬픔도 갖지 못하게 될 것이오. 사람들은 분명 스스로 선과 악을 구분할 수 있다오."

사람들은 스스로의 빛을 지니고 있습니다. 자유의지는
처음에는 하늘과 갈등으로 상처를 입고 약해졌지만
잘 키워 나가면 모든 장애를 극복할 수 있다오.

사람들은 위대한 힘을 가진 자유로운 주체들이오.

그대들 안에 마음을 창조한 더 귀한 성품에 속한다오
하늘도 이 마음들을 통제하지 않는다오. (76-81)

하나님이 주신 자유의지로 사람은 '자유로운 주체'가 되고
이렇게 하나님은 사람들의 '고유한 마음'을 창조하였다. (79-81)

마르코는 당시 세계에는 생각하기 힘든 사상을 들려주었다.
사람은 웃고 울며 재롱피우는 어린애처럼 생겨 났지만 하찮은 장난감에 이끌리다가 갈피를 잃게 되어 결국 법률의 구속과 도시마다의 통치자가 필요하게 되었다고 한다.
그런데 세상을 혼란케 한 원인은 사람들의 본성이 아니라 잘못된 통치였다.
로마는 원래 '선의 길'을 실현하였다. 두 개의 태양이 두 개의 길을 밝혀 주었으니 하나는 세상의 길이고 다른 하나는 하나님의 길이었다. 문제는 하나님의 길에 선 목자에게 지팡이에 칼이 더해졌으니 서로 뒤엉켜서 악이 커지게 된 것이다.

당신은 이제 세상에 이런 얘기를 들려주시오.
로마의 교회는 두 개의 권력을 지니고 있기 때문에
수렁에 빠져 자신은 물론 해야 할 사명도 더럽히고 있다고!
 (127-129)

마르코의 통찰과 안목에 단테가 감탄하며 화답했다.

마르코, 당신 말은 구구
절절 옳소.
레위의 자손들이 왜 유
산을 상속하지
못했는지 이제 알겠소이
다.   (130-132)

여기에서 레위는 이스라
엘 열두 지파 중에 하나로
가나안 정복후 땅을 받지
못한 대신에 제사장직을
수행하는 지파가 된다. 제
사장에게는 사유재산도 금
했다.
　마르코는 돌아가야 한다

두터운 분노의 연기속 마르코가 자유의지의 성숙을 화두로 말함
구스타프 도레 작

면서 "두꺼운 연기를 뚫고 지나야 더 밝아진 빛줄기가 보이지요? 천사
(조교)가 가까이 있으니 천사가 날 보기 전에 떠나야 하오."라고 말하고

그렇게 돌아서며 그는 내 말을 더 들으려 하지 않았다.   (145)

제17곡

분노의 세 환상극 보고, 나태의 연옥에 오른 단테

분노의 죄를 씻는 영혼들이 있는 연옥 세 번째 둘레에 햇살은 저편 해안으로 이미 사그라진 뒤이다. 이때 단테는 세 번째 둘레에 막 왔을 때 세 가지 환상을 보았던 것처럼 다시 세 가지 환상을 보게 된다. 앞서 환상은 단테가 질투의 죄를 씻고 본 자비와 관용의 환상이었지만 이번 환상은 분노로 인한 패망의 환상이다.

아, 상상의 힘이여! (17곡 15)

먼저 노래하며 즐겁게 사는 꾀꼬리로 변신한 여인 포르크네가 떠올랐다.

남편 트라키아왕이 자기 동생을 강간하고 혀를 뽑아 버렸던 만행에 복수하여 분노에 찬 포르크네는 더 잔인한 죄를 저질렀다. 왕과 자기 사이에 난 아들을 요리하여 남편이 맛있게 먹도록 하는 끔찍한 환상이 스쳐갔다.

다음에는 교만한 페르시아 재상 하만이 떠올랐다.

페르시아의 아하수에로왕의 총애를 받다가 에스더 왕비를 무시하고 이스라엘인 모르드개가 굽신거리지 않는다고 십자가에 처형시키려다가 도리어 본인이 그 십자가에 못박혀 처형당했다. 십자가 장대에 매달린 하만의 원한과 격노에 찬 최후의 모습이 스쳐갔다.

성경 〈에스더서〉에서 하만은 이스라엘인들을 몰살시키려는 음모를 꾸미다가, "죽으면 죽으리다"라는 각오로 왕과 담판한 에스더 왕비의 용기로인해 역으로 몰락한 자이다.

마지막 세 번째 떠오른 환상은 라티움의 아마타 왕비와 라비니아 공주이다.

왕비는 아이네아스의 공격으로 딸이 정복자의 아내가 되는 것에 분노하여 자살한다. 아이네아스는 라티움과 협력하여 로마를 건국하고 라비니아 공주를 왕비로 삼는다.

라비니아는 "어머니, 왜 분노로 모든 것을 버리셨나요. 어머니는 저를 잃지 않으려 스스로 죽으셨나요? 결국 저를 잃으셨잖아요!" 울부짓고 있었다.

어느 순간 단테가 강렬한 빛에 눈을 뜨자, "여기가 올라갈 곳이다"라는 소리가 들려왔다. 두리번거리는 단테에게 베르길리우스 스승이 말했다.

하나님의 천사다. 우리가 간청하기도 전에
오를 길을 보여 주러 오셨다. 자기 빛으로

분노로 패망한 세 환상 중, 아하수에로왕과 에스더에 사죄하는 하만 _ 렘브란트 작

자신의 모습을 감추시는 분이시다.   (55-57)

"그 분의 부르심에 발을 맞춰서 빛이 있을 때 서둘러 올라가자. 어두워지면 오를 수 없을 터이니."

스승을 따라 계단으로 발걸음을 옮겼다. 단테가 첫 계단을 딛자마자 곧 날개가 하나 퍼덕이며 얼굴에 바람을 일으키더니 소리가 들려왔다. p자 상처 하나가 지워졌다.

사악한 분노가 없는 자, 화평한 자는 복되도다!   (69)

단테가 마지막 계단을 밟으니 자신도 모르게 나루터에 도착한 배처럼 꼼짝 않고 서 있게 되었다. 무슨 소리가 들리는가 귀를 기울여 보다가 스승에게 물었다.

"이 둘레(층)에는 무슨 죄인들이 고행을 하는지요?"

선을 사랑하였으나 태만하여 이행하지 못하고
여기서 다시 시도하는 거란다. 나태했던
노젓기를 이제 열심히 하는 곳이라네.   (85-87)

베르길리우스 스승이 사랑의 개념으로 화제를 돌렸다. 사랑을 둘로 나누어 설명을 했다.

"자연적인 사랑은 그르침이 없으나, 이성적인 사랑은 잘못되는 경우가 있다. 사랑이 악으로 기울거나 넘치거나 모자라게 선을 추구하면 피조물은 창조주를 거스르게 된다. 그래서 사랑은 덕행의 씨앗이 되기도 하지만, 벌을 받을 행동의 원인이 되기도 한다. 또한 사람이 높아지면 명예와 권력과 부의 은총을 잃을까 두려워서 나쁜 선택을 하게 되며, 격정에 휘말려 모든 열정을 복수에 쏟아 부으면서 남에게 해를 입힐 궁리만 한다. 이 세 가지 그릇된 사랑을 한 영령들이 이곳에서 죄를 씻고 있다. 미적미적한 사랑을 했던 사람들은 참회를 하고 벌을 받는 것이다. 선의 뿌리와 열매가 진실한 본질 즉 천국의 선이 아니기 때문이다."

선이 무엇인지 알고 신앙은 있지만 세상의 세 욕심에 치우쳐서 하늘에 대한 사랑과 이웃에 대한 사랑에 게을리 하고 살았던 나태한 영혼들이 죄 씻음을 받는 연옥이다.

본질에 과도하게 어긋난 사랑의 죄를 지은 영령들은
우리 위에 있는 세 개의 둘레에서 죄를 씻고 있지만
그런 사랑의 성격이 세 가지(탐욕, 탐식, 욕정)로 된 이유는
(136-138)

네가 스스로 찾아내는 것이 좋겠구나. (139)

제18곡

사랑에 나태했던 영령들이여, '사랑과 영혼'에 대하여

단테와 스승은 연옥의 네 번째 둘레, 나태 연옥에서 사랑에 대한 대화를 이어가고 있다. 사랑은 자연스러운(본능적) 발로와 이성적인 발로로 구분한다는 스승의 말에 단테는 이해는 하지만 아직 만족하지 못하는 모습을 보인다. 그러면 영혼과 사랑의 관계는 어떠할까? 이것이 새 대화의 주제이다.

베르길리우스 스승이 말했다.

"영혼은 사랑하도록 태어났기에 즐거워하는 모든 것에 응답한다. 사람들이 지각력으로 즐거움의 대상에서 이미지를 끌어내고 영혼은 그 이미지를 향하여 끌림이 커지면 사랑이라 할 수 있다. 또한 미적 감각을 통하여 사랑이 새로워지고 자연스레 마음속 영혼에 다시 결합하게 된다."

불이 위로 솟구치고 올라가 계속 타오르듯

사랑에 젖은 영혼은 욕망속으로 들어가 사로잡힌다. (18곡 28-33)

"사랑은 언제나 좋은 것이 아니다."는 말에 단테가 스승에게 질문했다.
"사랑의 대상이 우리 외부에서 온다면 선택의 여지가 없는 영혼으로서는 좋고 나쁨을 어찌 알겠습니까?"

나는 이성이 보는 만큼만 설명할 뿐
나머지는 영혼과 신앙의 문제이니
곧 만나게 될 베아트리체를 기다려라.   (46-48)

꿀벌이 꿀을 만드는 본능을 갖고 있듯이
사람들이 그런 직관과 욕구를 안에 지니고 있을 뿐
근본적인 의지는 칭찬이나 비난의 대상이 아니다.   (58-60)

"좋고 나쁨에 대한 용납과 거부는 이성의 능력에 달려있다. 이성의 깊이를 깨달은 자들이 사람의 자유를 파악하고 세상에 윤리를 남겼다. 타오르는 사랑을 붙잡는 힘을 베아트리체는 자유의지라고 아실 분이니, 그분이 이런 말을 하거든 명심하길 바란다."
 연옥의 밤하늘에 달이 마치 불에 달군 양푼처럼 빛나자 별들이 희미해진 것 같았다. 단테는 명료하고 쉬운 답을 구하더니 스르르 졸면서 서 있었다. 오래가지 않아 갑자기 등 뒤에서 영령들의 소리가 들리고 졸음은 사라졌다.
 영령들이 선한 의지와 사랑의 채찍질에 몰려 둑을 돌아서 마구 달려

나태를 물어뜯으며 뛰어가는 영혼들
우리는 달리고 싶은 욕망에 멈출 수 없으니 우리 뒤를 따르시오. 나는 베로나의 산 제노의 수도원장이었소.

오고 있었다. 그들 가운데 두 영령이 울며 소리쳤다.

"마리아께서 급히 엘리사벳(세례요한을 임신)을 찾으러 산으로 가셨고,
카이사르는 스페인의 반란군을 진압하러 내달았다.
더 빨리! 시간이 사랑이니 조금도 허비할 수 없다!"

"이보시게들! 아마도 선을 행함에 미적미적했던 게으름을 이제야 불꽃같은 열정으로 씻어 내리는 영혼들이여! 우리에게 위 연옥으로 오르는 가까운 길을 알려 주시오."
"우리는 달리고 싶은 욕망에 멈출 수 없으니 우리 뒤를 따르시오. 나는 베로나의 산 제노의 수도원장이었소." 이렇게 말하고 영령은 벌써 우리 곁을 스쳐 멀어져 갔다.

나태를 물어뜯으며 뛰어가는 저 영령들을 봐라!   (131)

다른 영령들이 뒤에서 말했다. 바다에
길을 트고 이집트를 탈출한 유대 민족은 모두
(여호수아와 갈렙 제외) 요단강 건너기 전 죽었다.   (133-135)

그리고 안키세스의 아들(아이네아스)과 함께
끝까지 고난(로마 건국)을 함께하지 않은 사람들은
나태한 댓가로 삶을 불명예스럽게 마쳤다.   (136-139)

성경 〈출애굽기〉에 유대민족은 출애굽 후 열두 염탐꾼을 가나안에 보낸다. 그 중에 여호수아와 갈렙만 제외하고 하나님의 명령을 거역하고 가나안 공격을 반대한다. 유대민족은 옹졸하고 나태했던 댓가를 받아 40년 광야에서 모두 죽고 그 2세들만이 요단강을 건너서 가나안 정복의 장정에 나서게 되었다.

나태의 영령들은 멀리 떠나고 단테에게는 많은 생각들이 떠올랐다. 그러다가 설핏 몽롱해지더니 눈을 감았다.

떠돌던 생각들은 꿈으로 녹아들었다. (145)

제19곡

나태연옥 세이렌의 유혹과
탐욕연옥 교황의 참회

나태의 연옥에서 잠이 든 단테의 꿈에 한 소녀가 나타났다. 그녀는 말을 더듬고 사팔뜨기에 절룩거리며 두 손이 뒤틀려 있었다. 단테가 그녀를 응시하자 밤의 냉기에 마비된 몸을 소생시키듯이 그녀의 혀가 풀리고 몸이 곧추세워졌다. 그녀 얼굴에 화색이 돌고 그녀가 노래를 시작했다. 단테는 마음을 다 빼앗겨 눈을 뗄 수 없었다.

나는 어여쁜 세이렌이라네
내 달콤한 노래로 뱃사람들을 홀리노라. (19곡 19-21)

세이렌은 전설적인 요녀이다. 시칠리아 섬 부근에 살며 노랫소리로 뱃사람들을 홀려 전복시키는 유혹의 상징이다. 여기에서는 인간을 유혹해서 연옥 상단의 세 죄(탐욕, 탐식, 욕정)에 빠지게 하는 마귀로 등장한다.

내 노랫소리는 표랑의 길에서
오디세우스를 벗어나게 했네.
나에게 취하면 떠날 수 없으리.   (22-24)

위기 때마다 돕는 성루치아께서 모습을 드러내서 "오, 베르길리우스여, 이 요망한 여자는 누구인가?"라고 하자 스승도 이때야 정신을 차리는 것 같았다. 스승은 더 두고 볼 수 없다는 듯 세이렌을 잡아 옷을 벗기자 요녀의 배가 드러나며 악취를 뿜어 내었다. 지독한 냄새에 단테는 겨우 정신을 차렸다.

그리고 스승을 따라 산자락 길을 걷다보니 어느덧 햇빛이 가득하여졌다. 새로 뜬 해를 등지고 걷는데 갑자기 "이리로 오라! 여기가 길이다."라는 소리가 들렸다. 세상에서는 들을 수 없는 은총이 가득한 부드러운 음성이었다.

천사는 백조의 깃 같은 날개를 활짝 펴고
단단한 바위 두 개가 높이 치솟아 이룬
절벽 사이로 우리에게 길을 만들어 주었다.   (46-48)

천사는 날개를 움직여 바람을 일으키며 "애통하는 자는 복이 있나니 그들이 위로를 받을 것이요."라는 〈마태복음〉 5장에 나오는 산상수훈의 복을 들려주었다. 그럼에도 단테가 이상한 꿈의 환영에서 아직 깨어나지 않은 것을 보고 스승이 말했다.

뱃사람을 유혹하는 세이렌 _ 프레데릭 레이턴 작
노랫소리로 홀리는 유혹의 상징, 나에게 취하면 떠날 수 없으리

연옥편 – PURGATORIO

네가 본 것은 늙지 않는 요녀 세이렌이다.
연옥의 영혼들이 그 때문에 울며 회개하고 있다.
넌 영혼들이 죄악에서 어떻게 벗어나는지 보았다.

이제 발굼치로 땅을 박차며 나아가자.
영원한 왕 하나님께서 거대한 바퀴(우주)를
운행하시는 말씀에만 눈을 향하도록 하라.   (58-63)

단테와 스승이 다섯 번째 연옥 둘레에 오르자 바닥에 너부죽이 엎드려 울고 있는 영혼들이 보였다. 고통을 희망으로 참고 있는 영혼들이다. 스승은 그들에게 길을 물었다. 단테도 "왜 이렇게 엎드려 있는지요?"라고 말하자 한 영령이 대답했다.

"나는 베드로의 후계자였던 교황 하드리아누스 5세라오. 재화에 대한 그릇된 사랑으로 눈이 멀었다오. 지금 눈을 바닥에 대고 죄를 받고 있소. 탐욕으로 선에 대한 우리의 사랑을 망쳐 버렸습니다. 사랑없는 삶이란 참으로 헛된 것임을 깊이 뉘우치고 있다오. 자, 이제 여기를 떠나시오! 그대들의 존재가 나의 눈물(회개)을 방해하니까 말이오. 세상에는 아직 죄에 물들지 않은 조카 알라지아가 살아 있소. 그녀가 나쁜 물 들지 않으면 좋겠소."

내가 세상에 남긴 것은 그 애가 전부라오.   (145)

단테가 하드리아누스 교황에게 무릎을 꿇으려하자 교황이 이를 말리며 '연옥과 천국에는 하나님 아래 모든 사람은 똑같은 존재'라 하며 성경 〈마태복음〉 22장 30절을 상기시킨다.

"부활 때에는 장가도 아니 가고 시집도 아니 가고 하늘에 있는 천사들과 같으니라."

제20곡

탐욕의 왕가 루이와 필립의 시조, 위그카페의 고해

단테와 베르길리우스 스승은 탐욕의 죄를 눈물로 씻는 영혼들을 피해 천천히 발걸음을 옮기고 있는데 갑자기 앞쪽에서 부르짖는 소리가 들렸다. 재화를 멀리하는 '청빈'과 '절제' 그리고 자비의 장면들을 떠올리며 참회하는 소리들이었다.

"자애로운 마리아여,
당신의 거룩한 아기를 마구간 구유 위에 내려 놓으셨네요!"

"어진 집정관 파브리키우스여,
탐식과 사치를 거부하고 본인은 거지처럼 살으셨네요!"

"자비로운 니콜라스 주교여,
가난한 농부가 돈이 없어 세 딸을 시집보내지 못하고 창녀로 넘기려

탐욕을 씻는 연옥에서 자비의 환상, 니콜라스주교가 가난한 농부를 도움
_ 베아토 안젤리코 작

는 걸 알고 밤에 몰래 와서 세 자루의 재화를 방안에 던져주셨네요!"

단테가 부르짖는 영혼에게 "분명 은총으로 보상을 받을 것이요." 하며 칭찬하자,

나는 기독교인들의 나라를 뒤덮은 사악한 나무의 뿌리였소.
세상에서 나는 위그 카페라 불렀소. (20곡 43, 44)

"나는 위그 카페라 하오. 나에게서 태어난 루이와 필립이 프랑스를 다스리고 있소. 나는 파리의 백정으로 태어나 당시 왕가의 계보가 끊겼을 때 왕국의 고삐를 내 손에 쥐어 버렸다오. 나의 아들에게 왕관을

넘기며 왕가의 뼈가 이어졌다오. 점차 권력의 맛에 타락하여 루이의 동생 샤를 앙주는 토마스 아퀴나스를 하늘로 보내는 일을 저질렀다오. 필립의 동생인 또 다른 샤를(샤를 발루아)은 군대를 몰고 프랑스를 나와 이탈리아를 혼돈에 빠트렸다오. 프랑스왕가의 상징인 백합꽃을 들고 그리스도의 대리자를 사로잡았다오. 교황은 말로 할 수 없는 수모를 당하고 결국 죽음에 이르렀소."

여기서 '또 다른 샤를'은 샤를 발루아를 말하며 그는 교황 보니파키우스 8세의 요청으로 피렌체에서 흑당과 난을 일으켜 단테가 이끄는 백당을 추방한 자이다. 그는 이탈리아 전체를 혼란에 빠트렸다. 이후 샤를의 형 필립 4세는 교황을 아냐니에서 사로잡아 병사에게 뺨을 맞는 수모를 준다. 결국 교황은 배신감과 치욕으로 홧병에 죽고 만다. 교황은 외세를 끌어들여 세를 넓히려다 결국 자기까지 잡아 먹히는 어리석음을 범했다. 죽어서도 지옥의 사악한 구멍에 처박히는 운명을 맞이한다.

"아, 탐욕이여, 그렇게 너에게 홀린 나의 후손들이 얻은 것은 땅이 아니라 죄악과 수치일 뿐이었소. 더 나쁜 것은 이런 죄의 무게를 너무 가볍게 여기는 것이지요."

법령도 없이 만족할 줄 모르는
탐욕의 돛을 펼치고 성전에 난입하는
또 다른 빌라데를 보는 것 같소.   (91-93)

위그 카페는 자손들의 죄를 낱낱이 고해하고 있었다. 여기서 또 다른 빌라도(예수를 십자가에 죽도록 유대인에게 넘긴 로마총독)란 필립 4세를 말한다. 예루살렘 성지 회복을 위하여 결성된 성전기사단을 해체하고 재산을 가로챈 사건의 주모자이다. 그는 교회의 법령없이 중대한 죄를 저질렀다.

위그 카페는 황금에 눈이 멀어 아비를 죽인 피그말리온과, 손 대는 무엇이든 황금으로 만들다가 굶어죽는 운명이 된 미다스와, 여리고의 전리품을 훔쳐 여호수아의 분노로 죽은 어리석은 아간의 이야기를 하였다. 다음에 사도들의 공동재산을 탈취한 삽비라를 그 남편(아나니)과 함께 비난하고, 트로이의 왕이 전쟁에 패하며 믿고 맡긴 아들 폴리도로스를 살해하고 재산을 빼앗은 폴리메스트로의 최후 운명을 말하며 비난하였다. 그는 "크랏수스여 말해다오! 황금이 무슨 맛이었냐!"고 절규하였다.

위그 카페와 단테는 때로는 울고 때론 부드럽게 얘기를 나누었다. 그리고 아쉬워하며 헤어졌다. 엎드린 영혼들을 피해 조심히 발을 내딛었다. 그때 갑자기 산이 흔들리는 느낌이 들면서 금방이라도 무너져 내릴 것 같았다.

> 하늘의 빛나는 두 눈을 낳기 위해서
> 레토가 보금자리를 만들기 전의 델로스도
> 이보다 더 흔들리지는 않았을 것이다.   (130-132)

그리스 신화에서 레토는 제우스의 쌍둥이를 임신하고 헤라의 눈을 피해 델로스 섬으로 피신한다. 이 섬에서 아폴론(해의 신)과 아르테미스(달의 신)를 무사히 출산한다. 델로스는 원래 물결 따라 떠도는 섬이라 신들도 인지하지 못했다. 제우스가 안전한 출산을 위해 이 섬을 택하여 힘으로 이 섬을 고정시켰다.

우레 같은 소리에 스승이 다가오며 "내가 있는 한 두려워할 것 없다."라고 말했다.

가까이 있는 영혼이 듣기로는 이 고함 소리는 한결같이

자신과 후손들의 사악한 죄를 고해하는 위그카페

"하늘 높은 데서는 하나님께 영광!"이라고 노래하고 있었다. 찬양이 끝나고 진동이 멈출 때까지 둘은 꼼짝 않고 있었다. 그러고 나서야 거룩한 길을 다시 걸었다. 눈 아래에는 엎드린 영혼들이 다시 저들을 온전히 통곡에 내맡기고 있었다. 단테는 질문을 하느라 길을 지체할 수가 없었다. 또 거기서는 무엇을 볼 수 없었기에,

나는 약간 소심해진 생각에 잠긴 채 길을 걸었다. (151)

제21곡

1200년을 연옥에서 죄 씻고 정화한 스타티우스

단테는 사마리아의 여인이 갈구하는 영원히 목마르지 않는 물이 아니고는 결코 채워질 수 없는 갈증으로 괴로워했다. 단테에게 이 갈증이란 연옥이 흔들리고 우레 소리가 들려온 이유를 알고자 하는 영적인 간절함이었다.

그러나 베르길리우스 스승은 바쁜 여정으로 길을 재촉했다. 그때 누가복음에 기록된, 부활한 그리스도가 무덤에서 나와 엠마오로 가는 길을 가던 두 제자에 나타난 비슷한 상황이 연출되었다. 소심해진 생각으로 길을 걷던 단테 앞에 한 그림자가 홀연히 나타났다. 그가 예수님처럼 "형제들이여, 하나님의 평화가 내리시길!" 하고 인사하자 스승이 적절히 응대하였다.

"하나님의 진실한 법정에서 당신을 축복의 모임에 초대하시길!"

단테가 그에게 "산이 방금 왜 그렇게 요동쳤는지 그리고 모든 영혼들이 왜 한목소리로 고함을 쳤는지 말해 줄 수 있겠소?" 하고 물었다.

연옥편 - PURGATORIO

"이 산은 신성한 법이 지배하고 있기에 이곳은 어떤 변화도 허용하지 않는다오. 입구의 세개 계단 너머로는 비와 우박, 눈도 내리지 않고 이슬이나 서리도 없다오. 대기엔 구름도 없고 타우마스의 딸(무지개)도 여기에는 없소."

이 산의 진동은 한 영혼이 깨끗해져 몸을 일으켜
단번에 위로 올라갈 때 생긴다오.   (21곡 58-60)

오백년도 넘게 이곳에 고통스럽게 누워 있던
나는 이제야 저 높은 나라로 올라갈
자유로운 의지를 느꼈다오. 그래서

산이 진동하고 산에 있는 경건한 영혼들이
우레같은 소리로 하나님을 찬미한 것이지요.
나 간절히 기도하니, 주께서 그들에게도 응답하시길!   (67-72)

단테는 갈증이 깊었던 만큼 해갈의 기쁨도 커서 표현할 길이 없었다. 스승도 함께 시원해 하시며 그에게 물었다.
"당신이 누구였는지 알려 줄 수 있겠소? 왜 수백 년 누워 있었는지 말해 주시오."
"로마의 티투스왕이 예수의 피에 대한 복수로 예루살렘을 멸망시켰을 때 나는 월계관을 쓴 제법 이름있는 시인이었다오. 내 이름은 스타티우스 입니다. 아직 신앙은 없었지요. 나는 테베를 노래했고 아킬레우스를 읊는 두 권의 책도 거의 쓰다가 쓰러졌소. 내 열정의 씨앗은 〈아이네이스〉입니다. 그 책은 나의 어머니였고 내 문학의 유모였소. 베르길리우스님이 살았을 때 나도 만약 살아있었다면 연옥에 일년 더 머무르라해도 따르겠소."

이 말에 단테가 미소를 짓자, 스타티우스가 "그대가 미소짓는 이유를 알려 주시겠소?"라고 물었다. 단테가 말했다.

오래된 영혼이여, 내가 웃었던 것을
당신은 아마 이상히 여기는데
더욱 놀랄 일을 당신이 알도록 하고 싶소.

내 눈을 저 높은 곳으로 이끄시는 바로 그분,
당신에게 인간과 신에 대하여 읊조리는 열정을
가져다 주신 바로 베르길리우스 이십니다.　　　　(121-126)

스타티우스는 깜짝 놀라 급히 스승의 발을 안으려고 허리를 굽혔다. 스승이 달했다.

"형제여 그대나 나나 같은 영령이니 그러지 마시오."

스타티우스는 무려 1200년을 연옥의 입구와 나태 둘레, 탐욕 둘레 등에서 죄를 씻어왔던 것이다. 열망하던 〈아이네이스〉의 저자를 만난 것은 또한 큰 행운이었다.

그가 일어나며 말했다.

"이제 당신께 품은 사랑의 깊은 열정을 아시겠지요. 우리가 텅 빈 그

림자임을 잊고,

꺼안을 수 있는 육체인 줄로 생각했군요." (136)

완전히 정화한 스타티우스를 만나는 단테
스타티우스는 깜짝 놀라 급히 스승의 발을 안으려고 허리를 굽혔다.

제22곡

탐식연옥, 시인들의 즐거운 수다와
말하는 나무 등장

여섯 번째 둘레로 오르는 동안 천사가 〈마태복음〉 5장에 기록된 산상수훈 중에 "의에 주리고 목마른 자는 복되도다"라고 말하며 단테의 이마에 있는 P자 하나를 더 지워 이제 두 개만 남았다. 단테의 몸은 훨씬 가벼워졌다.

베르길리우스 스승은 시인 스타티우스를 만나 기분이 좋은 듯 많은 말을 했다. 덕과 불붙는 사랑 이야기, 로마의 풍자시인인 유베날리스와 림보에서 만난 이야기, 선한 의지와 탐욕에 관한 이야기 등을 하자 스타티우스가 미소를 지으며 듣고 말했다.

"모든 말씀이 내게는 사랑의 지표입니다. 사실 나는 탐욕과 반대되는 무절제로 지은 죄를 씻었다오. 그래서 네 번째 나태의 둘레에서 사백년 넘게 벌을 받아야 했지요. 나는 평생 당신의 말씀을 명심하고 살았기에 연옥에 올 수 있었습니다."

인간의 본성을 꾸짖는 당신은
'그 지겨운 황금의 굶주림이 우리를 욕망에서
헤어나지 못하게 하는구나'라고 쓰셨지요.   (22곡 37-39)

마치 오랜 친구를 만난 것처럼 다정하게 걸으면서 시와 시인들에 관한 많은 이야기와 아홉 뮤즈들이 있는 파르나소스산 이야기도 나누었다.

처음 파르나소스로 나를 보내어
그 동굴의 샘물을 마시게 했던 당신이 역시
처음으로 하나님께 이르는 길에 빛을 비추어 주었소.   (64-66)

당신은 이렇게 쓰셨지요. 새로운 세기가 태어난다.
정의가 돌아오고, 인류의 시초 후에
새로운 겨레가 하늘에서 내려온다.   (70-72)

스타티우스 시인이 이렇게 스승님의 치적을 찬양했다. 그때 향기롭고 보기 좋은 열매를 가득 매단 한 그루 나무가 길에 딱 나타나면서 그들의 대화가 멈추었다.

이 나무는 영혼들이 오르지 못하도록 아래가 더 가늘고 길었다. 높은 바위에서 맑은 물이 쏟아져 내려와 꼭대기 잎들에 퍼져 나갔다. 시인들이 다가가자 무성한 잎사귀들 사이에서 소리가 튀어나왔다.

탐식한 죄를 지은 자들아,
이 열매와 물은 너희들의
것이 아니다.

(141)

"다니엘은 음식을 탐하지 않
아 지혜를 얻었다. 배고픔은 도
토리도 맛있게 한다. 목마름은
어느 냇물에서든 단물을 흐르
게 했다."

오직 메뚜기와 석청은 광야
에서 세례 요한을
먹여 살린 음식이었다. 먹는
것을 절제하였기에
그는 복음서에서 잘 드러나고 있듯이.

(151-153)

풍성한 열매달린 말하는 나무, 갈증난 영혼들은 오르지 못한다.

성경 〈마태복음〉 11장 11절에 "여자의 몸에서 태어난 사람 중에 세례 요한보다 더 큰 인물은 없었다"라고 기록되어 있다.

그는 영광되고 가장 위대하다.

(154)

연옥편 - PURGATORIO 295

제23곡

해골 몰골로 갈증과 허기 견디며
죄를 씻는 포레세

단테는 '말하는 지혜의 나무'가 신기하여 잎사귀들 사이를 뚫어져라 고 보고 있었다.

스승이 "아들아, 이제 가자!" 하며 앞을 나서자, 그때야 단테가 뒤를 따랐다. 두 시인들의 수다는 그칠 줄 몰랐다. 이때 갑자기 "주여 내 입술을 열어 주소서!"라는 눈물 섞인 노래가 들려왔다. 여기는 연옥의 여섯 번째 둘레이다. 스승이 말했다.

탐식의 죄지은 영혼들이 죄의 매듭을 풀고 있는 곳이다. (23곡 15)

경건한 영혼들의 무리가 빠르게 지나쳤다. 그들은 푹 파진 눈가에 짙은 기미가 있고 얼굴은 백짓장처럼 파리하고 몸은 말라비틀어져 뼈가 살갗을 뚫고 나올 듯 했다. 그들의 굶주림에 시달린 모습에 단테는 놀라고 있었다. 그때 한 영령이 단테를 알아 보았다. 그가 말했다. "웬 은총이 나에게까지 왔는가!"
 그 소리를 듣고 단테도 그를 보고 기억해냈다. 그는 단테의 아내 젬마 도나티의 사촌인 포레세 도나티였다. 그의 몰골을 보고 단테는 반가움보다 비탄의 마음이 들었다. 단테가 물었다. "무엇이 자네를 이토록 야위게 했는가?"

영령들은 지나치게 목구멍의 즐거움을 좇다가
이렇게 울며 노래하면서
갈증과 허기를 겪으며 죄를 씻고 있다네. (64-66)

잎사귀들에 부딪혀 퍼져 나가는 물 냄새와
열매에서 피어나는 향기가
먹고 마시고자 하는 욕망을 부채질한다네. (67-69)

"포레세, 자네는 죽은 지 불과 다섯 해도 안 되는데 어떻게 벌써 이렇게 높이 올라왔는가? 다른 자들 같으면 연옥 아래 산기슭에 있어야 할 텐데?"
 "나의 아내 넬라가 하염없이 눈물 흘린 덕분이지. 내가 너무 사랑했던 나의 아내의 기도와 한숨이 나를 들어 올려 다른 둘레들을 다 그냥 지나치게 했다네."
 단테는 베르길리우스 스승의 인도로 산 몸으로 이 곳에 온 이야기와 방금 연옥이 요동친 이유가 여기 스타티우스 영혼 때문이라는 것도 이야기 해주었다.

그를 하늘로 놓아 주려고 말일세. (133)

탐식죄를 씻는 연혼들의 해골 몰골 _ 귀스타브 도레 작
그는 단테의 아내 젬마 도나티의 사촌인 포레세 도나티였다.

제24곡

단테 처가 남매들의 기구한 운명, 금단의 선악과

베르길리우스가 스타티우스와 얘기하며 걷는 동안, 단테는 포레세와 대화하며 순풍에 떠가는 배처럼 속도를 냈다. 해골 몰골의 영령들은 살아있는 단테를 보고 놀라워 했다. 단테가 포레세에게 물었다.

"자네 여동생 피카르다가 어디 있는지 아는가?"

"사랑스럽고 착한 내 누이는 올림푸스(천국)에서 승리의 면류관을 쓰고 있다네."

그리고 덧붙였다. "여기 허기와 갈증으로 뒤틀려 있는 영령들의 이름을 말해주겠네. 저기 시인 보나 준타가 있고, 뒤에 더 야윈 자는 교황 마르티누스 4세이네. 그는 뱀장어를 고급 포도주에 넣어 취하게 한 후에 구워 먹다가 죽었지."

단테는 쉬운 시를 지었던 보나 준타에게 "아, 영혼이여, 나와 얘기하고 싶소?" 하고 말을 걸자, 그가 단테에게 물었다.

연옥편 - PURGATORIO 299

그대는 사랑의 지성을 가진 여자들로 시작하는
새로운 시를 쓴 사람이 아닌가요. (24곡 50, 51)

사랑이 내게 불어올 때 받아적고
사랑이 안에서 불러 주는 대로
드러내는 사람이오. (24곡 52-54)

단테는 은연중 '청신체'를 소개한다. '새롭고 감미로운 시'는 신이 아닌 사람을 주제로 하는 시이다. 인간의 자유의지와 감성의 발로이다. 보나 준타는 만족하고 떠났다.

포레세는 중대한 죄를 지은 자기 형 코르소 도나티가 결국 정적에게 쫓겨 말에서 떨어져 매달린 채 죽게 되고 지옥에 끌려갈 것을 예언하여 준다. 그리고 무리를 향해, 마치 전장을 향해 제일 먼저 공격하는 영예를 얻으려는 것처럼 황급히 떠났다.

코르소는 단테의 아내 젬마 도나티의 오빠이다. 기구한 운명이다. 그는 피렌체 흑당의 수령으로 단테를 추방했던 자이다. 포레세의 말에 단테는 마음이 심숭생숭해졌다.

그러나 단테는 아내 젬마 도나티에 관해서는 내내 아무 말도 하지 않았다. 망명자의 아내이자 남편의 원수인 오빠를 둔 그녀의 운명 또한 기구하지 않은가?

그때 가지에 열매를 주렁주렁 매단 싱싱한 초록 나무가 단테가 걷는 길을 막고 갑자기 또 나타났다. 갈증난 영령들이 달려와 열매를 향해 마음만 꿀떡 같았다가 먹기를 포기하고 돌아갔다. 단테와 스승이 애원

탐식 연옥길에 금단의 선악과 나무 등장

과 눈물을 외면한 나무에 다가섰다. 나무가 급히 말했다.

그냥 지나가시오! 가까이 오지 마시오.
이 위로 이브에게 열매를 준 나무가 있다오.

이 나무는 그 나무에서 뻗어나온 것이라오.

(115-117)

선악과 나무를 피해 걷는 중에 갑자기 목소리가 들렸다.
"그대 셋이서 무슨 생각을 그리하는가? 평화를 찾아 위로 올라가려면 여기서 돌아가야 한다!"

먼동이 터오는 5월의 산들바람이 풀잎과 꽃들을 흠뻑 적셔 주고서, 하느작 거리며 향내음 피워 주듯이, 한가닥 바람이 단테의 이마 한가운데를 스쳐 주고(P자 하나를 지움), 또 암브로시아(올림푸스 신들의 음식) 향내를 풍기는 천사의 날개가 퍼덕거림을 단테는 느꼈다. 이제 단테의 이마에 P자 하나만 남게 된다. 천국이 가까워지는 느낌을 받았다.

그리고 은총의 빛을 받는 자는
식욕의 과도한 욕망을 일으키지 않고
의로움 속에서 복을 얻을 지어다.   (151-153)

'의에 주리고 목마른 자는 복이 있도다'라는 말을 들었다.   (154)

제25곡

생명과 영혼의 탄생 섭리, 그리고 영령의 형상 원리

이제 지체하지 말고 올라가야 할 시간이다. 단테는 묻고 싶은 마음에 몇 번이나 망설였다. 베르길리우스 스승이 "네 말의 활시위를 끝까지 잘 당겨라!"고 말하자 마음이 놓여 말했다. "저들은 음식을 먹을 필요가 없는데 저렇게 야윌 수가 있습니까?"

"너의 열렬한 마음을 스타티우스가 달래도록 해야겠다."

그러자 스타티우스가 말했다.

"감히 내가 하나님의 섭리를 설명해도 되는 건가요? 아는 대로 말하겠소."

심장의 피는 사람의 몸을 키우지만
핏줄이 마실 수 없는 완전한 피(정액)는 창조를 한다. (25곡 37-42)

"완전한 피(정액)는 심장에서 더욱 맑아지며 여성의 자궁으로 흘러

들고 그 자연의 그릇에서 다른 피와 합쳐 방울지고 서로의 피를 받아들입니다. 그렇게 결합된 피는 작동을 시작하여 덩어리를 만들고 자기의 질료대로 구성하며 생명을 줍니다.

능동적인 힘은 영혼이 되는데 식물의 영혼과 비슷합니다. 식물의 영혼은 씨앗 안에서 진행하며, 사람 태아의 영혼은 이미 완성된 체로 해파리처럼 움직이고 느끼기 시작하며 씨에 배태된 힘들을 조직합니다. 사람의 심장에서 오는 힘은 자연의 모든 몸의 기관들을 계획하는 곳에서 이렇게 솟아오르고 퍼진다오."

능동적인 힘으로 이미 태아에게 영혼이 있고 이미 느끼기 시작한다는 설명이다. 아직은 동물적 상태이지만 사람이 되는 과정이 이어진다. 뇌의 조직이 성장하면 하나님이 새 영혼을 넣어 비로서 단일 영혼이 완성된다는 과학적이며 신학적인 설명이다.

"뇌의 조직이 태아에서 완전해지면 곧 부동의 원동자(하나님의 능력)께서 기뻐하시며 힘을 지닌 새 영혼을 그 뇌에 불어넣어 주십니다. 그러면 그것은 능동적인 것으로 동화하면서 하나의 단일 영혼이 형성되는 것입니다. 그때 비로소 그 자체로서 살고 느끼며 생각하게 되는 것이지요."

사람으로 태어나 살다가 죽음 후에 영혼은 어떻게 될까? 스타티우스의 설명은 명쾌하였다.

"사람의 생명이 운명의 여신인 라케시스의 손에 더 이상 실이 없을 때 영혼은 육신에서 벗어나 인간적인 본질과 신적인 본질을 갖게 됩니다. 이 영혼에게는 기억과 지성, 의지는 활발해지고 전보다 더 날카로와집니다."

생명과 영혼의 탄생과 죽음, 운명의 세 여신 _ 알렉산더 로타우그 작

즉시 영혼들은 그 자체의 무게로
두 강(지옥 아케론강, 연옥 테베레강)에 떨어지는데
거기에서 영혼은 처음으로 제 갈 길을 압니다. (85-87)

"영혼은 몸의 형체를 다시 갖추도록 작동합니다. 그러나 비가 심하게 내린 뒤 공기가 제 안에서 반사되는 빛들로 인해 여러 색깔들로 치장하는 것처럼 영혼을 둘러싼 공기는 영혼 자체 힘이 작용한 새로운 형상을 갖추지요. 그 형상을 영령 혹은 망령이라 부릅니다. 그것은 시각을 포함하여 모든 감각기관을 지니고 있습니다."

여기 여섯 번째 둘레에서 식탐을 했던 영령들이 죄를 씻으며 말라 빠진 형상을 보여 주는 것에 수긍이 가는 설명이다. 여기 영령들의 욕망은 안먹고 안마시며 비만에서 탈피한 마른 형상을 갖는 것이기 때문이다.

　단테와 일행은 이제 마지막 굽이에 도착해 있었다. 둔덕 안쪽에서 불꽃이 밖으로 뻗어 나가고 있었다. 바람이 바깥에서 불어 오면 다시 불꽃이 안으로 들어와 아주 좁은 길만 남기고 있었다. 셋은 일렬로 간신히 걸어갔다. 스승이 "미끄러져 떨어질 수 있으니 눈의 고삐를 꽉 잡으라"고 말했다.

　바로 그때 맹렬한 불꽃 속에서 "지극하신 자비의 하나님!"이라는 찬송 소리가 들려, 뒤돌아보니 불꽃 속에서 걷고 있는 영혼들이 보였다. 그들은 "나는 남자를 모릅니다!" 하고 동정녀 마리아의 소리를 외치고 찬송을 다시 불렀다.

　　찬송이 끝나자 그들은 또 외쳤다.
　　숲속에 숨은 순결의 신 디아나는 비너스의
　　욕정의 독을 받아마신 헬리케를 쫓아내 버렸네.　　　　(130-132)

　여기서 헬리케는 오비디우스 〈변신이야기〉에 나오는 아르카디아의 왕 리카온의 딸이다. 디아나를 추종하였는데 헬리케의 아름다운을 탐한 제우스와 동침하여 아들을 낳았다. 디아나에게 쫓겨나고, 헤라의 질투를 받아 모자는 죽어 곰이 되어 큰곰자리와 작은곰자리 별이 되었다.

　영령들의 외침은 순결을 찬미하는 소리들이었다. 불속에서 죄를 씻으며 치유하며

　　마지막 상처는 마침내 아물어 간다.　　　　　　　　(139)

제26곡

음욕의 죄를 불속에서 씻는 작가들, 일곱째 연옥

　일행 셋은 불꽃을 피해 가장자리로 일렬로 나아갔다. 태양은 단테의 오른쪽을 비추고 있다. 단테의 그림자가 불꽃을 더 붉게 만들었다. 여기는 연옥의 일곱 번째 둘레이다. 영령들이 마지막으로 죄를 씻는 연옥이다. 단테의 이마에 있던 일곱 개 P자의 상처는 이제 하나만 남아 있다.

　영령들의 소리가 들렸다. "맨 뒤에서 두 명을 받들 듯이 따라가는 자는 살아있는 몸을 가진 자이다." 잠시후 그중 한 영혼이 단테에게 접근하여 물었다.

> 마치 죽음의 그물에서 탈출한 것처럼
> 하나의 벽처럼 태양을 가로막는 것이
> 어떻게 가능한지 말해 주시오? (26곡 22-24)

때마침 다른 무리의 영혼들이 다가오자 머뭇거림없이 서로 입을 맞추고 인사 나누느라 분주했다. 개미들이 떼를 지어 아마도 길과 먹이를 찾기 위해 서로 코를 부딪히는 것 같았다. 다정한 인사를 나누고 떠나기 전에 목청을 돋우며 소리를 교환했다.

욕정의 파시파이와 나무 암소 _ 폼페이의 프레스코화

'소돔과 고모라!' 라고
외치자 다른 무리가 응답하였다.
'황소를 꾀어 제 음욕을 채우려 파시파이가 암소 안에 들어가네.'

(40-42)

소돔과 고모라는 성경 〈창세기〉에 동성애와 수간으로 타락한 도시이다. 결국 하늘에서 유황불이 내려와 진멸하였다. 파시파이는 크레타의 미노스왕의 아내이다. 황소에 욕정을 품어 가짜 암소를 만들고 그 안에 들어가 황소와 정을 나누었다. 그 결과 미노타우로스라는 소의 머리와 사람의 몸을 가진 괴물을 낳았다.

두 무리는 눈물을 흘리면서 외침과 찬송을 반복했다. 두 무리의 두루미가 한 무리는 태양의 더위를 피해 산으로, 다른 무리는 추위를 피해 사막으로 가는 것 같았다.

아까 말을 걸어 왔던 영혼들에게 단테가 말했다.

"오, 언제든 분명히 천국으로 들어갈 영혼들이여, 나는 진짜 뼈와 피를 지니고 있지요. 위에서 한 여인이 나를 위해 은총을 내려 주셔서 여기 세상을 지나는 것이오. 그대들의 소망대로 가장 큰 하늘이 그대들을 품으시길 기도하오. 나중에 종이에 옮겨 적을 수 있도록 당신들과 우리 뒤로 지나간 무리의 영령들에 대해서 말해 주시겠소?"

"더 나은 죽음을 위해 우리 세계를 여행하며 체험을 하는 축복받은 그대여! 우리와 함께하지 않는 그 영령들은 카이사르가 개선해 왔을 때 '여왕'을 부르는 죄(동성애)를 지은 자들이오. 그래서 '소돔!'이라 자책하였던 거요. 수치심으로 불꽃이 더 강해집니다. 우리의 죄는 짐승처럼 욕정에 굴복하여 인간의 법도를 지키지 않았기 때문이오. 우리 또한 나무로 만든 암소 속의 파시파이를 치욕으로 외쳤던 거라오."

그는 이름들을 다 말하긴 적절치 않다하며 본인 이름만 알려 주겠다고 말했다.

"내 이름은 귀도 귀니첼리, 죽기 오래 전에 참회했기에 금방 이곳까지 왔지요."

단테는 청신체의 창시자 '귀도 귀니첼리'라는 이름을 듣고, 잃었던 아들을 만난 어머니같이 흥분했다.

감미롭고 아름다운 사랑의 시를 쓴 그 이름,
나와 나보다 훌륭한 자들의 아버지로 생각했던
자가 나라고 자신을 밝히는 것을 들었다. (97-99)

단테는 생각에 잠겨 그를 한참 동안 바라보며 걸었다. 마침내 "내 마음을 다해 당신을 섬기겠다"는 말을 했다. 귀도 귀니첼리는 단테의 진실된 말에 감동하여 말했다.

"당신의 말이 내 마음에 깊은 자국을 남겨 레테의 물인들 이를 흐리거나 지우겠소? 그러나 이토록 나에 대해 사랑을 보이는 이유는 무엇이요?"

새로운 용법으로 시를 쓰는 한
당신의 우아한 시는 당신이 쓴
잉크마저 값지게 만들 것입니다.   (112-114)

단테가 청신체 시인임을 알고 귀도는 시인이었던 한 영혼을 소개하였다.

"모국어(프로방스어)의 가장 훌륭한 대장장이 아르노 다니엘이오. 사랑의 시와 산문에 탁월했다오."

귀도는 헤어지기 전에 단테에게 주기도문을 부탁하며 마지막 구절('우리를 시험에 들게 마옵시고 다만 악에서 구하여 주옵소서')은 빼달라 했다. 여기는 연옥 마지막 둘레, 정화의 불꽃안에 있길래 더 이상 죄를 지을 수 없는 곳이기 때문이다. 그는 물고기가 깊은 물을 찾아 들어가듯 불 속으로 유유히 사라졌다.

단테는 방금 소개받은 프로방스 음유시인에게 다가갔다. 그가 기쁘게 말했다.

"나는 아르노라고 합니다. 눈물로 노래하며 어리석었던 지난날을 후

음욕의 죄인들과 불숲 _ 귀스타브 도레 작
그는 물고기가 깊은 물을 찾아 들어가듯 불 속으로 유유히 사라졌다.

회하며 즐거운 앞날을 기다린다오. 이 계단 꼭대기로 당신을 인도하는
위대하신 힘으로 부탁합니다. 때가 되면 나의 시련을 기억해 주시오."

이어 정화하는 불꽃 속으로 숨어 들어갔다. (148)

제27곡

천사 노래속에 화염에 정화되고
잠들어 꿈꾸는 단테

지구 서편끝 스페인의 에브로강은 높은 저울자리 별 아래로 흐르고 동편끝 인도의 갠지스강의 물결은 오후의 열기로 끓어오르는 시간이었다. 연옥에는 날이 저물고 있었다. 하나님의 천사가 단테 일행 앞에 나타났다. 천사는 불꽃을 배경으로 노래했다. 그 목소리는 아름답고 생생하고 밝게 울렸다.

마음이 청결한 자는 복이 있도다. 그들이 하나님을 볼 것이요.

(27곡 8)

거룩한 영혼들이여, 불을 먼저 겪지 않고는
더 나아갈 수 없다. 그러니 불꽃 속으로 들어가
저쪽편 노랫소리에 귀를 기울이라!

(10-12)

불 속에서 불을 겪으라니! 단테는 마치 산 채로 땅에 묻히는 기분이었다. 불꽃을 바라보니 인간의 육신이 타서 죽는 모습이 떠올랐다. 베르길리우스 스승이 말했다.

"아들아, 여기서 고통은 있을 수 있지만 죽음은 없다. 기억하지? 우리가 게리온을 탔을 때 내가 널 보호했거늘 이렇게 하나님께 가까이 왔는데 그보다 덜하겠느냐? 네가 천년을 불꽃 속에 보낸다 해도 머리털 하나 상하지 않을 것이다."

단테가 망설이자 스승이 "아들아, 이 불벽만이 너와 베아트리체를 가르고 있구나!"라고 말했다. 단테는 그녀 이름이 들리자 마음의 완강함이 스르르 녹아 사라졌다. 신화에서 양가의 반대로 비극의 사랑을 나누다가 죽어가던 피라무스가 연인 티스베의 이름을 듣고 눈을 들어 그녀를 보자 핏물이 튀어 오디의 흰 열매를 빨갛게 물을 들였듯 마음 깊은 곳에서 영원히 피어나는 사랑을 느꼈다.

스승이 스타티우스에게 뒤따라 오라하고 단테를 어린애 달래듯이 이끌고 불 속으로 들어갔다. 그 열기가 어찌나 강렬한지 단테는 차라리 끓는 유리에 몸을 식히고 싶을 심정이었다. 자애로운 아버지는 내내 베아트리체 얘기를 늘어놓으며 단테를 타일렀다.

한참을 지나 어디선가 노랫소리에 단테 일행은 이끌리어 어느 오르막길 아래로 나왔다. 그때 최후의 심판날에 그리스도가 하시게 될 말씀이 들려왔다.

성부의 축복받은 자들아, 오너라! 빛 가운데 소리가 퍼져 나왔다.

(58-60)

태양이 이제 지고 밤이 가까웠다.
시간을 허비하지 마라, 너희는
서쪽이 빛을 잃기 전에 서둘러라!

(61-63)

마지막 햇살이 단테를 비추었다. 일행이 겨우 몇 계단 오르자 태양이 등 뒤로 졌다.

밤이 온 하늘에 퍼지기 전에 일행은 각자 계단 하나씩을 침대로 삼았다. 신의 본성이 오르려는 욕망의 힘을 빼앗았기 때문이다.

양들이 배불리 먹고 되새김질하며 휴식을 취하자 목자들이 하늘을 이불삼아 밤을 지새우며 양 떼를 지켜

화염속에 정화하고 연옥 마지막 계단에서 잠든 단테
_ 윌리엄 블레이크 작

주는 것처럼 그러했다. 단테는 양이고 둘은 목자였다. 단테는 바위 틈으로 빛나는 별들을 보며 잠이 들었다. 언제나 사랑의 불꽃으로 타는 듯 보이는 키테레아(비너스, 샛별)가 동쪽 햇살을 산에 막 비추었을 때 단테는 꿈을 꾸었다.

젊고 사랑스러운 소녀가 꽃을 따며 정원을 거닐며 노래를 부른다. "내 이름은 레아, 꽃목걸이를 엮으며 하루를 보냅니다. 내 동생 라헬은 사랑스런 제 눈을 보며 거울 앞에 앉아 하루를 보냅니다. 라헬은 들여다보는 걸, 나는 행하는 걸 기뻐하지요."

단테가 잠을 깨니 베르길리우스 스승님은 벌써 일어나 계셨다. 그가 말씀을 하셨다.

"모든 자들이 찾는 그 값진 열매는 오늘 너의 허기진 영혼에 평화를 줄 것이다."

이보다 더 감격스러운 선물은 정말 받아본 적이 없었다. 서둘러 위로 오르려는 욕망이 거듭거듭 단테의 마음 안에서 자랐다. 걸음마다 날개가 돋아 날아가는 듯했다. 단테와 스승과 스타티우스는 어느새 가장 높은 계단에 서 있었다. 그때 베르길리우스 스승이 단테의 눈을 들여다보며 말했다.

"아들아, 너는 순간과 영원의 불을 보았다. 이제 나로서는 더 이상 알지 못하는 곳에 네가 온 것이란다. 지성과 재주로 널 여기에 이끌고 왔다. 이제부터는 네 기쁨을 안내자로 삼거라. 네 이마를 다시 비춰주는 태양을 보아라. 또 여기 땅에서 저절로 솟아나는 풀잎과 꽃들을, 그리고 작은 숲들을 보아라. 나를 너에게 찾아가도록 눈물로 호소하던 저 아름다운 눈(베아트리체)이 기쁨에 젖어 올 때까지 넌 앉아 있거나 마음대로 거닐어도 좋다."

이젠 내 말이나 눈짓을 기다리지 마라.
너의 의지는 곧고 바르고 자유로우니
그 뜻대로 해야 할 것이다.   (139-141)

너의 머리 위에 왕관과 면류관을 씌운다.   (142)

제28곡

연옥정상 에덴, 꽃을 따며
단테를 마중나오는 마텔다

단테는 아름다운 동산을 둘러보고자 한걸음 한걸음 초원으로 들어섰다. 흙 향내를 실은 감미로운 바람이 단테의 깨끗해진 이마를 스쳤다. 바람을 받은 나뭇가지들이 성스러운 산을 향해 살짝 휘어지고 작은 새들은 가지 끝에 앉아 재롱을 떨고 있었다.

바람의 신 아이올로스가 시로코(지중해에서 부는 따뜻한 바람)를 놓아 보내면 라벤나의 키아시 해변의 소나무 숲 사이로 부는 바람소리가 이곳에 들리는 듯했다.

단테가 느린 걸음으로 오래된 숲에 들어오니 작은 강이 앞을 막았다. 물결은 둑을 따라서 자라난 수풀을 잔잔하게 왼쪽으로 밀어내고 수풀의 짙은 그늘 밑을 흐르고 있다. 강물은 더할 수 없이 투명하였다. 발을 멈추고 강 건너편을 보니 온갖 꽃들이 널려 피어 있고, 한 여인이 꽃들 사이에서 꽃을 따, 노래를 부르고 있었다.

단테가 시를 낭송하듯 나지막히 그녀를 불렀다.

"오 아름다운 여인이여, 마음을 비춰주는 얼굴만큼이나 사랑의 빛으로 따스한 여인이여, 조금만 더 이쪽으로 오셔서 당신의 노래를 들을 수 있게 해 주세요! 당신은 신화의 페르세포네를 떠올리게 합니다."

페르세포네는 제우스와 대지의 여신 데메테르 사이의 딸로 매우 아름다웠다. 꽃을 따다가 그녀의 아름다움에 반한 지하세계의 왕 하데스에게 납치되어 그의 아내가 되었다. 제우스가 중재하여 일년중에 삼분의 이는 지상에서 어머니와 보내게 되었다. 삼분의 일만 지하세계에서 여왕으로 보내게 된다.

그녀는 춤을 추듯 시냇물이 살짝 적시는 풀섶에 다가와 단테를 바라보았다. 아들 큐피드 화살에 실수로 맞은 비너스의 눈빛도 그녀보다 찬란하진 않았을 것이다. 그녀는 씨도 없이 자라는 색색의 꽃들을 손에 들고 미소 지으며 입을 열었다.

그대들은 인류의 첫 보금자리이었던 곳에 왔다오. (28곡 77)

"'주님의 세계는 참으로 나를 기쁘게 합니다'라는 시편의 빛이 그대의 마음을 덮은 안개를 걷어줄 겁니다. 무엇이 알고 싶나요?"라고 그녀(마텔다)가 말했다

"연옥에 물이 흐르고 숲이 소리를 내는 것은 내가 들었던 바와 맞지 않다오?"

"내가 그대 마음을 덮고 있는 안개를 걷어 주리다. 최고선이신 하나님께서 인간을 선하게 창조하시고 이곳을 영원한 평화의 증거로 마련해 주셨는데 인간은 잘못을 저질러 이곳에 오래 머물지 못하였다오.

여기가 그 에덴이라오."

"이 연옥산은 지상의 대기순환의 변화를 차단한 곳이나 여기(에덴) 만큼은 최초의 우주운동에 따라 움직이므로 초목은 순수한 공기를 자신 스스로 채우고 공기를 빙빙 돌려 사방에 흩어 보냅니다. 또한 토양은 세상과 달라 여기서는 씨를 뿌리기도 전에 식물은 자라며 그 종의 수가 많아 인간이 볼 수 없는 종들이 열매를 맺고 있습니다.

그대가 보는 이곳의 물은 비가 내리거나 샘이 솟아 생긴 것이 아니라 하나님의 의지로 항상 변함없는 샘에서 두 갈래로 흘러 나간다오."

에덴의 대기와 힘은 자체적으로 순환 발전한다. 그래서 생명도 자연적으로 생성하고 물은 영원히 마르지 않고 순환하며 채워진다. 참으로 신비로운 땅이다. 마텔다는 에덴에 흐르는 두 신성한 강에 대해서 설명했다.

이쪽의 물은 사람의 죄의 기억을 지우는
힘을 지니고 흐르고 저편의 물은
온갖 선행의 기억을 새롭게 한다오.

이쪽은 레테라 불리우고 저편은 에우노에라
불리웁니다. 이쪽과 저쪽을 다 마시기 전에는
그 신비로운 효험을 알 수가 없다오.   (127-132)

"오래 전 시인들이 파르나소스(시와 예술에 영감을 주는 산)에서 꿈꾸는 곳은 바로 이곳이었을 겁니다. 인류의 뿌리는 순수했고 언제나 봄이 이어지고 온갖 과일이 풍성하니, 시인들이 찬미하는 신의 넥타르(신이 마시는 음료)라오."

단테는 재빨리 두 위대한 시인을 돌아보았다. 베르길리우스 스승과 스타티우스 시인이 그녀의 말에 미소를 짓고 있었다.

나는 아름다운 여인에게 얼굴을 돌렸다. (148)

연옥 정상, 지상낙원에 마중나온 마텔다 _ 귀스타브 도레 작

제29곡

일곱 황금촛대와 일곱빛 하늘무대 천사들의 행렬

마텔다는 "허물의 사함을 받고 죄가 가려진 자는 복이 있도다"(시편 32편)라고 노래하며 말을 맺었다. 그리고 둑을 따라 강을 거슬러 걸었다. 단테도 그 우아한 걸음에 맞추었다. 백 걸음을 채 걷지 않아 그녀가 말했다.

"나의 형제여 잘 보고 들으세요!" 그러자,

한줄기 섬광이 강 건너 숲 전체를 휘저었다.
그 빛은 계속 커지고 감미로운 가락이 흘러 나왔다.　(29곡 16-23)

단테는 황홀한 행복감에 젖어들어 시를 부르고 싶은 영감에 사로잡혔다.

헬리콘(뮤즈의 샘)이 나를 위해 샘을 솟게 하고

우라니아(천문 뮤즈)는 뮤즈들과 함께 나를 도와

상상하기 어려운 것들도 시로 옮기도록 해 주시오. (40-42)

　조금 더 있으니 일곱 황금나무같은 일곱 개의 황금촛대가 나타났다. 그리고 "더 높은 곳에 호산나!"를 노래하는 소리가 들렸다. 아름다운 무대가 하늘 한 가운데 떠 있어 보름달보다 더 밝게 보였다. 베르길리우스 스승도 단테만큼 놀라고 있었다.

　그 높이 떠있는 것들이 느리게 단테 일행을 향하여 움직이고 있었다. 행렬에는 흰 눈보다 더 새하얀 옷을 입은 사람들이 따르고 있었다. 맑고 투명한 강물은 단테의 왼편에서 빛을 받아 별처럼 반짝이고 있었다. 황금 촛대의 행렬이 강둑에 이르자 세심하게 살펴보았다.

　하늘에는 일곱 개의 빛 무리로 갈라져 달무리의 빛처럼 은은하게 빛났다. 빛의 깃발 아래 스물네 명의 노인들이 백합화를 머리에 두르고 둘씩 짝을 지어 노래부르며 걸어오고 있었다. "아담의 모든 딸들 중에 그대는 복되도다. 그대의 아름다움은 영원토록 축복받으리!"

　이어 푸른 잎을 머리에 두른 네 마리의 짐승이 뒤를 따랐다. 제각기 여섯 날개를 달고 있는데 깃털은 아르고스(백개 눈 가진 동물)의 눈들이 덮여 있는 듯했다. 성경 〈에스겔서〉와 〈요한계시록〉을 읽으면 바람과 구름과 불과 더불어 추운 곳에서 온 네 마리 짐승들이 있다. 생김새가 각기 사자, 황소, 사람, 독수리 같았다.

　네 짐승들 사이로 바퀴가 둘 달린 개선 전차를 거대한 그리핀이 목에 걸고 끌었다. 그리핀은 두 날개를 위로 높이 펼쳤는데 날개는 높이 솟아 있었다. 새에 해당하는 상반신은 황금빛을 띠고 몸체는 하얀 바탕에 붉은 얼룩이 있었다. 한니발을 물리친 아프리카누스 장군도 아우구스투스 황제도 이렇게 아름다운 전차를 타고 로마를 행진하지는 못했으리라. 태양의 전차도 아마 이보다 못했으리라.

그리핀의 전차 오른편에 춤추며 맴도는 세 여인이 있었는데 각기 빨강·초록·흰색의 옷을 입고 있었다. 빨간 여인의 부르는 노래에 다른 여인들은 박자를 맞췄다. 여기에서 '삼색'은 각기 사랑·소망·믿음을 상징하며 현재 이탈리아 국기의 색이기도 하다.

그리핀의 전차 왼편에는 경쾌한 춤을 추는 네 여인이 자주색 옷을 입고 있는데 세 개의 눈을 가진 여인이 춤을 이끌고 있었다.

두 노인이 춤추는 여인들을 의젓하게 뒤따랐다. 한 노인은 위대한 히포크라테스의 제자인 의사 누가(복음서와 사도행전 저자)처럼 보였고, 다른 노인은 두려움을 주는 날카로운 '성령의 검'을 쥐고 있는 사도 바울처럼 보였다. 뒤이어 소박한 모습을 한 네 노인인 베드로, 야고보, 요한, 유다가 따르고 맨 마지막엔 어떤 영감을 받은 표정을 한 노인이 있었다. 여기서 '소박한 모습'이란 얇은 분량의 성서를 쓴 것을 비유하며, '영감을 받은 표정'이란 계시록을 쓴 요한의 모습을 상징한다.

이들 일곱 노인들은 앞서 간 스물네 명의 노인들과 똑같은 하얀색의 옷차림이지만 머리에는 백합이 아니라, 장미꽃과 다른 빨간 꽃들을 두르고 있었다. 마치 머리에 불꽃을 두르고 있는 것 같았다. 백합의 흰색은 믿음을, 잎사귀의 푸른색은 소망을, 장미의 붉은색은 사랑을 상징하고 있다.

전차가 내 가슴 앞에 이르렀을 때

천둥소리가 들렸고, 저 고귀한 무리는
더 나아가는 것이 금지된 듯, (151-153)

맨 앞의 깃발들과 함께 그 자리에 멈추어 섰다. (154)

지상낙원 그리핀의 전차와 춤추는 일곱 여인들

제30곡

오래된 불꽃의 포적,
베아트리체를 상봉하는 단테

　일곱 개의 별(촛대)이 행군을 멈췄을 때 그리핀과 그 빛들 사이에 위치한 백합화를 머리에 두른 스물네 명의 노인들은 전차를 향해 섰다. 노인들중에 누군가 "신부여 오소서! 레바논에서!"라고 세 번 노래하자 다른 목소리들이 뒤이어 노래했다.
　마치 죽은 자들이 최후의 나팔소리에 무덤에서 일어나 "할렐루야!"라고 노래하며 새 목소리를 드높이듯이 그 목소리에 맞추어 하나님의 사자이며 일꾼들인 백명의 영혼들이 하늘의 전차에서 일제히 일어섰다.

모두가 "오시는 이여, 복되도다!"라고
외치면서 꽃을 공중으로 던지고, 또
"백합을 우리 손 가득히 주소서!"라고 외쳤다.　　　(30곡 19-21)

　하루가 시작되면서 장밋빛 햇살이 동편 하늘을 온통 물들이자 뿌연

안개의 너울에 가린 태양의 얼굴을 바라볼 수 있었다. 천사들이 던져
쏟아져 내리는 꽃들의 구름 속에서 한 여인이 모습을 드러냈다.

그녀는 하얀 너울 위에 올리브 관을 쓰고
푸른 망토 아래 영혼한 불꽃의 붉은색 옷을 드러냈다. (31-33)

천사들에 둘러싸여 하늘에서 내려오는 베아트리체 _ 귀스타브 도레 작

단테는 그녀의 신비와 권능에 압도되어 어릴 적 지녔던 사랑의 힘을 다시 느꼈다. 왼편으로 돌며 베르길리우스 스승에게 말했다.

내 핏줄 속에 떨리지 않는 피란
한 방울도 내게 남아 있지 않습니다.
저는 오래된 불꽃의 표적을 보고 있습니다.   (46-48)

그러나 베르길리우스 스승은 이미 홀로 여기를 떠나 사라졌었다. "더없이 따스한 아버지, 제 영혼을 맡겼던 스승이여!"라고 외치며 단테는 이슬로 뺨을 씻었다. 눈물로 얼룩지는 단테를 보며 베아트리체가 처음으로 말을 했다.

단테여, 베르길리우스가 그대를 떠났다 해도
아직은 울지 말아요. 아직은 울지 말아요.
그대는 또 다른 칼 때문에 울어야 할 테니.   (55-57)

단테가 자기 이름을 부르는 소리에 몸을 돌려 보니, 전차의 왼편에서 제독처럼 솟아오르는 한 여인이 보였다. 처음에는 천사의 꽃 세례를 받고 나타나더니 이제 강 건너에서 홀로 단테를 응시하고 있었다. 미네르바의 잎들을 두른 머리에 드리워진 너울로 얼굴을 가린 채 말을 이었다.

날 보세요! 난 정말 베아트리체여요

그대는 마침내 이 산을 올랐군요! 여기에
인간의 모든 복이 있는 것을 이제 아시겠나요? (73-75)

베아트리체가 말을 멈추자 천사들이 〈시편〉 31장 "여호와여 내가 주께 피하오니"를 노래하였다. 천사의 노래를 듣자 단테는 그 감미로운 노래가 마치 "여인이여, 왜 그를 꾸짖나요?"라고 감싸주는 듯한 연민을 느꼈다. 그녀는 경건하게 서있는 천사들을 향해 말문을 돌렸다.

"당신들의 눈은 영원한 낮처럼 깨어 있으니 밤이건 잠잘 때이건 세상의 어느 하나도 숨길 수 없지요. 그래서 하늘의 운행을 통해서만 모든 씨앗이 별과 동행하며 자기의 목적지로 가지만, 이 사람은 하나님의 충만한 은총을 통해서 이른 나이에 능력을 받았지요. 내가 그를 도와 곧장 이르는 길(구원)로 인도했어요.

그러나 내가 삶이 바뀌어 하늘로 온 뒤로 이 사람은 날 잊고 다른 사람들을 의지하며 방황하였다오. 나는 더 아름답고 더 많은 덕을 지니게 되었지만 이 사람은 나를 덜 사랑하고 세상의 그릇된 표상들만 따랐다오."

베아트리체는 나이 25세에 죽어 그녀의 삶은 지상에서 천국으로 바뀌었다. 그녀는 천국에서도 높은 자리에 위치하기에 성모마리아에게 직접 간청하여 단테를 위한 놀라운 여행을 준비한 것이다.

"나는 기도했어요. 그의 꿈을 통해 영감이 가도록 했지만 그는 정말 무심하였다오. 그가 지옥의 심연으로 빠질 위기에 처하자 나는 급히 지옥 림보에 내려가서 베르길리우스님에게 그를 여기까지 인도하도록 눈물로 부탁했던 겁니다.

그가 눈물로 쏟아지는 참회의 댓가를

치르지 않고 레테의 강을 건너고

그리고 그 달콤한 물을 마신다면,   (142-144)

하나님의 지고한 법이 깨어질 것이라오."   (145)

제31곡

베아트리체의 질책과 레테의
물을 마시는 단테

레테의 강 건너 편에 서 있는 베아트리체는 곧바로 말을 이었다.

말해 보세요. 내 말이 맞나요?
내가 이렇게 그대를 생각한 만큼 솔직히 답해야 하오. (31곡 5, 6)

단테는 온몸이 마비되어 목과 입술을 움직여 보았지만 단 한 음절도 새어 나오지 않았다. 그녀는 멈추지 않았다.
"뭘 그렇게 생각하나요? 그대의 쓴 기억이 아직 이 강물로 지워지지 않았으니 대답하세요!"
단테는 가까스로 "네"라고 말했으나 무거운 짐에 눌려 눈물과 한숨을 터트리고 제풀에 목소리마저 사그라져 버린 것이다. 그때 그녀가 말했다.
"하나님의 선을 사랑하도록 그대를 바로잡아 주던 나를 무슨 웅덩이들이 가로막았기에 모든 희망을 그렇게 버려야 했나요? 어떤 이득과 현혹이 사람들의 이마에 보였기에 그들을 그렇게 쫓아 다녔나요?"

단테가 울먹이며 말했다.

"당신의 얼굴을 더 이상 볼 수 없게 된 뒤로 허망한 즐거움이 나를 방황케 했습니다."

"죄의 고백이 죄인의 입술에서 나올 때 우리의 법정에서는 칼날이 숫돌에 거꾸로 갈리듯 죄가 가벼워집니다. 그대가 진정 죄를 부끄럽게 느끼니 이제 그만 눈물을 거두고 내 얘기를 들어 주세요. 어떤 예쁘장한 계집아이나 헛된 것에 그대 날개를 꺾지 말았어야 했어요. 그댄 세상 유혹에서 벗어나 영원한 생명을 누리는 천국을 사모해야 했습니다."

단테는 부끄러워 고개를 바닥에 처박고 뉘우치는 어린애처럼 그렇게 서 있었다.

그러자 베아트리체가 말을 이었다.
듣기만 해도 괴로우면 수염을 들어 보세요
그리고 날 보면 더 큰 괴로움을 맛볼 거예요.   (67-69)

단테는 얼굴을 수염이라 불렀을 때 그녀의 말에 비난이 있음을 느꼈다. 얼굴을 슬며시 들어 보니 최초의 피조물인 천사들이 보였다. 눈길을 다시 돌려 보니, 베아트리체는 그리핀을 마주하고 있었다. 그녀는 너울을 쓰고 강 건너편에 있었다. 지상에서보다 더 사랑스러워 보였다. 단테는 아찔하여 기절하고 말았다.

잠시후 단테가 정신을 차리고 눈을 뜨니, 처음에 마중나왔던 여인

마텔다가 몸을 구부리고, "팔을 뻗어 날 붙드세요 단단히!"라고 말하더니 단테를 강으로 끌고 가서 목까지 잠기게 했다. 강둑에 이르자 〈시편〉 51편의 감미로운 노랫소리가 들렸다.

마텔다의 부축으로 레테의 강에 몸을 담근 단테 _ 귀스타브 도레 작

"아스페르제스메, 나의 죄를 씻어 주소서 내가 눈보다 희리이다."

그 사랑스런 여인은 팔을 벌려 나의 머리를
껴안고 강물 속으로 깊숙이 잠기게 했으니
나는 자연스레 성스러운 물을 마시었다. (100-102)

그리고 단테를 물에서 끌어내 자주색 옷을 입고 있는 네 명의 여인들이 춤추는 곳으로 안내했다. 그들은 단테의 손을 잡으며 환영하여 주었다.
"우리는 님프, 하늘에서는 별입니다. 베아트리체가 세상에 내려가시기 전에 우리는 그녀의 시녀로 정해졌지요."
그리고 단테를 그리핀의 가슴까지 데려다 주었다. 베아트리체는 이제 단테를 향하고 있었다. 그들이 말했다.
"눈을 아끼지 말고 잘 보세요! 당신에게 사랑의 화살을 쏘았던 에메랄드 같은 눈 앞에 당신을 데려왔어요."
이어 각기 빨강, 초록, 흰색의 옷을 입고있는 세 여인이 고귀한 자태로 나타나 천사의 곡조에 맞추어 춤을 추며 노래를 불렀다.
"베아트리체여, 그 거룩한 눈을 그대에게 충실한 자에게 돌리세요. 그대를 보러 먼 곳에서 온 사람이잖아요! 부디 은총을 베푸시어 그에게 당신의 입술을 보여 주시길, 당신의 두 번째 아름다움(구원의 빛)을 보게 하세요."

아, 끝없이 살아 있는 빛의 광채여

지상낙원에서 춤추는 세 여인, 믿음 소망 사랑 상징 _ 귀스타브 도레 작

당신이 내 앞에 마침내 모습을
드러냈을 때 당신을 가린 것은 오직

그 조화로운 하늘뿐이었으니, 파르나소스의
샘물을 마음껏 마시고 그 산의 그늘 아래
쉬는 시인이라 해도 어떻게 당신을 (139-144)

눈 앞에 비친 대로 그려 낼 수 있단 말인가? (145)

제32곡

에덴의 성극 '황금깃털',
창녀와 거인과 타락한 교회

단테는 십여 년의 갈증으로 베아트리체를 하염없이 바라보았다. 오직 눈에 들어오는 그녀 모습만 있을 뿐 다른 감각들은 모두 꺼진 듯했다.

그녀의 거룩한 미소에 이끌려
옛날 사로잡던 그 친근한 매력에 도취되어 버렸다.   (32곡 4-6)

옆에 있던 여인들의 소리가 들렸다. "그렇게 뚫어지게 보면 눈병이 납니다."

단테는 일곱 개 촛불들과 햇살을 받으며 오른편으로 돌아가는 그 영광스러운 행렬을 보았다. 군대가 퇴각 시 선두가 깃대를 따라 돌 듯이 전차가 방향을 틀기 전에 일곱 개의 황금 촛대부터 스물네 명의 장로가 앞을 지나쳐 갔다. 일곱 여인들이 바퀴 양 옆으로 자리를 잡자 그리핀은 거룩한 전차를 깃털 하나 흔들림 없이 끌었다.

스타티우스와 단테 그리고 아리따운 마텔다는 나아가는 바퀴의 뒤를 따랐다. 뱀에게 귀를 기울였던 여인(하와)의 죄로 이제는 황폐해진 숲을 가로지르며 하늘의 노래곡조에 맞추어 걸었다. 시위를 떠난 화살이 미치는 거리보다 세 배가 될 만큼 걸었을 때 베아트리체는 전차에서 내렸다.

여인들이 일제히 안타까운 소리로 "아담!"의 이름을 부르며 가지마다 잎과 열매가 다 떨어진 선악과 나무를 에워쌌다. 나무는 인도의 밀림에서도 우뚝 솟을 만큼 높았는데, 위로 갈수록 더욱 넓게 퍼진 모양을 하고 있었다. 한 장로가 외쳤다.

그리핀이여, 이 맛있는 나무를 부리로
쪼지 않았으니 그대는 축복받으셨나이다.
이것을 맛보는 자는 고통을 받을 것이니.　　　　　　　(43-45)

또 다른 장로가 화답했다. "모든 정의의 씨는 이렇게 보존되느니라!"
그리핀의 선과 축복은 선악과를 따먹은 아담과 달리 하나님의 명령에 순종한 예수 그리스도를 칭송하는 상징이다.

태양은 강렬한 빛을 뿜어내고 초목은 무성히 자라는 계절이라 나뭇가지에는 오랑캐꽃보다 진한 꽃이 피어나오고 있었다. 단테는 천사들의 감미로운 소리에 취해 스르르 잠이 들었다. 꿈속을 헤매던 단테를 마텔다가 흔들어 깨웠다. 단테는 깨어나 베아트리체를 찾았다. 마텔다가 말했다.

"베아트리체님은 새로 돋은 잎들 아래 나무둥치에 앉아 계신다오.

전차를 분리하여 괴물로 만든 용과 창녀와 거인

그분을 에워싼 저 일곱 덕성의 여인들을 보세요. 나머지 행렬은 그리핀과 함께 하늘로 오르면서 달콤하고 그윽한 노래를 부르고 있네요."

그녀는 그리핀이 나무에 매어 두었던 전차를 지키고 있었다. 그 곁에는 일곱 님프가 북풍도 남풍도 끄지 못하는 등불을 손에 들고 둘러싸고 있었다. 그녀가 단테에게 말했다. "지금부터 저 전차를 잘 봐두었다가 돌아가서 그대가 본 것을 글로 쓰세요!"

그때 제우스의 새(독수리, 로마 제국)가 재빠르게 돌진하여 새로 돋은 잎사귀며 꽃, 껍질까지 쪼아 망가뜨려 버렸다. 그리고 사정없이 전차(교회)를 들이받았다. 전차는 폭풍우에 휘말린 배처럼 휘청거렸다. 그때를 틈타 말라빠진 여우(사탄)가 영광의 전차로 뛰어드는 것이 보였

연옥편 - PURGATORIO

다. 베아트리체가 죄를 꾸짖으며 세차게 여우를 내쫓아 버렸다.

독수리가 이번에는 전차에 황금 깃털 몇 개를 남겼다.　　(124-126)

로마제국(독수리)이 교회에 세속적인 재화(황금 깃털)를 제공하자 교회는 타락했다. 그러자 애끓는 목소리가 하늘에서 들려왔다. "나의 작은 배여, 불행한 짐을 실었구나!"

그러는 사이 바퀴들 사이로 땅이 열리며 용 한 마리가 나타나 말벌처럼 꼬리를 전차에 찔러 넣고 전차를 근본적으로 분리했다. 또한 전차는 순식간에 깃털들로 덮였다.

그렇게 변한 구조물은 여기저기 머리를 내밀어 일곱 머리가 달린 괴물로 변신했다. 일곱 대죄(교만, 질투, 분노, 나태, 탐욕, 탐식, 음욕)를 상징하는 듯했다.

그 일곱 머리달린 괴물 위에는 논다니(창녀, 교황)가 높은 바위처럼 앉아서 쉴 새 없이 사방을 둘러보자 한 거인(프랑스 왕)이 옆을 지키며 이따금씩 서로 입을 맞추었다. 그러나 논다니가 음탕한 눈을 단테에게 돌렸을 때 그 우악스런 애인은 그녀를 머리부터 발끝까지 후려쳤다.

질투와 잔인한 분노를 머금고 거인은
그 괴물을 풀어서 숲으로 끌고 갔는데
그러나 숲이 날 가로막는 장벽이 되어　　(157-158)

논다니도, 그 이상한 괴물들도 볼 수가 없었다.　　(160)

제33곡

에우노에강 성스러운 물을 마신 단테의 솟는 열망

"주여, 이방인이 왔습니다. 그들이 성전을 더럽히고 예루살렘을 무너뜨렸습니다."

여인들은 눈물을 흘리며 셋이서 넷이서 번갈아 입을 맞추면서 노래를 부르고 〈시편〉 79편으로 성극을 하였다. 베아트리체는 성모 마리아처럼 비탄의 한숨을 내쉬었다.

일곱 여인이 노래를 마치자 베아트리체는 이번에는 〈요한복음〉 16장에서 제자들에게 부활할 것을 말하는 예수처럼 말했다.

"잠시 후에 너희가 나를 보지 못할 것이지만, 또 조금 있으면 나를 다시 보리라!"

그리고 그녀는 일곱 여인을 앞세우고, 남아 있던 현자 스타티우스와 단테 그리고 마텔다에게 눈짓을 하여 뒤를 따르게 했다. 그리로 단테에게 평온한 표정으로 말했다.

"좀 더 빨리 오세요. 그대와 얘기하고 싶으니 더 가까이 오세요. 형제여, 그대는 이제 나와 함께 있는데 왜 아무것도 내게 묻지 않나요?"

단테는 어른 앞에 선 어린애처럼 온몸이 떨리고 혀가 굳어져 말이 나오지 않았다.

간신히 말을 내뱉어 냈다. "여인이여, 당신은 내가 뭘 필요로 하는지 다 아십니다."

이제부터 두려움과 부끄러움에서 온전히 벗어나야 해요.

(33곡 31,32)

베아트리체는 용이 깨드린 그릇에 대한 하나님의 복수가 반드시 있을 것이며 전차(교회)에 탐욕의 깃털을 떨구고 전차를 들이받고 용이 들어오도록 빌미를 준 독수리(로마제국)는 언젠가 회복하여 좋은 후손이 있을 거라 말하였다.

실제로 세속적 재화와 권력에 포로가 된 논나니(교황 보니파키우스 8세)와 교황청을 아비뇽으로 옮긴 죄를 지은 거인(프랑스 카페왕조 필리프 4세)은 서로 치열한 싸움으로 교황은 죽고 유럽은 전쟁의 도가니에 휩싸이게 된다.

베아트리체는 신성한 나무가 두번(아담으로 인한 수난과 독수리로 상징하는 로마제국의 강압)이나 유린당한 모습을 잘 묘사하라 당부했다.

"아담은 이 열매를 맛본 죄로 '죄를 몸소 짊어질 그분(예수)'을 림보에서 오천년을 갈망하였지요. 이는 하나님의 정의를 상징하는 선악과에 대한 교훈이 깃들어 있음을 볼 수 있지요. 단테여, 지금은 정신이 위축되어 다 기록하긴 힘들지만 순례자들이 지팡이에 종려잎을 감고 돌아가듯이, 순례의 여정을 몸에 그려서라도 가지고 가시기 바랍니다."

그리하여 마치 도장을 새기는 초가
그 위에 새겨진 형상을 바꾸지 않는 것처럼
나의 머리가 이제 그대에 의해 새겨졌습니다. (79-81)

"그런데 당신의 말은 내 정신을 넘어 어찌그리 높이 날아오르는지요? 내가 따라갈수록 시야에서 멀어져만 갑니다."
"세상의 학문으로는 천국의 교리를 이해할 수 없다오. 하늘이 땅보다 높음같이 사람의 길은 하나님의 길에서 멀리 있기 때문입니다. 그대는 오늘 레테의 물을 마셔서 땅의 세상을 망각하였기에 이제 하늘의 길을 잘 볼 수 있다오. 지금부터는 내 말이 그대에게 벌거벗은 듯 명석해질 겁니다."
그때 앞장서서 걷던 베아트리체가 잠시 멈추자 일곱 여인들도 발을 멈추고 푸른 잎새와 거뭇한 가지 밑에 흐르는 차가운 강물을 바라보며 섰다.

강물은 그들 앞에서 유프라테스강과
티그리스강이 하나의 샘에서 흘러나오듯
이별을 꺼리는 친구처럼 흐르고 있었다. (112-114)

"오 빛이여, 인류의 영광이여, 한샘에서 흘러나와 갈려 나가는 이 강

에우노에 강물을 마시는 단테 _ 귀스타브 도레 작

은 무엇입니까?"

"아, 우리 앞에 흘러가는 에우노에강을 보세요. 마텔다여, 여기 이 사람을 데려가서 늘 그대가 해온 것처럼 약해진 그의 힘을 다시 소생시키세요!" 마텔다는 단테의 손을 잡고 스타티우스에게 우아하게 말했다. "당신도 함께 오세요!"

독자여, 너 적어나갈 자리를 넉넉히 가졌다면
마셔도 마셔도 성이 풀리지 않을 정도로
달콤한 물에 대해 별도로라도 더 노래하련만

그러나 이 둘째 찬가에 한정지어진
모든 종이들이 가득가득 차고 말았기에
예술의 고삐가 나를 더 가게 놔 두질 않는구료.

이 더없이 성스러운 물에서 돌아왔을 때
새로 돋아난 잎사귀와 새로와진 나무처럼
나는 다시금 순수하게 살아나서

별들에게 솟아 올라갈 열망을 가다듬었다. (145)

단테 판타지아 신곡

천국편
PARADISO

❖

단테가
천국에서 보내는
빛의 메타피직스!

THE EMPYREAN
지고천 엠피레오
PARADISE

IX. CRYSTALLINE SPHERE. THE PRIMUM MOBILE
원동천

VIII. SPHERE OF THE FIXED STARS
THE ZODIAC
항성천

VII. SPHERE OF SATURN
토성천

VI. SPHERE OF JUPITER
목성천

V. SPHERE OF MARS
화성천

IV. SPHERE OF THE SUN
태양천

III. SPHERE OF VENUS
금성천

II. SPHERE OF MERCURY
수성천

I. SPHERE OF THE MOON
월성천

FIRE
EARTHLY PARADISE
AIR
HEMISPHERE OF WATER
HEMISPHERE OF EARTH

제 1 곡

중력을 벗은 단테와 베아트리체의
첫 우주여행

온 만물을 운행하시는 하나님의 영광은 우주에 가득 찼지만 어느 부분은 더하고 어느 부분에서는 덜하다. 단테는 그분의 가장 위대한 하늘, 엠피레오에 와 있었다. 단테는 참으로 말로 다 표현할 수 없는 것들을 보았다. 지성이 목표를 달성했다고해서 모두다 기억할 수는 없는 것이지만, 단테는 이제 마음에 최대한 간직해온 하늘의 성스러운 세계를 노래하려 한다.

> 위대한 아폴론이여! 당신의 재능과 당신이 사랑하는
> 월계관을 받을 수 있는 그릇으로 만들어 주소서!　　(1곡 13-15)

단테는 〈지옥편〉을 쓸 때 뮤즈들을 불렀고, 〈연옥편〉을 쓸 때는 뮤즈들을 부르며 그 중 서사시를 관장하는 칼리오페를 찾았다. 이제 천국편을 쓰면서 마지막 소명을 위해 시와 태양을 관장하는 아폴론을 직접 찾는다. 아폴론은 제우스의 적자이다. 제우스가 절대자 하나님을 상징하듯, 아폴론은 예수님을 상징한다.

"선하고 지혜로우신 아폴론이여, 지금까지는 파르나소스의 한 봉우리(아홉뮤즈가 사는 '니사')로 충분했지만 이제는 당신의 봉우리 '치르라'도 지녀야겠습니다. 나의 가슴에 숨을 불어넣어 주소서! 당신에게 대항한 마르시아스(반인반양, 피리의 고수)를 굴복시켰던 것처럼 당신의 놀라운 힘을 내게 주소서. 내 몸과 마음에 새겨온 왕국의 그림자라도 그리게 해 주소서!"

단테는 오비디우스의 〈변신이야기〉에 나오는 월계수를 비유하며 아폴론을 찬양한다.

"나를 당신의 기쁜 나무(다프네가 변신한 월계수)로 가서 푸른 월계관을 쓰게 해 주소서! 그러면 페네오스(강의 신, 다프네의 어머니)의 잎사귀는 델피의 신(아폴로) 안에서 새로운 즐거움을 키울 것입니다."

〈천국편〉 시작이다. 베아트리체는 눈을 태양으로 쳐들고 정면으로 응시하고 있었다. 단테는 그녀의 행동에 끌려 그녀처럼 태양을 정면으로 바라보았다. 지상에서는 안 되는 일인데 도가니에서 이글거리는 불똥이 튀어나오는 태양을 오래 견딜 수 있었다.

어느덧 태양이 태양에 포개지는 듯 보였다. 단테의 몸이 하늘로 떠오르더니 어느새 지구의 대기를 통과하고 불의 하늘로 진입했다. 베아트리체는 저 영원한 바퀴들(겹겹 하늘)을 바라본다. 단테의 몸은 하늘에 오를 수 있도록 변신하였다. 마치 어부 글라우코스가 마법의 해초를 먹으며 바다의 신으로 변신할 때의 느낌이 이러했을까?

하늘을 다스리시는 사랑이시여,
당신은 당신의 빛으로 나를 끌
어올렸으니, 맨 나중에 창조하
신 그것으로 내가 되었는지 당
신은 아십니다. (73-75)

단테는 사랑을 갈망하며 회전하는 위대한 하늘과 활활 타는 태양의 불꽃에 싸인 거대한 우주를 보며 처음으로 느끼는 강렬한 빛과 소리에 대하여 알고자하는 욕망에 사로잡혔다. 베아트리체는 단테의 동요하는 마음을 읽고 말했다.

베아트리체를 바라보는 단테
_ 가브리엘 로세티 작

"그대는 쓸데없는 생각으로 볼 수 있는 걸 못보는구려. 아직 세상에 있다고 생각마오! 그대는 내리치는 우레와 번개보다 빨리 천국에 오르고 있다오."

단테는 빛과 소리에 관한 의혹을 벗었지만 또 다른 의문이 생겨서 질문했다.

"이 가벼운 대기와 우주의 하늘을 내가 어떻게 넘을까요?"

모든 것은 분리되어 있지만 하나의 질서를 따르니
이는 하나님을 닮은 우주의 형상이지요. (103-105)

천국편 - PARADISO 349

거기서 하나님의 숭고한 피조물들은
영원한 힘이신 하나님의 자취를 봅니다.
그것이 우주가 지향하는 목표랍니다.   (106-108)

"피조물들은 이러한 질서 속에 서로 적절한 거리를 두고 각자의 위치를 유지합니다. 존재의 바다를 가로질러 다양한 항구들로 퍼져 가면서 제각기 본능을 지킵니다. 이 본능은 달을 향해 불을 가져가고 피조물의 심장을 움직이는 힘이 됩니다. 지성이 없는 피조물이나 지성을 지닌 피조물들 모두 그 본능의 활의 당겨진 힘을 체험합니다."

우주는 중력과 전자기력 등의 힘이 조화를 이루고 실제 아인슈타인의 '상대성 이론'에 따라 질량과 에너지의 법칙으로 운행된다. 모든 것은 하나님의 섭리이다. 서로 조화를 이루며 운동한다. 동·식물은 그들의 생명의 심장을 움직이는 본능의 힘을 갖게 된다.

이상하게 여기지 마세요. 그대가
우주로 날아오르는 것은 산에서 밑으로
흘러내리는 시내물과 다르지 않다오.

그대가 중력에서 벗어났는데 아래에 머문다면
그것이야말로 살아있는 불빛이 세상에서
웅크리고 있는 것처럼 이상한 일이지요.   (136-141)

그리고 그녀는 시선을 하늘로 향했다.   (142)

제2곡

우주의 힘과 운행원리, 베아트리체의 안내

'본능의 힘'과 '번개보다 빠른 비행'에 대한 베아트리체의 설명을 듣고 단테는 황홀한 마음으로 천국을 향한 신비로운 비행을 시로 지었다.

"듣고 싶은 마음 간절하여 자그마한
쪽배에 있는 그대들이여, 노래 부르며
저어 나가는 나의 배 뒤를 따르오.

내가 스쳐 지나는 물은 일찍이 아무도 건넌 바 없고,
미네르바가 영감을 주며 아폴론은 날 이끌고
아홉 뮤즈들은 북두를 나타내 준다오."　　　　　　　　　　(2곡 1-9)

천사의 양식을 찾아 천국을 향하는 영혼들의 갈망은 마치 황금 양털을 찾으려 콜키스로 향해 바다를 건너는 이아손과 아르고 원정대원들의 경탄과 비슷했을 것이다.

단테는 줄곧 베아트리체를, 베아트리체는 하늘을 보고 있었다. 삽시간에, 시위를 떠난 활이 공중에 머무는 시간보다 짧은 사이에 신비한 힘이 단테를 온통 사로잡는 곳에 와 있었다. 베아트리체가 단테를 향해 기쁜 낯으로 말했다.

첫 번째 별로 오르게 하신 하나님께 감사하라.   (29, 30)

영원한 천상의 진주(달)가 두 사람을 받아 들이는 모양은 마치 물이 빛을 받으며 온전해진 것 같았다. 단테가 이곳에 오게 해 주신 하나님께 감사하며 베아트리체에게 물었다. "달의 표면에 난 검은 자국들은 무엇인지요, 카인의 그림자와 연관있나요?"

"모든 인식은 감각에서 시작하는데 우주는 감각의 열쇠가 열지 못하는 곳에서 사람은 잘못 판단합니다. 감각 뒤에 머무는 이성이란 날개가 짧답니다." 라고 말하며 단테에게 반문했다. "그러면 그대는 뭐라고 생각하는가요?"

단테가 대답했다. "다르게 보이는 것은 짙고 옅은 물질이 빚어내기 때문이라 봅니다."

"그대는 오류에 빠져 있어요. 여덟 번째 하늘인 항성천은 수많은 빛들로 환한데 달과 마찬가지로 그 빛들은 그 성질이나 양에서 차이가 납니다. 그것은 하나님께서 다양한 덕들을 다양한 원리로 빛을 내리시기 때문입니다."

우주의 힘과 운행원리를 설명하는 베아트리체 _ 조반니 디 파올로 작

우주의 원리는 아리스토텔레스가 말하는 질료의 원리로만 설명할 수 없고 하나님의 본성(신성)에 따른다고 결론을 내렸다. 그리고 베아트리체는 화제를 돌려서 말했다.

나는 이제 반짝이는 별처럼 초롱초롱한 진실을 보여 주겠어요.

(111)

"하나님의 평화로 충만한 가장 높은 하늘 지고천(엠피레오)은 힘을 만들며 영원히 도는 원동천(아홉 번째 원)을 품고 있는데 그 에너지는 자체를 포함한 우주의 모든 운동을 만듭니다. 원동천 바로 아래에 수많은 별들을 거느리는 항성천(여덟 번째 원)의 뭇별들에 그 힘을 퍼지게 합니다. 그렇게 다음 하늘들은 차례로 가지가지 색다른 모양을 지니면서도 가장 높은 지고천의 본성을 줄곧 유지합니다. 이렇게 단계별로 밑으로 진행합니다."

 거룩한 하늘들의 운행과 그 힘이
 축복받은 원동자들의 기운을 받아야 하는 것은
 망치의 재간이 대장장이에게서 나온 것과 같아요.   (127-129)

사람의 몸도 우주의 운행원리에 따른다. 고귀한 영혼의 기운이 인체의 각 기관에 퍼져서 갖가지 기능을 다하게 된다.

 기쁨의 본성에서 나오는 이 덕(기운)이
 축복받은 몸을 만나 빛나는 것은
 행복이 살아있는 눈을 통해 빛을 내는 것과 같아요.   (142-144)

"짙고 옅음에서가 아니라 바로 이 덕의 기운에서 빛의 그러한 차이가 나옵니다. 이것이 어둠을 주기도 하고,

 빛을 주기도 하는 형상의 원리입니다."   (148)

제3곡

월성천, 서원을 못 다 이행한 영혼이 머무는 첫하늘

한때 단테의 가슴을 뜨겁게 했던 베아트리체가 천국의 여인이 되어 하늘의 진리를 잘 설명하는 모습을 보고 감격하여 단테는 그간 저지른 잘못을 그녀에게 고백하려 고개를 들었다. 그때 마치 거울에 비친 것처럼 얼굴들이 어른거렸다. 단테는 실물이 누구인지 보려고 몸을 뒤로 돌렸다. 아무도 보이지 않았다. 단테는 다시 길잡이의 광휘로 눈을 돌렸다. 베아트리체는 거룩한 눈에 미소를 가득 지으며 말했다.

"그대의 순진한 반응에 내가 웃었다고 놀라지 마세요. 그대는 천국에 있으면서도 발로 땅에 버티고 서려고 하는군요. 헛된 망상을 지닐 때 그러하듯 그대는 아직 반대로 가고 있어요. 그대가 지금 보고 있는 것은 실체들입니다. 서원을 어겼기에 하늘 중에서 가장 낮은 월성천에 있답니다. 자, 그들과 대화해 보세요."

단테는 비로서 실체를 확인하고 난 후, 말하고 싶은 마음이 가장 커

보이는 영혼에게 다가가 말을 꺼냈다.

"오, 축복받은 영혼이여! 영원한 삶의 빛 속에서 맛보지 않고는 알 수 없는 평화와 달콤함을 즐기시는군요. 당신은 누구시고 당신의 운명은 무엇인지 말해 주시겠어요?"

"나는 살았을 때 동정녀 수녀였어요. 당신이 기억을 잘 더듬어 보면 이렇게 아름다워진 나를 알아볼 수 있어요."

맞아요. 난 피카르다입니다
가장 느린 하늘에서 축복을 받은 자들과 함께 있어요. (3곡 49-51)

이렇게 낮은 하늘에 있는 우리의 운명은
우리가 스스로 맺은 서원을 소홀히 하고
어느 정도에 미치지 못했기 때문이라오.   (55-57)

단테는 그녀를 알아보았다. 피카르다 도나티는 연옥에서 만났던 단테의 친구 포르세 도나티의 여동생이다. 그와 여동생 안부를 나누기도 했었다. 그녀에게 말했다.

"당신의 얼굴은 묘사하기 어려운 성스러움으로 빛나는군요. 옛 모습과 많이 변했어요. 당신들은 여기 하늘에서 참으로 행복해 보이지만 하나님의 사랑을 더 받고자 더 높은 하늘로 오르고 싶지는 않은가요?"

그녀는 다른 영혼들과 부드러운 미소를 지으며 마치 사랑의 첫 번째 불길로 타는 듯 보였다.

"형제여, 하늘의 사랑으로 우리는 우리의 의지를 가라앉히고 가진

월성천, 수녀의 서원을 못 이룬 피카르다와 코스탄차 _ 조반니 디 파올로 작

것만 바랄 뿐 높은 걸 탐하지 않습니다. 더 높이 오르려는 것은 하나님의 뜻에 맞지 않는 것입니다. 이곳에 있다는 것은 하나님의 사랑과 의지 안에 있는 것입니다."

단테는 최고 하늘에서 내리는 은총의 빛이 각 하늘의 층마다 동등하게 비추지는 않아도, 어느 곳이나 하나님의 사랑으로 가득한 천국이라는 것을 이해할 수 있었다.

단테는 피카르다에게 서원을 다 못 이루고 미완성의 옷을 입게 된 이유를 물었다.

"나는 어릴 때부터 속세를 떠나 수녀원에 들어가 평생 수녀원장님의 옷 속에서 그분의 가르침을 따르리라 맹세했지요. 그런데 선보다 악에 익숙한 자들에 의해 납치되어 서원을 더 이행할 수 없었지요. 그 뒤 내 삶을 오직 주님이 다 아십니다."

피카드라는 옆에 있는 유명한 영혼, 코스탄차의 사연을 소개하였다. 그녀 역시 수녀였지만 신성로마제국 황제 하인리히 6세와 정략적으로 결혼하도록 강요를 받아 황후가 되어 수녀를 포기하였다고 한다. 여기까지 말을 끝내고 그녀는 단테에게 아베마리아를 노래해 주면서 깊은 물속에 무거운 물체가 가라앉듯이 사라졌다.

피카드라가 보이지 않을 때까지 내 눈은
그녀를 따라가고 있었다. 이윽고 내 눈이
소망의 더 큰 과녁으로 향했다.

베아트리체에게서 얘기들을 더 듣고 싶었다.
그러나 그녀의 빛이 너무나도 눈부셨기에
나의 눈이 견뎌 내지 못하였다. (124-129)

그래서 묻는 것을 주저하게 되었다. (130)

제4곡

플라톤의 영혼선재설과 회귀설을 반론하는 베아트리체

단테는 월성천에서 두 가지 의문을 품게 된다. 베아트리체가 우물쭈물하는 단테의 모습을 보고 느부갓네살의 분노를 막으려는 다니엘의 표정을 지으며 말했다.

"당신은 두 가지를 알려는 소망이 넘쳐 숨도 내쉬지 못할 지경처럼 보이네요."

단테가 품는 두 가지 의문에 베아트리체는 내용을 아는 듯 하나하나 답했다.

플라톤 말대로 죽은 후 영혼들은 자기 별로 돌아가는가?

(4곡 22, 23)

"하나님은 가장 좋아하는 천사 세라핌과 모세, 사무엘, 요한 그리고 성모 마리아마저 다른 곳이 아닌 여기 영혼들과 함께 천국에 있습니다. 낮은 하늘 월성천에 영혼들이 머무는 이유는 축복됨이 낮음을 보이기 위해서 입니다. 성서도 사람들의 지력에 맞추어 손과 발을 지닌 하나님으로 묘사하고 가브리엘, 미가엘, 라파엘 대천사장들도 인간 모습으로 하나님 뜻을 전하는 것도 이 때문입니다."

베아트리체는 플라톤의 〈티마이오스〉가 '영혼선재설'을 주장하며 하늘의 영혼들의 존재에 대하여 말하는 것은 보다시피 실제 보는 것과 모순된다고 말했다. 하나님께서 인간을 흙으로 빚어 창조할 때 그때 영혼도 함께 불어넣어 주기 때문이다. 베아트리체는 반론을 이어갔다.

"플라톤은 사람이 세상에 태어나면서 자연에서 형상을 받을 때 영혼 자신의 별에서 쪼개져 나간 후 함께 살다가 사람이 죽게 되면 그 별로 다시 돌아간다고 말합니다. 그의 주장은 문학적, 철학적인 양상도 담고 있으니 존경받을 만한 점도 있겠지요. 사람들이 이 원리를 잘못 이해

영혼선재설과 회귀설을 주장한 플라톤

하여 별에 제우스나 머큐리, 마르스 등의 이름을 붙이며 세상을 혼란스럽게 합니다."

. 선을 향한 의지가 타인의 폭력으로 공적 가치가 깎이는가?

(19-21)

단테가 월성천의 영혼과 대화하며 생긴 두 번째 의문에 그녀가 이어서 답했다.
"바람이 불어도 불은 타오르는 것이 자연스럽듯이 선한 의지는 원하기만 하면 굴복하지 않을 수 있습니다. 따라서 크든 작든 의지를 굽히면 폭력이 뒤따르는 법입니다. 피카르다 수녀나 코스탄차 수녀도 치열하게 의지를 세웠다면 수녀원으로 피신할 기회를 찾았을 겁니다. 그들은 대신에 폭력에 타협한 것입니다."
베아트리체는 단테가 품은 두가지 의문에 답하며 논쟁을 마쳤다. 그리고 이어 인간의 '절대의지'와 '조건(상황)의지'에 관하여 그녀의 지론을 펼쳤다.
"형제여, 더 큰 위험을 피하기 위하여 마음을 거스르면서 해서는 안 될 일을 하게 되는 경우가 많습니다. 이를테면 아버지의 유언에 마음이 이끌리어 어머니를 살해한 알크마이온의 행위를 생각해 보세요. 그의 어머니는 보석에 눈이 멀어 남편을 전쟁의 죽음으로 몰았었지요."

그렇다고 절대의지가 불의에 타협하는 것은 아니지만
다만 불의를 뿌리쳐도 더한 그릇된 고통만 더할 것을

뻔히 알기에 그런 행위 만큼만 동의하는 셈이라오.　　　(109-111)

단테는 그녀의 가르침에 놀라움을 표하며 이렇게 말했다.
"태초의 전능한 사랑의 사랑을 받는 성스러운 그대여, 당신의 말씀이 나를 따스하게 적시고 생명을 다시 일깨웁니다. 인간의 정신은 그분의 진리의 빛 없인 만족할 수 없습니다. 사람의 의심도 그 진리의 발치에서 솟아납니다. 그것은 사람을 상승시키는 자연스러운 힘입니다. 그것이 나에게 공손하게 물을 용기를 줍니다."

그리고 다시 물었다. 아마 단테 자신이 이루지 못한 서원이 생각난 듯하다.
"서원을 어긴 사람이 나름 선한 행위로 저울에 합당할 만큼 보완할 수 있는지요?"

그러자 베아트리체가 단테의 눈을 바라보았다.
그녀의 눈에 사랑이 타오르고 성스러운 물결이
일었다. 단테는 힘에 압도되어 시력이 흔들렸다.　　　(139-141)

그래서 나는 눈을 내리깔고 얼떨떨하였다.　　　(142)

제5곡

하나님의 큰 선물 자유의지,
서원의 언행에 신중하라

'서원을 어긴 자가 다른 선한 행위로 보상할 수 있는가'에 대한 단테의 질문에 대답하기에 앞서 베아트리체는 단테가 시력을 잃은 것을 보고 말했다.

"내 사랑의 열기로 그대를 태워서 그대 시력을 빼앗는다 해도 놀라지 마오. 내 사랑의 열기는 볼수록 선을 알게 되는 시력으로부터 나오기 때문이에요. 나는 그대의 정신 안에서 영원한 빛의 임재를 봅니다." 라고 말하고 본론으로 들어갔다.

하나님께서 만물을 창조하실 때
주신 선물 중 가장 위대한 것은 자유의지였어요.　　(5곡 19-21)

"자유의지는 지성을 지닌 피조물만이 지니고 있는 것이지요. 서원이

천국편 - PARADISO　　363

란 인간의 자유의지로 봉헌하는 하나님과의 계약입니다. 그러니 무슨 보상을 할 수 있겠어요? 그러나 경우에 따라 교회가 보정을 허용하는 것은 내가 말한 진리와 모순되는 듯하네요."

그녀는 "지식이란 이해했어도 간직하지 않으면 가치가 없다."라고 하며 단테에게 마음을 열고 잘 간직할 것을 당부했다. 이어 봉헌에 대한 주제로 말을 이었다.

"봉헌의 본질은 두 가지입니다. 하나는 그 약속된 행위(내용) 자체이고, 다른 하나는 계약의 실천입니다. 히브리인들에게 봉헌은 필수였지만 봉헌물은 바꿀 수 있었어요. 그러나 그 내용물의 짐은 더 무거워야 합니다. 6은 4를 담고 있잖아요.

사람은 가볍게 서원을 해서는 안 돼요. 사사 입다가 첫 봉헌물에 그러했듯이. 서원을 지키느라 더 나쁜 일을 하는 것보다 차라리 '내가 잘못된 서원을 했습니다.'라고 용서를 빌었다면 좋았을 것입니다. 그리스 아가멤논 장군도 몰지각했지요. 그의 딸 이피게네이아는 자신의 사랑스런 모습을 슬퍼했고, 현자든 바보든 모두가 슬퍼했지요."

성경 〈사사기〉 11장에 이스라엘의 사사(지도자) 입다가 하나님께 서원하여 "누구든지 내 집 문에서 먼저 나를 영접하는 그를 여호와께 번제물로 드리겠나이다" 하였다. 그런데 집에 오니, "보라 그의 딸이 소고를 잡고 춤추며 나와서 영접하니 이는 그의 무남독녀라."라 성경에 기록된 바 사랑하는 딸은 번제물의 희생자가 된 것이다.

한편, 그리스 신화에서 그리스 연합군 총사령관인 아가멤논이 실수로 디아나 여신의 사슴을 죽이고 그녀의 분노를 사서 트로이로 출정이 어렵게 되었다. 이때 예언자 말을 듣고 아가멤논의 딸 이피게네이아를

아가멤논의 서원 언행 잘못으로 희생되는 딸 이피게네이아
_ 고대 벽화

제물로 바쳐 여신의 노여움을 풀도록 하였다.

    그리스도인이여, 서원의 언행을 무겁게 하세요!
    바람에 날리는 새털처럼 되지 말 것이며
    물이라도 다 씻어 준다고 믿지 마세요!   (73-75)

    다른 사악한 탐욕(면죄부)이 그대들을 부추겨도
    분별없는 양이 아니라 사람이 되시고
    유대인이 경멸의 손가락으로 가르키지 않게 하세요.   (79-81)

    베아트리체는 이렇게 단테를 가르치고 열망이 가득찬 얼굴을 우주 높은 곳에 돌렸다. 과녁을 꿰뚫는 화살처럼 우리는 두 번째 구역으로 내쳐 올랐다. 거기서 단테는 기쁨에 사로잡히는 베아트리체를 보았다.

    잔잔하고 맑은 연못 안에서
    물고기들이 떨어진 뭔가를
    먹이인 줄 알고 모여들 듯이

    나는 수천 별들이 우릴 향해 다가오는 광경을
    보았다. '보라, 우리의 사랑을 키워 줄 저분을!'
    이라고 하는 말을 그 속에서 들었다. (100-105)

베아트리체가 단테에게 "두려워 말고 여기 모인 영혼들 하나하나를 하나님처럼 생각하고 말해 보세요!"라고 권했다. 그래서 단테가 한 영혼에게 말을 걸었다.

"당신이 미소 지을 때 그 눈에서 사랑의 빛살이 뿜어져 나옵니다. 빛 속에 둥지를 튼 영혼이여, 당신은 누구이셨으며 어째서 태양에 가려지는 수성에 자리하시는지요?"

그러자 그 빛은 먼저보다 훨씬 더 밝은 빛을 뿜어냈다. 그 거룩한 모습도 자체의 빛 속에서 커다란 환희로 스스로를 감추며 그렇게 안으로 감추고 감추며

    노래를 부르듯 다음 곡에서 내게 대답했다. (139)

제6곡

수성천, 유스티니아누스의 로마와 기독교역사 강해

　수성천에 온 단테와 베아트리체에게 환희의 빛으로 다가온 영혼은 동로마의 황제였던 유스티니아누스이다. 그는 그보다 이백년 전에 콘스탄티누스가 제국의 수도를 유럽의 가장자리인 비잔티움으로 옮기고 수도 이름을 콘스탄티노플로 바꾸었던 동로마제국의 황제이었다. 로마를 건국한 아이네이아스가 새 나라를 세우려고 항해를 시작한 트로이에서 멀지 않은 곳이다.

　나는 동르마제국의 황제 유스티니아누스이다.　　　　　(6곡 10)

"나는 헛된 조항들을 없앤 새로운 법전을 정비했었다. 교황의 현명한 말씀을 따라 하나님의 은총으로 법전을 정비하는 고귀한 일을 수행하였다. 이 일에 전념하려 거대한 로마군대는 벨리사리우스에게 맡겼지. 그런데 지금은 한심하게도 로마가 황제파인 기벨린당과 교황파인 궬프당을 분열하여 싸우고 있다."

이어 유스티니아누스는 교회의 권위를 보호해 준 독수리(로마제국)의 깃발이 꾸민 역사를 간추려 말했다. 그는 북아프리카 카르타고의 한니발 장군에 대적하여 로마의 명예를 드높인 스키피오와 폼페이우스 이야기로 시작했다. 그 후에 카이사르는 단테의 고향 피렌체의 피에솔레 언덕도 점령하였다고 한다. 이어 프랑스는 물론 라인강 유역과 스페인까지 장악하였다. 유스티니아누스는 특히 아우구스투스의 치적을 강조하였다.

단테는 위대한 카이사르를 배신한 브루투스와 카시우스가 지옥 밑바닥에서 영원히 울부짖고 있는 것을 보았었다.

비극적인 클레오파트라는 아직도 울고 있는데(지옥에서)
아우구스투스를 피해 달아나다가 독사를 가슴에
품고 갑작스레 처참한 죽음을 맞았다.

독수리의 깃발은 그와 함께 홍해까지 진출하고
그래서 세계적인 평화를 이루어 내어
전시에만 열리는 야누스신전을 닫아걸게 만들었다.　　　　(76-81)

"로마의 세 번째 카이사르인 티베리우스는 그의 아들 티투스와 함께, 예수를 죽인 유대인과 예루살렘을 패망시켜 하나님의 분노의 복수를 대신하는 영광을 누렸다오. 그 뒤로 칠백 년 뒤에는 교회를 공격하

수성천, 동로마제국의 황제 유스티니아누스 _ 성소피아사원의 모자이크 (출처: 픽사베이)

는 롬바르디아 왕에 맞서 샤를마뉴 대제(신성로마제국의 시조)가 날개를 펴서 교회를 보호하며 승리의 행진을 했다오."

　유스티니아누스는 단테에게 "당신들이 현재 겪는 불행을 낳게 한 그들의 죄를 판단해보라"고 하며, 하나(궬프당파)는 만민을 상징하는 표지인 노란 백합을 내세우고, 다른 하나(기벨린당파)는 보편적인 권위와 로마제국을 상징하는 표지인 독수리를 내세우고 자기들 당파의 목적으로 쓰는 것을 한탄하였다.

　기벨린 당파는 독수리의 깃발 아래서 술수를
　부리고자 할 것이니, 독수리에서 정의를

천국편 - PARADISO　369

잘라 내는 자들을 따를 사람은 이 세상에 없다.　　　　　　(103-105)

유스티니아누스는 장시간 교회와 로마제국의 역사에 대한 이야기를 마치고, 화제를 돌려 이곳 수성천의 기쁨에 대하여 말하였다.

내가 지금 위치한 이 자그마한 별은 명예와
명성을 지속시키려는 소망을 지닌 활동적인
영혼들에 의해 더 아름답게 꾸며진 것이다.　　　　　　(112-114)

이 진주와도 같은 별에는 또한 로메오의 빛이
비치는데, 그의 위대하고 아름다운 업적은
세상에서 천대받았다고 한다.　　　　　　(127-129)

빌라니의 〈연대기〉에 로메오 일화가 나온다. 천한 출신이었던 로메오는 프로방스의 베렝게르 백작의 청지기가 되어 총애를 받고 일을 잘했으나 인생의 말로가 비참했다.
"로메오는 백작의 네 딸을 모두 왕녀가 되도록 큰 공헌을 하였다. 그 후 그는 시기를 받고 모함하는 말들에 빠졌다. 군주마저도 열보다 더 많은 열 둘을 벌어준 그를 의심하자 로메오는 늙고 가난했지만 자존심을 지키고 스스로 떠났다. 이리저리 한조각 한조각 빵을 구걸하며 다니는 동안 그가 지녔던 마음을 세상이 알았더라면,

그를 매우 칭송하고 앞으로도 더욱 칭송하리라."　　　　　　(142)

제7곡

인간의 선함, 자유, 창조는 하나님의 본성

수성천에서 유스티니아누스는 "호산나! 만군의 왕 거룩한 주님이시여, 높은 데서 천국의 빛을 비추나이다."라고 노래 부르며 다른 영혼들과 가락에 맞추어 춤을 추며 돌더니 모두 광활한 우주 공간으로 불똥처럼 사라져 버렸다.

단테는 또 의문이 생겼으나 그녀의 이름 BE 와 ICE 만으로 경외심에 머리를 들 수 없었다. 베아트리체가 알아채고 빛나는 미소를 지었다.

그대는 정의로운 복수에 대한 혼동을 하고 있군요. (7곡 20, 21)

"아담이 자신의 헛된 의지에 재갈을 물리지 못해서 인류에게 원죄를 남겼지요. 이 원죄로 인류는 병들어 누워 있었지요. 그러다가 하나님의 말씀이 육신이 되어 내려와 인류의 모든 죄를 사하는 십자가의 거룩한

천국편 - PARADISO 371

제물이 되었다오. 그리스도의 죽음은 하나님도 원하셨고, 악한 목적으로 유대인도 원했으니 그 때문에 땅이 진동하고 하늘이 열렸던 겁니다. 이렇게 공정한 복수가 이루어진 것을 어렵지 않게 이해하시겠지요?

단테는 '왜 하나님은 인류의 구원을 위해 다른 길을 택하지 않았을까?'라는 생각을 하자 베아트리체가 간파하고 말했다.

"형제여, 인간은 내적 시각이 성숙하기 전까지는 그 이유를 알 수 없어요."

하나님의 선한 본성은 모든 질투를 스스로
거부하시고 그렇게 불타오르면서
영원한 아름다움을 스스로 드러냅니다. (64-66)

"창조자의 존재에서 직접 나오는 것은 끝이 없습니다. 비처럼 직접 내리는 것은 완전히 자유로우니 법에 속하지 않기 때문입니다. 창조된 모든 것은 그분을 닮으며 그분을 기쁘게 합니다. 그 거룩한 불꽃(하나님의 본성)은 인류가 받은 선물들입니다. 이중 하나라도 없으면 선에서 멀어집니다."

오로지 죄악만이 인간의 자유를 빼앗고
진실한 하나님과의 닮음을 없애게 하니
인간이 그 분 본성의 빛을 잃게 만듭니다. (79-81)

"인간은 죄로 남은 상처를 극복하기 어려워 스스로는 하나님께 이르기

그리스도의 죽음과 하나님의 본성

힘듭니다. 하나님께서는 두 길 즉 '자비' 혹은 '정의' 중 하나로, 혹은 두 길 모두를 통해 인간이 완전한 삶에 이르는 길을 마련하신 것입니다."

하나님은 그저 죄를 사해 주시기보다는

인간 스스로 거듭날 수 있도록

당신 자신(성자)을 희생시켰습니다.

하나님의 유일한 아들이 자신을 낮추어

죽을 육신을 지니지 않았더라면

어떤 수단으로도 정의에 이르지 못했을 겁니다. (115-120)

베아트리체는 하나님의 본성에 관하여 펼치는 교리 논리에 감탄하는 단테에게 한 가지를 더 설명했다.

"천국은 모든 것이 썩지 않고 존재합니다. 천국이 지닌 물질도, 주위를 도는 별들 안에서 형상을 이루는 힘도 영원불멸하게 창조되었습니다. 지상의 모든 동물과 식물의 영혼은 천국 별들의 빛과 운동이 지닌 힘의 본질에서 끌어냅니다. 그러나 인간의 영혼은 하나님이 자비로우신 숨을 직접 불어넣어 창조합니다. 그래서 인간은 본질적으로 하나님을 사랑하는 본능을 지닙니다.

인간의 최초의 부모(아담과 이브)의 육신이 처음에 어떻게 이루어졌는지 그대가 기억한다면, 내가 지금까지 말한 것으로 미루어…

앞으로 다가올 그대의 부활도 그려 볼 수 있겠지요." (148)

제8곡

금성천, 운명의 결정은 씨가 아니라 하나님의 섭리

사랑스러운 치프리냐(비너스)가 금성의 궤도를 돌며 욕정의 마력을 발한다는 잘못된 믿음으로 사람들은 그녀에게 봉헌하면서도 경외하였다. 디오네를 그녀의 어머니로, 큐피드를 그녀의 아들로 함께 떠 받들었다. 이 큐피드는 카르타고의 디도 여왕의 무릎에서 재롱을 떨다가 화살로 여왕을 쏘아 그녀가 아이네이아스에게 치명적인 사랑에 빠지도록 하였지 않았는가?

단테가 이 곡의 시작을 그녀(비너스)로 삼은 이유는 새벽과 저녁을 어루만지는 별의 이름 '금성'에 와 있음을 표현코자 한 것이다. 사실 단테는 금성천에 닿은 것을 미처 의식하지 못했지만 베아트리체가 더욱 아름다워졌기에 느낄 수는 있었다.

천국편 – PARADISO

> 금성천 하늘을 휘감는 빛들은 느리기도 빠르기도 하였다.
>
> (8곡 19, 20)

성스러운 빛들은 고귀한 세라핌(천국 아홉 합창대의 첫 천사들)들에서 시작한 춤을 멈추고 단테에게 빠르게 다가왔다. 그 영혼의 무리가 '호산나!' 하며 노래를 부르고 나자 그중 한 영혼이 말했다. "우리는 당신의 즐거움을 위해 뭐든 하겠습니다."

> 우리는 하늘의 군주(천사)들과 하나의 궤도로,
> 하나의 리듬으로, 하나의 소망으로 도는데
> 당신은 세 번째 하늘을 돌리는 지성이라 했지요. (34-36)

단테는 눈을 들어 베아트리체가 눈빛으로 주는 확신과 기쁨을 확인하고, 노래하는 빛을 향하여 "당신은 누굽니까?" 하고 부드럽게 물었다. 그 영혼은 행복에 겨운 듯 더 커진 빛을 뿜으며 말했다.

"저 아래 세상에서 스물다섯 살로 내 삶은 무척 짧았소. 이곳에서 나는 명주실로 제 몸을 감싸는 누에처럼 축복에 감싸여 있다오. 지상에 있을 때 그대가 나를 참 사랑해 주었지요. 프로방스에서 나폴리, 시칠리아까지 나를 군주로 삼길 원했다오. 나는 일찍 세상을 떠나 오히려 복을 누리고 있지만, 내 대신에 세상을 누린 동생은 참으로 비참해졌답니다."

"아, 그대는 카를로 마르텔로 왕자이군요. 하나님 안에서 더 큰 복을 얻으셨으니 기쁜 일입니다. 그런데 (그대의 못된 동생을 두고) 의문이 생

금성천, 카를로 마르텔로를 만나는 단테 _ 조반니 디 파올로 작

기네요. 어떻게 좋은 씨에서 나쁜 열매가 맺히는 걸까요?"

"인간은 창조하신 하나님으로부터 타고난 성품을 받았으니 각자의 성품에 맞는 직분을 맡아야 합니다. 어떤 사람은 아테네의 현인 솔론으로, 어떤 사람은 페르시아의 왕 크세르크세스로, 어떤 사람은 구약성서 〈창세기〉에 나오는 살렘왕이자 사제인 멜기세덱으로 태어났습니다. 모두 하나님의 섭리입니다. 아시다시피 같은 씨앗 이삭에서 나온 에서와 야곱이 완전히 서로 달랐지요. 당신과 함께한 즐거움에 추가로 옷(예언)을 더 입혀 드리지요!"

자연은 운명과 일치하지 않을 때
마치 낯선 토양에 뿌려진 씨가
죽거나 나쁜 결과를 낳는 것 같습니다. (139-141)

그러나 사람들은 칼을 허리에 차기 위해
태어난 자를 수도원에 처박고
설교의 부르심을 받은 사람을 왕으로 섬기려 하지요. (145-147)

이 때문에 사람들은 길을 벗어나는 것이오. (148)

제9곡

비너스의 하늘, 미치도록 사랑하다가
구원받은 영혼들

카를로 마르텔로는 아내 클레멘차와 낳은 자기의 자손들이 겪을 미래의 불행을 단테에게 알려 주었다. 잘못을 저지른 자는 눈물로 대가를 치르리라. 거룩한 빛에 담긴 생명(카를로)은 충만한 선을 채우는 태양에게 다시 향했다.

그때 찬란한 빛줄기들이 단테에게 뻗어오니 마치 단테를 기쁘게 하려는 노력같았다. 그걸 본 베아트리체는 단테를 향해 소망을 담은 눈길을 보내었다. 단테는 외쳤다.

축복받은 영혼이여! 나의 소망을 채워 주시오.
당신이 내 생각의 거울임을 보여 주시오. (9곡 19-21)

"네. 나는 베네치아와 브렌타강 그리고 피아베의 샘들 사이에 로마

천국편 - PARADISO 379

노 언덕에서 살았던 쿠니차입니다. 나는 이제 운명이 저지른 것을 용서하고 슬퍼하지 않아요. 첫 번째 삶이 두 번째 삶으로 남기 위해 얼마나 치열하게 노력해야 하는지 들어 보세요."

그녀는 세 명의 남편으로 부족하여 많은 정부를 두었을 만큼 음탕한 여인이었다. 그러나 참회하고 하나님을 정성껏 섬기고 결국 구원을 받았다. 그리하여 여기 금성의 찬란한 불빛이 그녀의 영혼을 감싸고 있는 것이다. 그녀는 춤추는 영혼 무리로 섞여 들어갔다. 그러자 다음 영혼이 태양의 기쁜 빛을 발하며 나타났다.

폴코의 영혼이다.

기쁨은 저 위(천국)에서 밝음으로
여기(지상)서는 웃음으로 피고, 저 아래(지옥)에서는
마음이 슬프니 망령들이 더 어두워진다.　　　　　　　　(70-72)

단테가 폴코 영혼에게 말했다.

"세라핌천사(최고등급 천사)들의 경건한 불꽃들과 어울려 하늘의 영광을 노래하는 당신께서 저의 소망을 채워 주세요! 당신이 내 안에 있듯 내가 당신 안에 있다면 일일이 묻지 않아도 되겠지요?"

"나는 이 금성의 하늘을 지니고 태어났는데 이제는 금성의 하늘이 나를 품어주고 있다오. 벨로스의 딸 디도의 사랑도 내가 머리가 세도록 불태웠던 사랑보다 더 뜨겁지는 않았소. 테살리아의 공주 이올레를 가슴에 담았던 헤라클레스도 나의 뜨거움에는 비기지 못할 것이오. 나는 하나님의 은총으로 연옥에서 레테강에서 망각의 물을 마시고 기억

비너스의 하늘, 폴코 주교와 기생 라합을 만나는 단테 _ 조반니 디 파올로 작

을 씻어 내었기에 여기에서는 후회보다는 웃음을 짓고 있지요."

폴코는 시인이었다가 음탕하게 살았던 죄를 참회하고 성직자가 되었다. 그는 단테의 소망을 채우기 위해 좀 더 말하겠다고 하였다.

"여기 내 곁에는 햇빛에 부딪히는 맑은 물 같은 광채 안에서 라합이 평안히 쉬고 있답니다. 그녀는 우리의 대열과 합쳐 가장 높은 등급에 새겨져 있소. 그녀는 여리고성의 창부이었지만 여호수아를 도와 이스라엘의 승리를 도왔지요. 그리스도의 승리 안에 림보에서 구속된 영혼들 사이로 오르는 첫 영혼이었다오."

당신의 도시(피렌체)는 사악한 꽃(동전의 백합문양)을
만들고 유통시켜 목자는 탐욕에 찬 늑대가 되어
울을 파괴하여 양들을 방황하게 만듭니다.

이 때문에 복음서와 교회의 선한 사제들은
버림을 받았고, 그저 주석이나 붙이면서
오로지 교회법 연구에나 몰두합니다.

교황과 추기경들이 이렇게 정신을 팔고 있으니
그들의 마음은 가브리엘이 한때 날개를 넓게
펼쳤던 나사렛의 예수님(가르침)에게 갈 수가 없소. (130-138)

폴코는 교리나 교회법으로 군림하는 교황과 교회를 직설적으로 비판했다. 예수님의 말씀을 전하고 양들을 보살피기는 커녕 잡아먹는 늑대같은 사제들을 통렬히 비판하였다. 그러나 바티칸과 베드로의 뒤를 이어 싸우다 죽은 성인들의 무덤이 된 로마의 선택받은 곳(카타콤)은 곧이어

이런 음행에서 벗어날 것이요, (142)

제10곡

태양천, 빛의 면류관을 그린 열두 명의 합창대

성부와 성자께서 영원한 사랑의 기운을 불어넣어 정신의 세계와 공간의 세계를 창조하시고, 그 안에서 운동하는 숭고한 질서를 만드셨도다. 그 조화를 관조하는 이는 다만 그 분을 느낄 수 있을 뿐이다.

그러니 독자여, 눈을 들어 나와 함께
우주의 순환들을 보라. 한 움직임이
다른 움직임과 교차하는 곳을 응시하라. (10곡 7-9)

지구가 비스듬하게 길이 굽지 않았다면
하늘의 위대한 힘은 헛되고 세상의 힘들도 스러진다. (16-18)

지구 운동의 기울어진(자전축이 23.5도 기움) 길의 길이가 지금의 직

선보다 더하거나 덜했다면 세상의 질서는 거의 무너졌을 것이다. '유성들을 이끄는 저 비스듬한 길'이란 표현은 지구의 자전 운동의 뜻이 내포되어 있다.

세상이 하늘의 계획을 새기고
그 빛으로 우리의 시간을 재는
자연의 가장 숭고한 대리자(태양)는

내가 앞서 말한 그곳과 결합해서
나선형으로 돌아가면서, 겨울에서 여름으로
갈수록 매일 조금씩 일찍 뜬다.   (28-33)

단테는 자신도 의식하지 못하는 사이에 넷째 하늘인 태양천에 와 있다. 베아트리체가 매번 더 좋은 하늘에 오르도록 이끄나 그 이동을 시간으로 측량할 수 없었다.

태양 안에서 빛나는 것들은 스스로 빛나고 있었다. 그것은 색체가 아니라 빛 자체이다. 세상의 천재, 예술, 기술을 다 동원해도 눈앞의 광경을 제대로 살릴 수 없다.

베아트리체가 말했다. "감사드리세요! 천사들의 태양께 감사드리세요. 은총으로 그대를 이곳에 올리신 분이여요." 베아트리체의 웃음 띤 눈에서 나오는 광채는 단테의 정신을 빼앗은 마력을 깨뜨렸다.

수많은 빛들이 단테를 에워싸서 면류관을 이루었다. 그들의 목소리는 찬란한 모습보다 더 달콤했다. 달의 여신 디아나가 대기에 뿌연 습

태양천, 토마스 아퀴나스와 12인의 합창대 _ 조반니 디 파올로 작

기로 달무리를 이루는 것 같았다.

눈부신 빛의 무리들이 감미로운 노래에 맞추어 단테와 베아트리체 주위를 세 번 돈 다음 멈춰섰다. 곧 그 빛의 영혼 가운데 한 목소리가 들렸다.

> 그대를 둘러싼 면류관의 꽃들을 알고 싶지 않은가
> 나는 토마스 아퀴나스이오. (93-99)

단테는 존경하는 신학자를 보고 깜짝 놀랐다. 그는 중세철학을 집대성한 스토아학파의 거두이자 도미니쿠스파의 대표인 토마스 아퀴나스가 아닌가?

"내 옆은 나의 스승인 알베르토 이시네. 우리 포함 열두명으로 구성된 축복받은 합창대의 영혼들을 모두 소개하겠네. 우측부터 법률가 그

천국편 - PARADISO 385

라치아노, 전 재산을 교회에 바친 피에트로, 우리 사이에 가장 아름다운 빛 솔로몬인데 그를 따를 만한 현자는 두 번 다시 떠오르지 않았다네. 그리고 이분은 사도 바울의 제자가 된 성 디오니시우스이고 다음은 초기 그리스도시대의 옹호자 오로시우스이오. 아우구스티누스에게 큰 도움을 주었지."

토마스 아퀴나스는 잠시 말을 멈추었다가 다시 이었다.

"여덟 번째 불꽃은 〈철학의 위안〉을 저술한 성 보에티우스라네. 그 외에 스페인 세빌랴 주교였던 학자 이시도, 영국의 교부로 〈영국교회사〉를 썼던 사제 비어드, 스코틀렌드의 신비신학자 리카르도의 뜨거운 입김들이오. 그리고 파리 소르본대학 철학교수 시지에리이네. 우리 열둘(도미니쿠스파)의 밝게 빛나는 영혼들을 보게나."

서로가 서로를 끌어당기며 사랑을
준비하는 영혼들은 감미로운 음악으로
땡땡 울리면서 부풀어 올랐다. 내가

그 영광의 태양천 하늘에서 본 것은
그런 것이었다. 소리는 소리와 아름답게
어울리어 환희의 찬가를 부르며 춤추며   (142-147)

기쁨이 영원히 펼쳐지는 곳이었다.   (148)

제11곡

청빈의 남편 프란체스코를 높이는
토마스 아퀴나스

오, 인간들의 무분별한 날갯짓 같은 논리는 헛되도다. 법을 맹종하는 자(법률가), 격언(히포크라테스 상징)을 좇는 자(의사), 사제직에 연연하는자(성직자), 백성들 위에 군림하며 농락하는 자(정치가)들이 세속적 욕망을 좇는 일이 얼마나 헛된가?

이들이 도둑질하고 온갖 세상 일이나 쾌락에 빠져들어 피로에 지치고 혹은 안일함에 젖어있을 때, 이런 모든 것에서 벗어나 베아트리체와 하늘에서 이렇게 황송한 대접을 받고 있다니! 단테가 '기쁨이 영원히 펼쳐지는 태양천'에서 황홀한 빛들에 둘러싸여 생각하는 동안 큰 소리가 들려왔다.

그분의 빛을 받아서 내가 빛나듯이
영원한 빛을 바라보면 당신의 생각들이

천국편 - PARADISO   387

어디서 나왔는지 알게 됩니다.   (11곡 19-21)

토마스 아퀴나스가 한층 더 밝은 빛을 발하며 말했다.
"하나님께서 두 일꾼을 도구로 택하여 교회가 사람들을 잘 인도하도록 길잡이로 돕도록 했다오. 성 프란체스코와 성 도미니쿠스가 바로 그분들이네."

하나는 세라핌처럼 청순한 사랑으로 빛났고
하나는 케루빔처럼 지혜를 통해 광채를 발했소.   (37-39)

성 프란체스코는 깊은 진리를 깨달은 분으로 사랑의 빛과 열정을 대표하여 천사들의 가장 높은 위계인 세라핌을 연상케 한다. 성 도미니쿠스는 지혜를 드러내는 학문과 교리를 대표하여 두 번째 위계인 케루빔을 연상케 한다.
토마스 아퀴나스는 도미니쿠스 수도회에서 가르침을 받았고 나폴리 대학 교수를 하며 그리스도교 교리와 아리스토텔레스 철학을 통합하여 〈신학대전〉을 저술했다.
"이탈리아 아시시의 부유한 가정에서 태어난 프란체스코는 젊은 시절부터 자신의 위대한 덕으로 세상의 위안을 삼게 하고자 했소. 모두가 싫어하는 여인(청빈)을 사랑하여 육신 아버지를 분노케 하였지요. 청빈은 첫 남편인 그리스도를 여읜 뒤로 천백년 이상을 누구의 초대도 못 받고 살다가 성 프란체스코를 만나 두 번째 결혼을 하게 되었다오.
성 베르나르가 신발을 벗어 던지고 성 프란체스코를 첫 번째로 따랐

성 프란체스코, 성 프란체스코 성당 벽화 _ 지오토 디 본도네 작

다. 연이어 지도층 사람들을 포함한 많은 영혼들이 청빈한 삶의 그길을 따랐다.

> 그는 왕답게 자신이 걸어야 할 길을 선언했고
> 그의 단호한 의지에 인노켄티우스 교황은
> 교단을 기초하는 수도회의 수결을 주었다오 (91-93)

그는 프란체스코수도원의 초대 원장으로 성스러운 사업을 펼쳤다.

그 뒤로 순교의 갈증으로 오만한 술탄 면전에서 그리스도의 진리를 전하기도 하였다. 그는 죽을 때도 청빈의 품에서 벗어나지 않았다. 제자들에게 가난을 남겨주며 자신을 위한 다른 관을 원하지 않았고 시신을 위한 옷도 원하지 않아 알몸으로 땅에 눕히도록 했다.

"성 베드로의 배를 타고 똑바로 항해하는 키잡이는 우리 교회의 창시자이셨소. 그러나 그의 양 떼는 더 많은 풀에 욕심을 부리고 낯선 숲으로 마구 돌아다니고 있소. 양들이 방황할수록, 우리로 돌아올 때 지니고 오는 젖은 적어진다오."

이제 그대의 소망은 부분적이나마 이루어질 거요.
그래서 나무가 어떻게 갈라져 나가는지 볼 것이며
'길만 잃지 않으면 모두가 살찔 수 있다'라는 말에 (136-138)

왜 내가 무게를 두었는지 알게 될 것이오. (139)

프란체스코의 청빈의 고행을 계승하기가 그렇게 어려웠나?

그의 제자들은 스승의 위업을 제대로 전승하지 못했다한다. 선이 있어야 할 곳에 악이 있으며 여러 제자들이 스승이 제시한 올바른 길을 걸어가지 못하였다. 스승의 소망은 부분적으로 이루어졌다고 볼 수 있다.

제12곡

두 번째 합창대 등장, 두 원이 어우러진 빛들의 향연

　성 토마스 아퀴나스가 말을 마치자 그 순간에 열두 명의 축복받은 영혼들이 단테와 베아트리체의 주위를 면류관 모양의 원을 그리며 다시 돌기 시작했다. 한바퀴 채 돌기 전에 이번엔 두 번째 원이 첫 원을 감싸서 율동은 율동에 노래는 노래로 포개졌다.

　　헤라가 이리스(무지개 여신)에게 명령을 내리자
　　같은 중심을 가진 두 원처럼 두 개의 무지개가
　　얇은 구름 사이로 둥그렇게 나타났는데

　　마치 아침 햇살에 사그라지는 이슬처럼
　　사랑에 쉬어 버린 애처로운 여인의 목소리로
　　안의 원에서 밖의 원으로 울리며 나오고 있다.　　(12곡 10-15)

춤과 노래 그리고 섬광들이 어우러진

빛들의 향연이 한순간 잠잠해지고 목소리가 들렸다.　　(22-27)

"성 토마스 아퀴나스께서 우리 스승이신 성 프란체스코님을 그토록 찬양해 주셨으니, 나 또한 그분의 스승이신 성 도미니쿠스님에 대하여 말씀 드리겠네!

　두 분은 모두 한 가지 이유로 싸우셨고 명성도 하나로 빛난다오. 그리스도의 군대들이 두려움과 나태함으로 깃발(십자가)을 소홀히 할 때 두 분이 각자의 선한 본보기로 사람들을 깃발아래 다시 모으게 하셨소."

　바깥 원에 자리한 성 보나벤투라의 목소리였다. 두 위대한 스승의 치적을 높이 받들고, 본격적으로 성 도미니쿠스에 대해 말을 하였다.

　"스페인 칼라로가 마을에서 태어나서 영세를 받는 날 그의 어머니가 꿈을 꾸었다네. 아들과 그의 후예들이 생산할 기묘한 열매들이 주렁주렁 맺은 장면이었지요. 그래서 그 아기는 성령이 하늘에서 내려와 하나님의 소유가 되었음이라, '하나님의'를 뜻하는 '도미니쿠스'라는 이름을 얻게 되었다오. 참으로 그의 아버지는 이름대로 펠리체(행복), 어머니는 조반나(하나님의 사랑)이셨지요.

　도미니쿠스는 자라며 교회법과 의학을 공부하고 커서 대학자가 되어 당시에 이미 타락한 교황이나 높은 지위를 바라보지 않았다오. 오로지 죄 많은 세상에 대항하여 진실한 씨앗(신앙)을 위해 싸울 권리를 요구했고 그 씨앗이 이 자리에 당신들 주위에 스물네 그루의 나무로 솟아오른 것이지요."

두 원이 어우러진 빛들의 향연 _ 귀스타브 도레 작

그래서 그는 교리와 의지 그리고 사도의

직책으로 무장하여 마치 높은 곳에서

흘러내리는 강력한 물줄기처럼 활동하여

이단의 덤불 속으로 치달렸는데
저항이 더욱 거센 곳에서는
더 크고 격렬한 힘으로 맞섰다오.　　　　　　　　　　　(97-102)

　도미니쿠스가 거룩한 교회가 스스로 방어하고 내부의 적을 무찌른 전차의 한 바퀴였다면, 다른 쪽 바퀴는 아퀴나스가 예를 갖추어 얘기하던 탁월한 프란체스코였음을 알 수 있다. 보나벤투라는 바깥 원에 있는 열두 명의 영혼을 소개했다.

　"나는 보나벤투라의 영혼이오. 내가 맡은 직분의 중한 일로 항상 세속적인 일은 뒷전이었다오. 내 오른쪽에 성 프란체스코의 제자인 알루미나토와 아우구스티누스이신데 '맨발의 청빈'의 첫 번째로서 허리에 삼겹끈을 두르고 있지요.

　그리고 비레토수도원장 우고와 〈스콜라학사〉를 남긴 피에트로 만자도레, 열두권 책을 남긴 피에트로 이스파노가 있습니다.

　다윗이 벳세바와 간음한 죄를 질책하고 통렬히 회개토록 한 선지자 나단과, 대주교 크리소스토모와 안셀무스, 자신의 사상을 최고 예술에 바친 도나투스, 신학자 라비누스가 있소. 내 왼쪽으로는 묵시록에 주석을 쓴 지오바키오가 이처럼 빛나고 있소."

아퀴나스 형제의 빛나는 예의와
겸손한 말이 나를 움직여서
이 용사(도미니쿠스)를 찬미하게 했고,　　　　　　　　(142-144)

나와 더불어 이 동료들을 움직인 것이오.   (145)

∽∽

태양천 스물넷 빛의 영혼들의 두 겹의 둘레 (면류관 형상)

안쪽 둘레에는 성 도미니쿠스 부류인 토마스 아퀴나스, 솔로몬, 보에티우스, 시지리에 등 열두 영혼이 있고,

바깥 둘레에는 성 프란체스코 부류인 보나벤투라, 일루미나토, 나단, 지오박키노 등 열두 영혼이 있다.

∽∽

제13곡

솔로몬이 받은 '지혜'의 해석과
'삼위일체' 해설

    단테와 베아트리체는 두 면류관 원의 스물넷 영혼들에 둘러싸여 빛들의 춤과 노래를 감상하고 두 위대한 성인의 두 수레바퀴와 역사를 들었다. 아직 태양천이다.
    그들의 찬란한 빛들은 미노스왕의 딸 아리아드네가 죽을 때 썼던 왕관을 하늘에 올려 별들이 된 왕관자리처럼 빛났다. 그녀는 아버지 미노스를 배반하고 사랑했던 테세우스를 도왔으나 그에게 배신을 당하고 박쿠스의 아내가 된 파란만장한 인생을 살았다. 왕관의 두 원이 겹쳐 서로를 비추니 하나가 앞서고 하나는 뒤따른다. 별들은 박쿠스나 아폴론을 칭송하지 않고 삼위의 하나님과 인성을 갖춘 그리스도를 노래했다. 향연이 멈추자 다시 토마스 아퀴나스가 침묵을 깨고 말했다.

    그 둘, 아담과 그리스도를 만드신 그 권능에

모든 시작이 있었다는 걸 그대는 알고 있지요.　　(13곡 40-42)

"하나님께서 사랑으로 키우시는 이데아의 빛에서 나온 '살아 있는 빛'은 온 우주에 펼쳐집니다. 이 빛은 하늘과 하늘을 거치며 점차 약해지며 우연적인 것에 이르지요. 우연으로 자라는 사물들이 있게 됩니다. 이러한 자연현상에는 씨앗이 있는 것도 있고 없는 것도 있지요. 같은 종의 나무라도 각기 좋거나 덜하거나 다른 열매를 맺는 이치이지요. 오직 하나님의 뜨거운 사랑으로 개입하며 온전한 사물들이 태어납니다."

이것이 세상의 먼지가 완전한
살아있는 존재를 형성하는 원리이고
처녀가 아이를 가지게 된 원리예요.　　(82-84)

"단테여, 그대는 안쪽 면류관 다섯 번째 빛, 솔로몬의 지혜가 '누구와도 비길 데가 없다'라는 말을 의아하게 생각하는군요. 그것은 '백성을 잘 다스릴 수 있도록 하는 데'에 관련된 지혜임을 알아야 하오. 그 지혜는 '왕의 분별력'이지오."

솔로몬은 축복받은 다윗의 아들로 부국강성한 나라를 만든 왕이었지만 수많은 처와 첩들을 거느리고 말년에 어리석게도 우상 숭배하는 죄를 짓고 말았다. 그래서 백성의 온전한 지지를 못 받고 유대왕국은 결국 두 나라로 갈라지게 되었다.

쇠잔해진 솔로몬왕 _ 귀스타브 도레 작

급하게 내놓는 의견들은 때로 잘못된
방향으로 흘러서, 인간의 교만이
지성을 묶어 놓게 되거든요.

재주가 없이 진리를 낚으러 해안으로
떠나는 것은 불필요를 넘어서 나쁜 일입니다.
떠날 때보다 훨씬 더 나쁜 상태로 돌아올 거예요. (118-123)

아퀴나스는 성서의 진실을 일그러뜨리는 이단의 예를 들었다. 시벨리우스는 삼위일체를 부인하고 성부와 성자와 성령이 제각각 하나님을 가르킨다고 하였다. 또한 아리우스는 성부와 성자는 일체가 아니라 하며, 성자는 성부가 창조한 최초의 피조물이고 성령은 성자의 힘으로 창조되었다고 믿었다.

"자신의 판단을 너무 빨리 믿어서는 안 됩니다. 이삭이 익기도 전에 수확량을 헤아리는 농부가 되지 말아야 합니다. 겨울의 긴 시간 동안 앙상하고 드세던 가지에 결국에는 아름다운 장미가 틔우는 것을 내가 보았기 때문이예요. 긴 항해를 마치고 항구에 들어서면서 어이없이 침몰하는 배를 본 적이 있기 때문입니다."

자신만만한 세상 사람들은 하나는 훔치고
하나는 자선하는 것이 보인다고 해서
하나님의 눈을 통해 본다고 생각하면 안 됩니다. (139-141)

누가 천국에 오르고 누가 지옥에 떨어지는지는 알 수 없으니까요.

(142)

∽⌒

천국편 제 13곡은 태양천 네 번째이자 마지막 곡이다. 제 14곡은 태양천에서 화성천 이동간의 곡이다. 합하면 5곡이 태양천 무대라 할 수 있다.

하나님이 우주 만물을 다스림에 대한 교리와 이치를 설명한다. 하나님은 개입함으로 온전할 수 있지만 이치에 맡기며 다스리신다. 또한 '솔로몬의 지혜'에 대한 해석이 명확하다. 백성의 통치에만 최고의 지혜를 주었기에 그는 다른 면에서 어리석기도 했다.

비록 하나님을 경외하고 예수를 믿더라도 삼위일체를 다르게 해석하는 것은 이단이라고 확인한 점, 하나님의 최후의 구원은 인간의 눈으로는 알 수 없다는 등 신학적인 교리와 교훈을 담고 있다.

∽⌒

제14곡

은하수와 화성의 운행 매듭에
십자가와 예수의 형상

토마스 아퀴나스의 영광스러운 영혼이 입을 다물자 단테의 마음속에 파동이 쳐왔다. 둥근 그릇안에 물을 안에서 치느냐 밖에서부터 치느냐에 따라 물의 파문이 중앙에서 가장자리로, 가장자리에서 중앙으로 일게 된다. 이유는 아퀴나스의 말이 베아트리체의 말과 서로 유사했기 때문이다. 그녀가 즐겁게 아퀴나스에게 말을 하였다.

"이 사람 단테는 또 다른 진실의 뿌리를 알기 원합니다. 당신들의 실체를 꽃피우는 빛은 영원하나요? 최후의 심판에 이르러 육신을 다시 입고 육신의 눈으로 서로의 빛을 감당할 수 있겠나요?"

천국의 축제가 길어질수록 우리의 사랑도 길어져
당신이 보는 이 빛으로 옷을 삼을 것입니다.　　　(14곡 37-39)

천국편 – PARADISO　　401

"우리의 육신이 죄를 씻은 영광스러운 영혼의 옷을 다시 입을 때 우리 위격은 더 성장해 있을 겁니다. 숯덩이가 불꽃으로 이글거릴 때 그 내부의 빛이 바깥의 불꽃으로 빛나서 제 형상을 분명히 드러내듯이, 오랜 세월 땅 밑에 묻혀 있는 육신이 나중 얻을 빛이 더 찬란할 것입니다. 그 빛은 우리의 눈을 지치게 하는 빛이 아니라 육신의 모든 기관들을 기쁘고 강하게 한다오."

그때 여기 단테를 둘러싼 빛만큼이나 밝게 빛나는 새로운 빛이 지평선에 여명이 비춰듯 감싸왔다. 여명 가운데 새로운 영혼들이 보이는 듯했다. 그들이 두 개의 둘레 주위에 새로운 둘레를 만들고 있었다. 오 신실한 성령의 빛이여!

베아트리체가 눈부신 미소를 지으며 모습을 드러내자, 단테는 그녀와 둘이서 어느새 더 숭고한 축복의 하늘(화성천)로 옮겨 왔음을 알았다. 단테는 감사의 기도를 올렸다.

나는 더 높이 오른 것을 알았는데, 왜냐하면
별의 작열하는 미소가 전보다 더
붉게 빛나는 것이 보였기 때문이었다.

온 마음을 다해 모든 사람이 지닌
영혼의 언어로 나는 새로운 은총을
내려 주신 하나님께 번제를 드렸다.

헌물이 내 가슴에서 아직

화성천 십자가 _ 귀스타브 도레 작

십자가상의 예수 _ 램브란트 작

타고 있는 동안 나의 감사의
기도가 받아들여졌음을 알았다.   (85-93)

넓어지는 듯 좁아지며 별들의 길을 이루는 은하수는 깊은 화성의 운행과 엇갈리며 사분원으로 매듭을 지어 거룩한 십자가의 모양을 이루고 있었다. 단테는 그 십자가에서 이글거리며 떠오르는 그리스도의 모습에 압도당하여 묘사할 적절한 비유를 찾을 수가 없을 지경이었다.

꼭대기에서 바닥까지, 팔에서 팔로,
서로의 빛을 만나고 지나치면서 반짝거리며

천국편 - PARADISO   403

눈부신 빛은 십자가를 따라 움직이고 있었다. (109-111)

십자가 모양 빛 무리에서 멜로디가 흘러나와
공중에 퍼지며 단테를 몽환에 젖게 했다. (121-123)

그 찬송가는 '오르라'와 '정복하라'라는 가사를 빼고는 이해할 수 없는 말들이었다. 웅장한 십자가 무리를 지은 영혼들의 찬송이 단테를 달콤한 사슬로 묶어, 베아트리체가 옆에 있는 것조차 잊고 있었다.

나 그녀에게 용서를 바라며 자책하네.
나를 용서하고 내 진정의 말을 이해하시리.
그녀 거룩한 아름다움은 항상 나를 지키시리. (136-138)

천상에 오를수록 더더욱 온전해진다. (139)

∽⌒

토마스 아퀴나스,

천국편의 네 번 째 하늘 태양천은 토마스 아퀴나스가 주인공이다. 제 10곡에서 14곡 중반까지 그가 말을 이끌면서 교회의 교리와 역사를 소개하고 있다. 그는 중세 스콜라 철학을 완성한 자로 단테에게 큰 영향을 미친 자이다.

∽⌒

제15곡

화성천 십자가 성좌에서 내려오는 별, 고조부님

진정한 사랑은 선을 행하려는 의지에 깃들며, 탐욕은 악을 행하려는 의지에 깃든다.

십자가 상에 깃든 영혼들은 마치 별이 불붙는 곳에 있는 것 같았다. 그때 밤하늘에 불똥이 어둠을 가르며 떨어져 내려오며 단테의 눈길을 사로잡았다. 십자가 오른팔에서 빛나는 성좌에 속한 별 하나가 발치로 떨어져 내렸다. 화성천의 장관이다.

위대한 시의 신 베르길리우스가 묘사한 대로 안키세스의 영혼이 엘리시온(지하세계)에서 아들 아이네이아스를 보았을 때 지녔던 뜨거운 애정으로 단테에게 달려왔다.

오, 나의 피여! 하나님의 가늠할 길 없는 은총이여
너 말고 누구에게 하늘의 문이 두 번씩 열렸단 말인가. (15곡 28-30)

천국편 – PARADISO

단테 말고 전에 하늘의 문이 열리고 천국을 방문한 자는 사도 바울이다. 단테는 말하는 그 빛을 바라보다가 눈을 돌려 베아트리체를 바라보며 얼이 빠져 서 있었다.

그 즐거운 빛이 계속해서 말을 이었다.

"나의 후손에게 이렇게 큰 은혜를 내려 주신 삼위일체 축복의 하나님이시여! 하나님의 위대한 책(마음)을 탐독하며 생긴 갈증을 너로 인해 풀었다. 너를 여기로 비행토록 날개를 달아 끌어 올려 준 그녀(베아트리체) 덕분이다. 이곳의 영혼들은 하나님의 거울을 보는데 그 안에 과거나 미래에서 생각하는 것이 다 들어 있다. 이제 너의 의지와 소망을 표현하라! 나의 대답은 이미 마련되어 있노라."

옆에 있는 베아트리체는 미소로 단테에게 소망의 날개를 펼쳐 주었다. 그러자 단테가 힘을 내어 말했다.

"하나님은 당신들이 사랑과 지성을 성취하도록 하시고 열과 빛으로 따뜻하게 하십니다. 당신의 따뜻한 환대에 감사합니다. 살아있는 황옥 같은 당신에게 바라오. 당신의 이름을 알고 싶은 내 소망을 채워 주세요!"

"내가 나무라면 너는 가지이다. 나는 너의 뿌리였다. 너를 기다리는 것으로도 기뻤다. 네 가문의 이름을 시작한 너의 증조부가 내 아들이다. 그는 아직 정죄산(연옥)에 있지. 너의 기도로 그의 고통을 덜어 주거라."

놀랍게도 이 영혼은 단테의 고조부인 카치아구이다. 고조부가 말을 이었다.

"내가 살았던 시절의 피렌체는 평화와 절제의 도시였다. 딸을 둔 아

화성천 십자가에서 나온 하나의 별 같은 고조부와 상봉하는 단테 _ 조반니 디 파올로 작

비가 결혼 지참금 때문에 두려워하지 않는 시대였다. 이처럼 평온하고 아름다운 사람들의 서민적인 삶 안에서, 또한 신앙과 포근한 가정 안에서 나는 태어났지. 네가 영세를 받은 그 성당에서 나는 그리스도 교인이 되고 카치아구이다란 이름으로 살았단다.

나의 아내는 포강이 지나는 계곡 출신이었으니 거기서 너의 '알리기에리'라는 성이 생겨난 것이란다."

이어 나는 황제 쿠라도를 따랐고
그의 기사가 되어 수많은 공적을
쌓아 그의 총애를 받게 되었다.

목자들의 잘못으로 정의(예루살렘)를 침해했던
부정한 율법(이슬람)의 족속들을 물리치려

황제의 뒤(십자군 원정)를 따라 나섰다. (139-144)

단테의 고조부는 2차 십자군전쟁에 참가하여 사라센인들과 싸우다 전사하였다.

순교를 하여 여기 평화의 곳으로 왔다. (148)

〈천국편〉 15곡은 단테의 선조 카치아구이다를 통한 단테의 명예와 희망을 보여 준다.

이는 〈지옥편〉 15곡에서 단테의 스승 브루네토 라티니를 통한 단테의 교양과 희망을 보여 준 것과 비교가 된다.

〈천국편〉 다섯 번째 하늘, 화성천에서 전개되는 15곡~17곡은 단테 이전의 피렌체와 시민들에 관한 이야기이다.

이는 〈지옥편〉 제 칠옥, 폭력과 가증의 지옥에서 전개되는 15곡~17곡의 단테 시대의 피렌체 이야기와 대비를 이루고 있다.

제16곡

그래도 순수했던 시절의 피렌체를 회상하는 고조부

화성천 영혼들이 이룬 거대한 십자가 앞, 단테는 고조부 카치아구이다 영혼을 만나 기쁨에 차 있었다.

단테는 "오, 한 줌도 안 되는 피의 존귀함이여!" 노래하며 가문의 혈통을 자랑하고 싶었다. 금방 오그라드는 망토처럼 헛된 일인지 알면서도….

단테는 갑자기 어투를 바꾸어 극존칭인 Voi(당신들이라는 복수형 표기)로 고조부를 대한다. 이 모습을 본 베아트리체가 미소지었다. 이 모습은 중세 소설 〈아더왕 전설〉에서 렌슬렛 기사가 왕후인 귀네비어에게 몰래 입맞춤할 때 하인이 이를 보고 헛기침하는 모습 같았다.

당신(Voi)은 저의 조상이시며
저의 마음을 높여 저를 실상보다 더 높여 주십니다.

(16곡 16-18)

천국편 – PARADISO 409

제 영혼은 수많은 지류들에서

흘러나오는 기쁨으로 넘쳐 흘러

제 가슴속에 마르지 않고 충만합니다.　　　　　　　　(19-21)

단테는 고조부에게 "제 혈통의 원류가 무엇인지요, 그리고 젊으셨을 때 어떻게 보내셨는지요?"라고 물었다.

"내가 태어난 곳은 너희들이 해마다 축제를 열며 뛰어다니는 지역의 마지막 동네 처음에 있지. 그 시절 무장한 사람이 있던 곳은 베끼오 다리에 있는 마르스상(피렌체의 첫 수호신인 전쟁의 신)과 피렌체 도심 세례자 요한성당 사이에 사는 자의 오분의 일에 불과했단다. 그때는 모두가 선하고 천한 직공들도 순수했지.

그러나 '지금은 사기 한번 쳐 볼까' 하는 자들이 들어와 우굴거리며 살고 있지."

사람들이 뒤섞이면 언제나 도시가

타락하는 법, 음식을 이것저것

들이부으면 배탈이 나는 것과 비슷하다.　　　　　　(67-69)

달의 하늘의 회전이 해안을 쉴 새 없이

덮다가(밀물) 벗기다가(썰물) 하듯이, 운명도

피렌체와 더불어 그렇게 하는구나.　　　　　　　　(82-84)

고조부의 영혼은 피렌체의 수십 개 가문의 흥망성쇠를 이야기하였다.

그러나 역사의 뒤로 사라진 저 고귀한 피렌체인들의 명성을 잘 기억하였다. 물론 교만 때문에 산산조각난 자들의 몰락을 이야기했고, 피렌체가 꽃 피우며 빛나는 시절도 이야기하였다.

그때에도 물론 권모술수를 부리는 성직자들이 있었다. 교회의 빈자리를 고의로 연장하여 추기경 회의에 자리를 차지하고 앉아 살을 찌우던 자들이 그러했다.

단테의 고조부 카치아구이다

고조부는 단테에게 피렌체에 궬프당과 기벨린당의 분열을 촉진시킨 계기가 된 부온델몬테의 이야기와 그럼에도 불구하고 평화롭던 피렌체 이야기를 들려 주었다.

"높은 명예에 자손들도 누리며 살던 부온델몬테는 남의 꼬임으로 아메데이가문과 약혼을 파기하고 도나티가문과 혼례를 치루었다. 이에 분노한 아메데이가문이 그를 죽이게 되고 복수에 대한 복수가 연달아 일어났다.

결과적으로 베키오다리를 지키는 갈라진 돌(마르스상)에서 타살당한 부온델몬테는 제물로 바쳐진 희생물 꼴이 되었다.

  나는 이런 저런 사람들과 더불어 평화로운 피렌체를 보았다. 눈물을 흘릴 이유가 없는 곳이었다.

이런 사람들과 더불어 나는 명예롭고 정의로운
시민들을 보았다. 피렌체를 상징하는 백합은
깃대에 걸려 꺾여지지 않았고, (151-153)

분열로 말미암아 선홍색으로 되지도 않았다." (154)

제17곡

고조부의 예언과 권유,
네가 본 모든 것을 글로 써라

단테는 화성천에서 그리스 신화를 떠올렸다. 신의 자식도 아닌 아비 없는 자식이라고 놀림받다가 모친 클리메네에게 가서 부친을 찾아 가는 길을 묻고, 부친 아폴론을 찾아가 태양의 전차를 몰도록 해달라고 조른 파이톤처럼 그러한 마음이 들었다. 베아트리체도 거룩한 빛을 발하는 카치아구이다도 그렇게 느낀 것 같았다.

베아트리체가 단테에게 말했다.

그대 열망의 불꽃을 방출하세요!
그대 잔을 채우고 갈증을 풀도록 원하는 것을 다 말하세요.

(17곡 7-12)

그녀에게서 힘을 얻고 단테가 입을 열었다.

태양의 전차를 모는 파이톤 _ 귀스타브 모로 작

"오, 고귀한 저의 뿌리시여! 저는 베르길리우스를 따라 죽은 자들의 세계와 영혼들이 치유받는 산을 오르면서 제 미래에 대한 불길한 얘기를 들었습니다. 어떤 운명이 저에게 다가오는지 알고자 합니다. 운명의 화살은 기대할 때 더 느리게 날아갑니다."

그러자 고조부가 시원하게 대답했다.

"강물을 따라 떠내려가는 배는 눈에 비치는 대로 움직인다. 마치 오르간 음악이 귀를 감미롭게 울리듯이 미래가 그리는 너를 둘러싼 형상은 하나님의 시각으로부터 내 눈에 착상되어진다."

아, 무자비하고 사악한 계모 때문에
히폴리토스가 아테네에서 추방된 것처럼
너도 피렌체를 떠나게 될 것이다.

그것은 하늘의 의지대로 계획된 것이며
예수 그리스도를 온 종일 사고파는 곳(교황청)에서
널 쫓아낼 궁리를 하는 자들(흑당)에 의해 이루어진다. (46-51)

너는 네가 가장 사랑하는 모든 것을 버려야 할 것이니
이것이 너의 운명의 활이 처음으로 쏘게 될 화살이다. (55-57)

"남의 빵을 먹고사는 맛이 얼마나 짠지, 또 남의 계단을 오르내리는 일이 얼마나 힘든 것인지 너는 알게 될 것이다. 슬픈 계곡에서 겪는 배신과 광포함을 견디라. 그러니 너의 편을 만들어 두라. 너의 첫 피난처와 둥지는 베로나이다. 또한 너의 위대한 업적을 도울 자(칸그란데 델라 스칼라)를 만나게 될 것이다. 그는 아직은 어리지만 섬광 같은 기개를 보일 것이다. 그러나 세상에 말하지는 말라. 그 전에 너는 숨어 있는 덫을 몇 년 내에 볼 것이다."

단테는 고조부의 예언을 듣고 가슴이 미어지는 느낌을 받았다. 그러나 마음을 다잡고 말을 했다.

"조상님이여, 준비하지 못한 자에게 혹독한 시련이 떨어지듯이 제게 큰 타격이 질주하며 공격해 오는 것이 보입니다. 그러나 선견지명으로 제게 힘을 실어 주세요!

다른 건 잃을지언정 제 시 만큼은 모두 지키고 싶습니다. 비통한 지옥과 연옥산 위에서, 그리고 빛에서 빛으로 올랐던 천국을 통해서 참으로 많은 것을 배웠습니다. 그 진리들 앞에 제가 소심해진다면 그리고 제 이름이 묻히는 것이 두렵습니다."

고조부의 영혼은 햇살을 받는 황금 거울처럼 더 찬란한 빛을 발하기 시작했다.

"수치를 느껴 검게 탄 양심은 너의 말에 곤혹스러워 할 것이지만 봐줄 필요없다. 너의 글로 네가 본 모든 것을 드러내어라. 가려워하는 사람들을 시원하게 긁어 주어라.

너의 말이 처음에는 쓴맛을 줄 수 있으나
잘 새기면 나중에는 점차 모두가
생명의 양식으로 삼을 것이다.

너의 외침은 가장 높이 오를 때

가장 힘든 바람을 맞게 될 것이니, 이것은

너의 명예가 하찮은 것이 아님을 말하는 것이다. (130-135)

네가 본 영혼들은 모두 이름이 알려진 자들이다. 왜냐하면 듣는 자들에게 증명할 수 있게 하려 함이니 그들에게 명증하지 않으면

그들이 확고한 믿음을 가질 수 없는 까닭이다." (142)

제18곡

화성천 웅장한 빛 합창대, 목성하늘 수놓은 빛 글자들

고조부 카티아구이다로부터 충격적인 예언과 충고를 듣고 단테가 쓴맛과 단맛을 음미하며 심각해 한다. 그걸 보고 베아트리체가 단테를 다독이듯 말했다.

"이제 다른 생각 그만하세요. 내가 모든 고통을 덜어주는 그분과 함께 있잖아요?"

단테는 그녀의 거룩한 눈에서 본 거대한 사랑을 말로 옮기지 못했다. 그 순간 단테가 기억하는 것은, "그녀로 인하여 나의 마음이 자유로워졌다"는 것이다.

영원한 기쁨이 베아트리체의 얼굴에 곧게 비치고
그 반사광이 나의 기쁨으로 채워 주었기 때문이다.

(18곡 16-18)

카치아구이다가 단테를 보며 다시 입을 열었다.

"정수리에서 생명을 받아 사시사철 열매를 맺으며 잎이 지지 않는 나무(천국)의 다섯 번째 가지(화성천)에 축복받은 영혼들이 있다. 내가 이름을 말하면 그 영혼이 구름 사이로 번개처럼 빛날 것이다."

그의 이름을 말하자 여호수아의 빛이 십자가를 번쩍 가로질렀다. 위대한 마카베오의 빛은 둥글게 휘감기며 기쁨을 선사해 주었다. 마카베오는 기원전 167년에 유대의 독립전쟁을 이끌어 마지막 이스라엘 왕조를 이룬 유대의 영웅이다.

그리고 신성로마제국을 세워 로마를 계승하고 교회를 지킨 샤를 마뉴와 그의 장군 롤랑의 이름이 나왔고 두 빛이 빛을 발했다. 이어 여러 위대한 영혼들의 빛들이 소개되며 다른 빛들과 섞여 하늘의 거대한 합창대를 이루며 천상의 노래를 불렀다.

단테는 베아트리체의 눈에서 순수와 희열의 빛을 뿜는 모습을 보았다. 단테는 자기 안에 기쁨과 함께 덕(품성)이 자라는 것을 알게 되었다. 그 기적이 한층 빛나는 것을 보고 하늘과 함께 하는 회전이 어느새 그 호를 넓혔다는 것을 알았다.

여섯 번째 하늘 목성천, 그 온화한 별이 순수하게 우주를 비추고 있었다.

하얀 빛을 띠고 있는 것이 보였다. 마치
여자가 부끄러움이 가실 때 발그레한 얼굴이
금방 하얗게 돌아오는 것과 같았다.

영혼들이 만든 글자 M과 독수리 형상 _ 조반니 디 파올로 작

목성의 햇불 속에서 불꽃으로 일렁이는
사랑의 빛이 눈앞에서
우리(라틴어)의 문자를 형성하고 있었다.   (67-72)

빛들 속에 축복받은 영혼들이 노래 부르며 원을 그리더니 이번엔 D, I, L을 그려냈다. 단테는 감격하여 외쳤다.
 "나의 정신에 새겨진 이 영혼들의 글자들을 모두 볼 수 있도록 내게 빛을 내려 주소서. 나의 짧은 시로 표현하도록 내게 능력을 주소서!"
 자세히 보니 글자는 35개로 나타나 보였다. DILIGITE IUSTIT-IAM(정의를 사랑하라)이라는 문구가 하늘에 수놓아지고 조금 후 QUI IUDICATIS TERRAM(땅을 심판하는 자들이여)이라는 문구가 이어졌다.
 마지막 글자 M 자 위에 더 많은 빛들이 내려 앉아 하나님을 찬양하고 있었다. 불붙는 통나무를 두드리면 수많은 불꽃들이 튀어 오르듯이 수천 개의 빛들이 솟아오르고 있었다. 저마다 자리를 잡아 갔다. 아, 독수리의 머리와 목의 형상이 M 자 위로 나타났다. 하나님께서 영혼들을 움직여 독수리의 그림을 그리신 것이다.

M과 독수리는 로마를 상징한다. 세상의 정의는 하늘에서 내려옴을 표현하는 장면이다. 단테는 하나님께 그들의 빛을 흐리는 연기가 뿜어 나오는 곳을 눈여겨 보시길 간청했다. 이는 당시 타락한 교황청과 교황 보니파키우스 8세를 두고 하는 말이다.

그래서 기적과 순교로 쌓아 올린 성전 안에서
팔고 사는 저들에게 하나님의 분노가
다시 한 번 내리시길 간청합니다. (121-123)

넌(교황과 성직자) 말은 잘한다. 내 마음은 독신으로 살며
(살로메의)춤 때문에 순교하셨던 그분(세례요한)을
향해서만 꿋꿋한 소망을 간직하고 있으니. (133-135)

당시 통용되던 피렌체 금화에 세례요한이 새겨져 있다. 부패한 성직자가 따르는 것은 오로지 금화라고 풍자한 시이다. 그래서 당시 성직자들의 소망은,

고기잡이 베드로나 바울에 대해 아는 바가 없다. (136)

제19곡

기쁜 영혼들이 만든 날개 편
독수리의 노래와 목소리

목성천 은빛 하늘에 이번엔 날개를 활짝 편 독수리의 이미지가 펼쳐졌다. 그것은 겹을 이룬 기쁨을 누리던 영혼들의 형상이다. 영혼 하나 하나가 햇볕에 비친 루비와도 같았다.

혀로 말한 적 없고, 글로 쓴 적 없으며,
상상으로 그린 적 없는 광경이 펼쳐졌다.　　　　　(19곡 7-9)

단테는 독수리 부리를 보고 내는 소리를 들었다. 그런데 '나'라고 말을 하는데 '우리'라는 뜻이 담겨 있었다. 그 이유는 영혼들이 함께 내는 한 목소리이기 때문이다.

나(우리)의 정의와 연민 때문에 나는

이렇게 영광으로 높이 올랐다.

나의 소망이 품을 수 있는 가장 높은 곳이다. (13-15)

단테는 독수리의 이미지를 바라보며 소리쳤다.

"영원한 측복받는 영원한 꽃들이여, 당신은 수많은 향기를 하나로 집중시켜 말에 숨을 불어넣고 오래 굶주린 제 배 속을 깨워 주십니다. 당신은 아시지요? 저를 오래 굶주리게 만든 의문이 무엇인지 아시지요?"

그들은 영혼들만이 아는 노래로 하나님의 은총을 드높이며 한 목소리로 깃발을 움직이고 있었다. 이어 말을 시작했다.

"하나님은 온 우주에 권능을 새기시고 말씀 안에 온 우주를 품으셨다. 너에게 부여된 시각은 영원한 정의를 측량할 수 없으니 차라리 심연을 들여다보는 것이 더 쉬우리라. 너의 애를 태운 의문을 이렇게 말하겠다.

'인더스 강변에서 태어난 사람이 선하고 정의롭게 살았지만 그리스도를 듣지도 알지도 못하고 죽는다면, 그 영혼이 벌을 받게 되는 '정의'는 무엇입니까? 그런 '죄'는 도대체 무엇입니까?'

오, 땅의 피조물들이여! 아, 둔감한 마음들이여, 하나님의 최초 의지는 최고의 선이신 스스로에 계신다. 그 의지는 그 빛을 보내 선을 창조하신다."

따오기가 새끼들에게 먹이를 주고 난 다음에

둥지를 맴돌며 날아다닐 때 새끼는

머리를 쳐들고 그런 어미를 바라본다. 그렇게
거룩한 이미지가 나를 맴돌았다. 수많은
의지들이 합세하여 그 날개를 움직여
내 위를 맴돌았고 나는 그 쪽으로 머리를 쳐들었다.　　　　(91-96)

영혼들이 단테 위를 맴돌며 노래하며 이렇게 말했다.
"내 노래는 네가 이해하기에 너무 높구나. 영원한 심판이 필멸의 너희들에게 주어질 뿐이다. 그리스도를 믿지 않은 사람은 누구도 왕국에 오르지 못했다. 그러나 '주여, 주여' 하고 외치는 자들이 심판날 그리스도를 모르는 자들보다 그분 곁에 더 가까이 서리라는 보장은 없다."
이어서 그리스도를 믿지 않았던 나라의 사람들의 죄과가 하나님의 열린 책(심판자의 책)에 낱낱이 쓰여 있다고 하였다. 에티오피아인부터 페르시아인, 프라하인, 스코틀랜드인, 잉글랜드인, 스페인인, 보헤미안인들의 교만과 죄악들을 열거하였다.
"이 책은 불의 섬 시칠리아를 지키는 자(페데리고 2세)의 인색과 비열함 그리고 그의 형제와 숙부의 추악한 소행들을 밝혀 보여 줄 것이다. 거기에 노르웨이의 왕과 포르투갈의 왕, 세르비아 라쉬아의 왕들의 추악함 그리고 헝가리 왕의 권력 남용들도 밝혀질 것이다.

그리고 이를 저마다 확인하게 해 줄 것이니
키프로스의 니코시아와 파마구스타의 사람들은
떠나지 않는 맹수(앙리 루시냥 2세) 때문에　　　　(145-147)
울부짖고 저주를 할 것이다.　　　　　　　　　　　　(148)

목성천 영혼의 불꽃들의 형상, 로마를 상징하는 독수리 _ 귀스타브 도레 작

제20곡

목성천의 빛들, 독수리의 눈동자
다윗과 다섯 영혼들

  태양이 반구 아래로 저물자 목성천의 하늘이 갑자기 수많은 빛들에 의해 비춰졌다. 모두 하나의 빛의 반사들이었다. 단테는 하늘의 변화를 보며 지배자의 표지(독수리 형상)가 그 부리 안에서 잠잠해졌음을 느끼며 귀를 기울였다.

여섯 번째 유성(목성)을 치장하는
귀하고 찬란한 보석(영혼)들이
천사들의 노래를 잠잠하게 하였을 때

샘의 풍부함을 자랑하며
바위에서 바위로 흐르는 깨끗한 물처럼
냇물의 속삭이는 소리가 들리는 듯했다.　　　(20곡 16-21)

그 물 흐르는 소리는 바로 독수리의 속삭임이었다. "나의 형상을 이루는 영혼들 중에 눈의 형상을 이루는 영혼들은 가장 고귀한 빛을 낸다."

눈동자로 반짝이는 영혼은 성령의 영감을 받아
시와 노래를 썼고 성궤를 끌고 다닌 자였다.   (37-39)

눈동자 영혼은 다윗이다. 이어서 눈썹을 이루는 다섯 영혼을 소개하였다.
"입부리에 가까이 있는 빛은 아들 잃은 과부를 위로했던 트라야누스 황제이고,
위쪽 눈썹을 그리는 빛은 신실한 회개와 기도로 15년이나 삶을 연장받은 히스기야왕, 그다음 빛은 목자(교황)에게 로마를 주고 수도를 비잔틴으로 옮긴 콘스탄티누스황제이다.
아래쪽 눈썹의 빛들은 평화와 정의를 내세운 시칠리아의 굴리엘모왕과 그리고 트로이의 영웅 리페우스이다."

광활한 하늘을 나는 종달새가
노래하다가 침묵을 지키는 것은
자기 노래의 감미로운 가락에 취한 탓이네.

이렇게 독수리는 하나님의 기쁨을 반사하며
은혜로 충만하고 오직 그분의 뜻에 따라

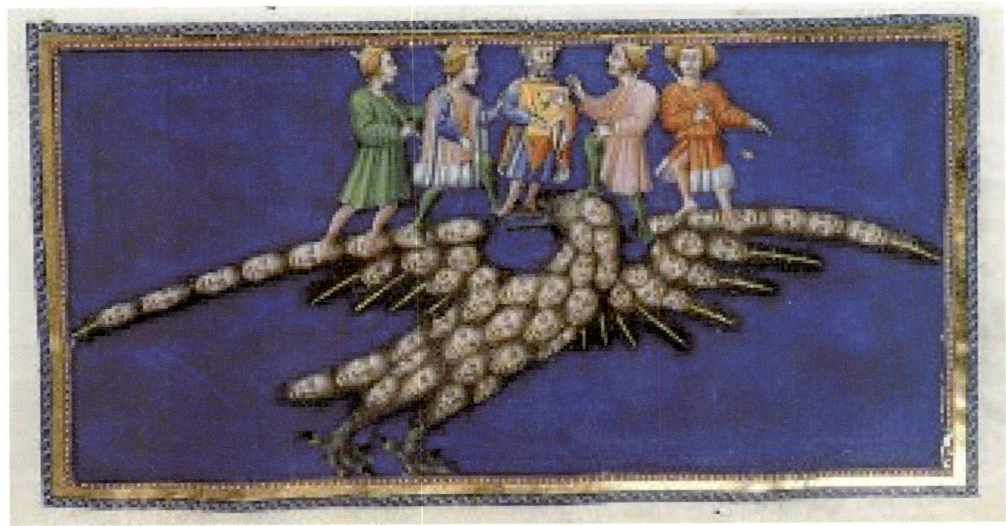

목성천 독수리의 눈썹 5명 성인, 히스기아, 콘스탄티누스외 _ 조반니 디 파올로 작

저마다의 지체적인 본분을 다하는 것이다. (73-78)

단테는 거기서 번쩍이는 빛들의 잔치를 보았다. 그러면서 이교도의 두 영혼이 천사의 왕국을 장식하고 있음에 의아하게 생각하고 있었다. 독수리가 이를 알고 설명했다.

"트라야누스는 뼈와 살을 지닌 육신으로 다시 돌아와 하나님을 믿다가 천국에 올랐다. 그레고리우스의 간절한 기도에 하나님께서 특별한 은총을 주신 결과, 그에게 자유의지를 주어 천국과 지옥을 선택토록 한 것이다.

리페우스는 장차 오실 그리스도의 수난을 믿은 확고한 신앙으로 세례가 있기 천 년 전에 세례를 받았다. 네가 연옥 정상(지상천국)에서 본 그리핀이 끌던 수레 바퀴의 오른편 세 명의 여인들이 그 세례의 대리인들이었다.

운명의 뿌리는 모두 하나님의 섭리 가운데 묻혀 있다. 우리도 그분의 선택한 명단을 알지 못하니 이러한 한계가 우리의 기쁨이다. 거기서 선이 완성되는 까닭이다."

그 거룩한 이미지는 단테의 짧은 시야를 치유하는 달콤한 약을 처방하여 주었다.

이때 훌륭한 비파 연주가 훌륭한 가수의 노래를 더 아름답게 하듯이,

말하는 동안 그 두 거룩한 빛이
마치 깜박이는 두 개의 눈처럼
말과 완벽히 조화를 이루며 떨리는 것을,　　　　　(145-147)

내가 보았던 기억이 지금도 생생하다.　　　　　(148)

제21곡

토성하늘 황금빛 사다리로 내려오는 천사들과 영혼들

단테는 토성천으로 순식간에 올라와 있었다. 단테는 자연스레 베아트리체의 얼굴을 바라보았다. 어인 일인가? 미소를 짓지 않고 있다니! 대신에 그녀가 말을 했다.

내가 미소를 짓는다면 그대는 재로 변하고 말 거예요.

(21곡 5, 6)

"나의 아름다움은 궁전을 오를수록 더 빛을 냅니다. 그래서 조절하지 않으면 그대는 필멸의 능력(시력)을 잃을 겁니다. 우린 이미 일곱 째 빛에 올랐어요."

단테는 지구를 도는 수정(토성)에 황금빛 번득이는 사다리가 눈이 닿을 수 없을 만큼 솟아있는 것을 보았다. 수많은 빛들이 황금사다리를 따라 내려오는 것이 마치 하늘이 모든 별빛을 쏟아내는 듯했다. 단테는 그중 매우 밝은 빛에게 입을 열었다.

"아래 하늘에서 숭엄하게 울리던 교향곡이 왜 이 하늘에서는 잠잠한지 말해주세요!

성스러운 불꽃이여, 당신에겐 특별한 능력이 부여된 건가요?"

빛(영혼)이 대답했다.

"나는 피에트로 다미아노 수도사이오. 그대를 환영하려고 내려왔소. 여기 관조의 하늘인 토성천에서는 그대가 듣는 것도 베아트리체의 얼굴에 미소가 없는 것과 같다오. 하나님의 빛이 나를 향하시고 나를 둘러싼 빛을 관통하십니다. 그 능력이 나에게 지고의 원천을 보여준다오. 나는 라벤나의 산타마리아 수도원에서 검소한 음식만 먹으며 더위와 추위를 견디그 명상과 기도를 즐겼었지요.

그 수도원은 한때 모든 하늘을 채울

영혼들을 수확했으나 이제는 불모지가 되어

곧 몰락할 것이오. 거기서 나는 수도의 길을 걸었지. (118-120)

맨발의 비쩍 마른 게바 베드로도, 성령의 강건한

그릇 바울도, 아무데서나 닥친 환경대로

먹을 것을 구하면서 하나님을 섬겼다오. (127-129)

그러나 요즘 목자들은 귀족처럼 옷자락을 늘어트려 그들이 타는 말을 덮으니 하나의 가죽 아래 짐승 두 마리가 움직이는 듯하네. 이를 하늘이 참아야 하다니!"

많은 불꽃들이 내려오며 다미아노의 주위에 멈춰 외쳤는데 듣지 못한 높은 소리였다.

나는 말뜻을 모르겠고 천둥같은 소리에 압도되었다. (142)

토성천 황금빛 사다리로 오르내리는 천사와 영혼들 _ 윌리암 블레이크 작

제22곡

토성천, 발아래 놓인 광활한 우주와 초라한 지구

    토성천 영혼들이 천둥같이 함성을 지르자 단테가 어린애처럼 놀라워했다. 이를 본 베아트리체가 자식에게 달려가는 어머니처럼 말했다.

    "그대는 하늘에 있다는 것 잊었나요? 이곳에서는 모든 것이 선의와 거룩한 열정이란 것을. 그들의 외침속에 기도를 들었다면 닥쳐올 하늘의 복수를 그대 죽기 전에 볼 것이라오. 하나님의 심판은 급하지도 더디지도 않게 온답니다."

    여기에서 복수란 하나님을 배신한 교황 보니파키우스 8세가 당할 수모와 죽음과 지옥행을 말한다. 더하여 후임 교황이 아비뇽으로 유폐되는 것등 성직자들에 내려지는 벌을 말한다.

눈을 돌려 브세요. 훌륭한 영혼들이 수없이 보일 거여요.

(22곡 19-21)

단테는 수백의 빛들이 서로 어우러져 아름답게 반짝거리는 것을 보며 환희와 열망에 사로잡혔다. 그 진주들 사이로 가장 크고 밝은 진주가 단테의 소망을 채워 주었다.

"몬테카시노에 아폴론 신전이 있고 이교도인들이 오르내렸다. 그 신전을 헐고 하나님의 수도원을 지은 자가 바로 나, 베네딕투스라네. 이렇게 세상을 유혹하는 이교도로부터 도시들을 구했다네."

단테는 성 베네딕투스를 보고 감동에 젖어 말하였다.

"저의 믿음을 열어주시니, 그 믿음으로 태양이 따뜻해진 장미가 꽃잎을 열며 활짝 피어나듯이 자라납니다. 그러니 아버지같은 당신께 간청합니다. 너울을 걷은 당신의 얼굴을 볼 은총을 제가 지니고 있는지요?"

"형제여, 너의 소망은 곧 가게 될 마지막 하늘에서 이루어질 것이다. 야곱은 염원으로 꿈속에서 하늘에 닿는 사다리 위를 천사들이 오르내리는 모습을 보았지. 그러나 이제는 세상이 변하여 사람들이 거기에 오르기 위해 땅에서 발을 떼려 하지 않는다. 내가 만든 수도원의 규칙들도 먼지만 쌓이니 안타까운 일이라네."

수도원의 성벽은 짐승의 소굴이 되고
수도승의 걸치는 옷은 부패하여
밀가루를 담은 자루가 되었다   (76-78)

베드로는 금도 은도 없이 믿음을 세웠다
나는 기도와 금식으로 믿음을 세웠고

로마 근교 동굴 속에서 수도하는 베네딕투스

　프란체스코는 겸손과 청빈으로 수도원을 세웠네.　　　　(88-90)

　성 베네딕투스는 교회의 변질을 안타까워하며 동료들의 빛 속으로 돌아가서 돌연 회오리바람처럼 높이 휘감겨 올랐다. 그러자 부드러운

천국편 - PARADISO　　435

여인은 조그만 몸짓 하나로 단테를 사다리의 가로대 위로 밀어 올렸으니 그녀의 힘은 단테의 본성을 이긴 것이다.

   자연법칙대로 오르고 내리는 세상의 눈으로는 그때 단테의 솟아오른 날개에 비길 만한 빠른 속도는 결코 있을 수 없을 것이다. 단테는 무수한 별들을 보았다.

   오 영광의 별들이여, 위대한 힘을 지닌
   빛이여, 나의 문학적 재능은 모두
   그대들의 빛에서 잉태되어 나온 것!   (112-114)

   이제 내 영혼이 여행의 끝에 이르는
   힘든 고비를 넘을 수 있도록
   그대들에게 모든 것을 바쳐 간구합니다.   (121-123)

   단테의 찬양과 기도를 듣고 베아트리체가 말했다.
   "그대는 이제 마지막 축복에 이르렀어요. 그러니 이제 눈을 예리하고 맑게 다듬으세요! 그곳(항성천)에 들기 전에 아래를 보세요."

   그대의 발아래 놓인 우주가 얼마나 광활한지 보세요.   (128, 129)

   나는 지금까지 지나온 일곱 개의 하늘들을
   하나하나 돌아보고 우리의 지구를 내려다보았다.
   나는 웃음이 나왔다. 참으로 작게 보였기 때문이다.   (133-135)

토성천, 토성에서 보는 지구는 창백한 푸른 점이다 _ 칼 세이건의 표현

단테는 달의 그림자를 보았다. 지구에서 올려 보았을 때는 농도의 차이로 생겨났다고 했건만 위에서 보니 그림자 없이 온전하게 빛나고 있었다.

하이페리온의 아들인 태양을 응시할 수 있었고 수성과 금성이 그 가까이 도는 모습을 보았다. 목성은 토성과 화성 사이에서 열기를 조절하고 있었다.

그 일곱이 얼마나 큰 것인지, 얼마나 빠른지, 거리가 얼마나 멀리 있는지 모두 보였다.

영원한 쌍둥이자리와 함께 도는 나에게
우리를 그토록 미치게 만드는 지구가
언덕부터 해안선까지 한눈에 들어왔다. (151-153)

이어 나의 눈은 저 아름다운 눈으로 향했다. (154)

제23곡

그리스도의 빛과 성모 마리아, 가브리엘의 노래

단테는 베아트리체에 이끌려 뭇 별들이 밝고 또 밝게 빛나는 하늘로 올라왔다.

여덟 번째 하늘 항성천이다. 베아트리체는 둥지의 새끼들을 지키며 먼동이 트기를 기다리는 어미새처럼 하늘을 오래 바라보며 드디어 입을 열었다.

승리의 그리스도를 맞는 저 무리들을 보세요.
이 하늘의 회전에서 거둬진 열매들을 보세요.　　　(23곡 19-21)

수천 개의 등불(영혼) 위로 태양 하나가
그 모든 것을 비추어 주었다. 마치
지상의 태양이 하늘의 눈들을 비추는 듯했다.

그리고 그 번쩍이는 실체가 살아있는

그의 빛을 통하여 나의 얼굴에 투영되니

내가 이를 감당할 수 없을 정도였다. (28-33)

사랑스럽고 부드러운 베아드리체가 말했다.

"지금 그대를 초월하는 저 빛은 어느 것도 막을 수 없는 힘이에요. 하늘과 땅 사이에 길을 열어 준 지혜와 권능입니다. 단테여, 눈을 뜨고 내 얼굴을 보세요! 그대는 지금 그리스도의 빛을 보았으니 나의 미소쯤은 능히 감당할 거예요."

단테는 잠에서 막 깨어나 꿈꾼 것을 잊어버리고 다시 기억하려고 헛되이 애쓰는 사람처럼 그녀의 말을 듣고 있었다. 마치 과거를 기록해 둔 책에 있는 예언처럼 들렸다.

"폴리힘니아(서정시의 뮤즈)와 그 자매들이 저들의 달콤한 젖으로 살찌운 혀들로 나를 도우려 노래 부른다 해도, 베아트리체의 거룩한 미소와 성스로운 얼굴의 진실을 과연 천분의 일이라도 묘사할 수 있을까?

그래서 나의 이 신성한 시는 천국을 묘사하면서

막힌 길을 찾는 사람처럼 건너뛸 때도 있는 것이다. (61-63)

뱃머리가 헤쳐 나가는 드넓은 바다는 작은 배로 조심히 건너야 할 사공의 길이 아니다. 여기서 내 시의 주제와 무게를 염두에 두면 이 바다를 비틀거리며 간다 해도 누가 비난하지 않으리라."

혼자 도취해서 합리화하는 단테를 보고 베아트리체가 말했다.

"그대는 내 얼굴에 취해서 그리스도의 빛 속에서 꽃피우는 아름다운 정원으로 눈을 돌리지 않는군요. 보세요! 하나님의 말씀이 육신이 된 장미(성모 마리아)가 있고 인간을 올바른 길로 이끈 백합(사도)의 향기도 여기 있어요."

단테는 그녀의 말을 따르고 싶었기에 연약한 눈을 들어 강렬하고 황홀한 빛과의 전투에 투입시켰다. 쏟아지는 사랑의 불타는 빛(그리스도)을 받아 찬란하게 빛나는 수많은 무리들이 보였지만 그 근원은 볼 수가 없었다.

"오 위대한 힘이시여! 나의 힘없는 눈일지라도 지각할 수 있도록 해주세요. 내가 밤낮 기도하는 달콤한 꽃의 이름(아베 마리아)은 내 영혼을 온통 사로잡아 그 불꽃들의 불꽃을 보게 하였나이다!"

땅에서 지배하였듯 하늘에서도 지배하시는 그 살아있는 별이 얼마나 광대하고 영광스러운지! 단테의 두 눈이 힘을 얻었을 때, 왕관처럼 둥그런 작은 횃불(가브리엘 천사)이 하늘로부터 내려와 그녀를 감싸며 빙글빙글 돌았다.

지상의 인간을 사로잡는 어떠한 선율이라도,
저 아름다운 벽옥(성모 마리아)에게
면류관을 씌워 주는 가브리엘의 칠현금에서

쏟아져 나온 가락에 견주면, 구름을 쪼개고 나오는
천둥소리에 불과할 것이다. 성모 마리아는

성모 마리에에게 수태고지하는 가브리엘 천사 _ 루벤스 작

항성천, 승리의 그리스도의 빛을 맞는 영혼과 천사들 _ 귀스타브 도레 작

하늘의 가장 밝은 이곳을 푸르게 물들이고 있었다. (97-102)

가브리엘 천사가 들려주는 노래이다. "저는 천사의 사랑입니다. 우리의 소망이신 그리스도께서 계셨던 곳, 그 뱃속에서부터 숨을 쉬신 최고의 기쁨을 에워싸고 있습니다. 하늘의 여인이시여! 당신의 자식을 따라 가장 높은 하늘로 드시어 하늘을 더욱 신성하게 만드는 동안 저는 주위를 돌려 합니다."

다른 모든 빛들도 이 가락을 따라 마리아의 이름을 노래했다. 모든 빛들이 높이 오른 성모 마리아를 향해 뻗어 올랐다. 감미로운 가락으로 '하늘의 여왕'을 불렀다.

지상에서 좋은 씨를 뿌리고 땅을 일군 영혼들이 이 하늘에서 이룬 풍요로운 모습들에는 얼마나 풍성한 은총이 담겨 있는가! 그들은 이 하늘에서 진정한 삶의 기쁨을 거두는데, 이런 열매는 바빌론 유배지에서 황금을 경멸하면서 눈물로 쟁취한 것이다.

이곳 하나님과 마리아의 아들 밑에서 그리고 구약과 신약의 선한 영혼들 사이에서 영광의 열쇠를 지닌 성 베드로가,

승리의 모습으로 앉아 있었다. (139)

제24곡

항성천, 성 베드로가 믿음에 대하여 신앙문답을 하다

그리스도와 성모마리아가 위 하늘로 오르신 후에 항성천에는 사도들과 축복받은 수많은 영혼들이 몇 겹의 큰 원을 그리고 있을 때 베아트리체가 외쳤다.

하나님의 양의 위대한 잔치에 선택받은 분들이여
축복의 식탁에 부스러기를 이 사람이 맛보게 하소서.

(24곡 1-9)

그녀의 소리에 영혼들이 각기 다른 춤을 추며 축을 중심으로 돌기 시작했다. 그리고 가장 밝은 불꽃 하나가 솟아오르는 것이 보였다. 숭고한 음악에 싸여 베아트리체 주위를 세 차례 돌더니 아름다운 동작을 멈추고 말을 하였다.

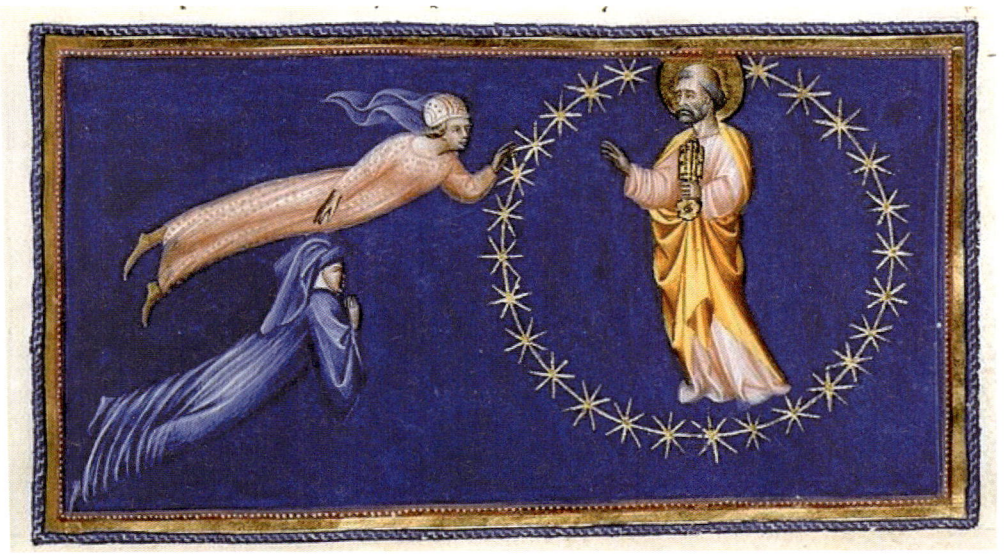

베드로와 믿음에 대한 문답하는 단테 _ 조반니 디 파올로 작

"오, 성스러운 누이여, 그대 이토록 간절히 원하니 나를 사랑의 원에서 나오도록 하였네요."

"인간의 영원한 빛이여! 주님께서 기쁨의 천국열쇠를 맡기셨던 분이여! 당신(베드로)이 바다 위를 걷게 했던 그 믿음에 대해 이 사람을 시험해 보세요. 옳게 사랑하고 옳게 믿고 있는지 물어 봐 주세요?"

베드로가 단테에게 말했다. "말하라! 훌륭한 그리스도인이여, 무엇이 믿음인가?"

베아트리체가 단테에게 눈짓으로 말했다. "네 영혼에서 물을 길어 올려 쏟아 나라!"

"아버지여. 당신과 함께 믿음의 길에서 로마를 당신의 형제(사도바울)가 썼던 대로,

'믿음은 바라는 것들의 실상이요 보지 못하는 것들의 증거'(히브리서

11장) 입니다. 높은 소망은 믿음 위에 세워집니다. 그래서 믿음을 실체라고 합니다."

"세상의 수준이 이렇게 높다면 소피스트의 재치는 설 자리가 없을 것이다. 모든 덕은 믿음이라는 보석 위에 자리한다. 너는 어디서 그것을 얻었는가?"

"오래된 양피지(구약성서)와 새로운 양피지(신양성서)를 흠뻑 적시는 성령이십니다."

성 베드로가 여러 신앙문답을 통하여 단테를 신뢰하자 하늘에서 성스러운 합창, "저희는 하나님을 찬미합니다."(Dio laudamo)가 울려 퍼졌다.

성 베드로는 단테의 믿음을 가지마다 검토하였고, 이제 가지 끝 잎사귀에 다다랐다.

> 너의 마음과 함께 사랑스러운 은총이
> 너의 입술을 지금까지 움직이시어
> 올바른 길을 말하게 해 주셨구나.
>
> 너의 입에서 들은 것을 받아들인다. 그러나
> 이제 너의 믿는 바를 표명하라.
> 그리고 너의 신앙의 원천을 말하라.   (118-123)

"저는 영원하신 하나님이 모든 하늘들을 운행하심을 믿습니다. 또한 모세와 예언자들, 복음을 믿고, 영원하신 세 존재들을 믿습니다. 하나이자 셋이신 삼위일체를 믿습니다. 복음서와 교리가 저에게 가르침을 주었습니다. 이것이 제 신앙의 원천이며, 하늘의 별처럼 제 안에서 반짝반짝 빛납니다."

말할 것을 명하셨던 성 베드로의 빛은
내가 말을 마치자 내 위에서 축복의
노래를 부르면서 세 차례 감싸 주셨으니 (151-153)

내 말이 그토록 큰 기쁨을 주었던 것이다. (154)

제25곡

항성천, 성 야고보가 소망에 대하여
신앙문답을 하다

단테는 서재에서 책을 쓰며 생각한다. "하늘과 땅이 서로 손을 잡는 내용을 담은 이 거룩한 책을 쓰며 나는 몸이 상하고 야위었다. 나를 감싸 준 포근한 우리(피렌체성) 밖으로 추방한 늑대들에 이 시로써 승리를 거둔다면,

나는 변한 목소리와 또 다른 양털을 가진 시인으로
돌아가 내가 세례를 받은 샘에서 면류관을 받을 것이다.

(25곡 7-9)

단테는 항성천에서 베드로가 그의 머리를 세 번 돌며 마치 관을 씌워 준 것에 고무되었다. 이번에는 사도들이 거하는 하늘의 원에서 다른 하나의 빛이 단테를 향하여 움직였다. 베아트리체가 기쁨에 차서

말했다.

"보세요! 성 야고보의 빛이에요. 스페인의 갈라시아에서 순교하셨지요."

비둘기가 서로 구구거리며 사랑을 표현하는 것처럼 그들은 서로 즐거운 인사를 나누었다. 베아트리체가 성 야고보에게 말했다.

"고귀한 생명이여, 천상의 관대함을 기록한 사도여! 이 높은 하늘에 소망이 울리도록 해 주세요. 예수께서 세 사도에게 가장 큰 빛을 주신 만큼, 당신은 이 자에게도 소망을 외치도록 도와 주세요."

그러자 성 야고보가 단테에게 말하였다.

"머리를 들어라! 육체의 옷을 벗고 이곳에 오르는 영혼들은 우리의 빛을 익혀야 한다. 그대여, 소망이란 무엇인지, 또 소망이 너의 마음에서 얼마나 자라고 있는지, 너의 소망은 어디에서 오는지 말해 보라?"

학생이 잘 알고 있는 경우에 자신있게 말하듯 단테가 거침없이 대답하였다.

소망은 앞으로 축복을 받으리라는 것을
확신하고 기다리는 것입니다. 하나님의 은총과
인간이 미리 쌓는 가치관에서 나오는 것입니다.

소망은 많은 별들에서 저에게 옵니다.
처음 제 마음에 소망을 부어 준 자는
저 지존의 왕이시며 시편의 저자(다윗)였습니다.   (67-72)

"소망은 당신의 서간문에서 나에게 풍성히 떨어져 내렸습니다. 소망이 내게 흘러넘쳐 다른 자들에게 부어 주고 있습니다."

성 야고보의 영혼에 불꽃이 일었다.

"내 안에서 언제나 불타오르는 사랑은 종려나무(순교의 승리)와 싸움터(예수증거하는 삶)까지 함께하는 소망을 향한 것이었다. 소망이 너의 영혼에게 무슨 약속을 하는지 말해 주면 기쁘겠다."

"신약과 구약성서에 표적을 두고 성서에 나오는 고귀한 영혼들의 간증으로 저에게 나타납니다. 당신의 형제이신 성 요한도 흰 두루마기에 대해 쓰신 성서에서 이 계시를 더 명확하게 드러내 주십니다.

"능히 셀 수 없는 큰 무리가 나와 흰 두루마기를 입고 손에 종려나무를 들고 보좌 앞과 어린 양 앞에 서서 큰 소리로 외쳐 이로되, 구원하심이 보좌에 앉으신 우리 하나님과 어린 양에게 있도다"-요한계시록 7장 9, 10

단테의 말에 하늘에서 '당신께 바라나이다'라는 노래가 들려오고, 모든 춤추는 영혼들이 합창으로 화답을 하였다. 또한 젊은 처녀같은 영혼이 일어나서 리듬에 맞춰 춤추며 돌고 있는 두 사도들에게 도달하였다. 그 광휘(성 요한)를 응시하며 나의 여인 베아트리체는 신부처럼 꼼짝도 하지 않고 선 채로 말하였다.

"이분이 최후 만찬날 예수님의 가슴 위에 뉘우신 분이세요. 십자가(예수)로부터 큰 소임을 받으셨지요.(예수의 모친 마리아를 돌보라는 소명)"

단테는 그 마지막 빛(사도요한)을 응시하다가 이런 소리를 들었다.

"너는 왜 여기에 없는 걸(요한의 육신) 보려고 눈이 머느냐? 나의 몸

항성천, 야고보사도가 소망에 대하여 단테와 문답하다 _ 조반니 디 파올로 작

은 흙에서 와서 흙으로 돌아갔는데, 최후의 심판날에 다른 자들과 육
신을 입고 있을 것이다."

> 오직 두 개의 빛들(예수와 성모마리아)만 두 벌의 옷(영, 육)을 입고
> 우리의 수도원(천국)으로 곧바로 오르도록 되었으니
> 이를 너의 세상에 돌아가 설명해 주어라   (127-129)

그 소리에 원을 그리던 불꽃들이 춤을 멈추고, 베드로와 야고보, 요한의 세 영혼들이 조화를 이루며 내는 달콤한 소리도 멈추었다. 마치 휘파람 소리에 노를 일시에 멈추는 것과 같았다. 베아트리체를 보려고 몸을 돌렸을 때 단테의 눈엔 아무것도 보이지 않았다. 그녀만이 곁에 있는 것 같았다. 둘은 천국 여덟 번째 하늘 항성천에 있었다.

> 내 마음을 가로지르는 느낌이 참으로 몽롱했다.   (139)

제26곡

성 요한의 사랑에 대한 신앙문답과 아담의 간증

단테는 시력을 앗아간 눈부신 불꽃(성 요한)의 목소리를 듣고 정신이 바짝 들었다.

"네 시력은 죽지 않았으니 너를 하나님의 하늘(지고천)로 이끄는 저 여인의 눈짓으로 나을 것이다. 그녀의 눈에는 아나니아의 손이 가졌던 힘(바울의 멀었던 눈을 치유함)이 담겨 있다.

단테여, 너의 영혼이 갈망하는 것이 무엇인지 말해 보아라.

(26곡 7, 8)

"이 궁정을 풍성하게 만드시는 최고의 선은
저에게 부드럽고 힘차게 다가오는 사랑입니다.
사랑은 모든 성경말씀의 알파와 오메가입니다. (16-18)

항성천 요한, 베드로, 야고보 사도와 함께하는 단테와 베아트리체 _ 윌리암 블레이크 작

외부에 나타나는 어떤 선이라 할지라도
그 본질의 빛의 반사일 뿐이기에
그 본질(하나님)은 단연 두드러집니다. (34-36)

또한 철학자 플라톤의 〈향연〉이나 아리스토텔레스의 〈윤리학〉에 기록된 '영원불멸한 사랑'에 대하여 잘 이해하고 있습니다. 무엇보다 당신의 성서 〈요한복음〉과 〈요한삼서〉의 말씀에서도 사랑의 진리에 대하여 명백히 해 주십니다."

"인간의 이성이 증명하고 하나님의 계시로 말하듯 높은 사랑은 하나님을 향한다.

그러나 너를 하나님께 이끄는 다른 끈들이 있는가? 그리고 그 끈을

무는 너의 많은 이빨에 대해서 설명해 보아라?

단테는 그리스도의 독수리가 던진 성스러운 의도를 알고 있었다.

"그리스도의 죽음과 부활, 신자들의 소망 그리고 올바른 사랑의 의미를 알고 있습니다. 저는 영원한 정원사가 하나님의 정원을 온통 무성하게 가꾼 잎들 하나하나를 사랑합니다. 하나하나에 빛들이 골고루 퍼져 있습니다."

단테가 말을 마치자 하늘은 감미로운 노래로 가득 찼고, 나의 여인은 모든 영혼들과 "거룩하다! 거룩하다! 거룩하다!" 하고 외쳤다.

베아트리체는 천 킬로미터 이상을 환히 비추는 찬연한 눈으로 단테의 시각을 가린 티끌들을 걷어 주었다. 이제 훨씬 잘 보였다. 단테가 눈앞에 등장한 네 번째 빛에 대해 묻자, 그녀가 말했다.

저 빛들 가운데 하나님이 창조한 첫 영혼이
창조주를 흠모하며 관조하고 있어요.   (82-84)

단테는 아담이라는 소리에 어리둥절하다가 곧 자신감을 회복하고 소망을 다시 불태우며 아담의 영혼에게 물었다.

"아, 성숙한 채로 창조된 유일한 열매여! 모든 신부를 딸과 며느리로 삼는 최고 어른이시여! 당신은 저의 소원을 꿰뚫어 보고 계시니 제가 당신의 말씀을 듣겠습니다."

인류 최초의 영혼은 투명한 빛을 발하며 단테에게 기쁨을 주려고 움직이며 말했다.

"네가 말하지 않아도 나는 네 소망을 너보다 더 잘 알고 있단다. 나

항성천, 아담과 단테의 만남 _ 조반니 디 파올로 작

는 진실의 거울로 너의 소망을 본다. 얼마나 오래전에 하나님께서 에덴동산에 나를 두셨는지, 내가 무엇 때문에 하나님의 분노를 샀는지, 그때 사용한 언어는 무엇인지 묻고 있구나?

나의 아들아! 내가 그렇게 오래전에 추방된 것은
나무의 열매를 맛본 그 자체 때문이 아니라
내게 명한 하나님과 경계를 넘어섰기 때문이다.

너의 여인이 베르길리우스를 보내
너를 돕도록 한 그곳(지옥의 림보)에서 나는
사천삼백이 년을 기다리며 만남을 갈망했다.

그리고 내가 지상에 사람으로 살고 있었던 동안
태양이 구백삼십 번을 그의 길의

모든 빛과 함께 지고 뜨는 것을 보았다.   (115-123)

그때 언어는 니므롯 족속들이 이룰 수 없는 일(바벨탑)을 착수하기 전에 소멸되었다. 어떠한 인간 정신의 산물도 영원하지 않고 자연의 사물처럼 인간의 일은 변하기 마련이다. 사람이 말하는 것은 자연스러운 일이다. 이렇게 혹은 저렇게 말하느냐는 네가 좋을대로 하도록 자연은 허락한다.

나는 그렇게 오랜 세월 동안 죄를 참회(지옥 림보에 머뭄)하였다. 그 동안 최고선은 I (야훼)로 불리시다가 나중에 EL (엘로힘)이라 불려지셨다.

바다 위로 치솟은 산 정상(연옥정산, 에덴)에서 순수가 치욕(추방)으로 변하기까지는 하루의 첫 번째 시간에서 여섯 번째에 앞선 시간이니,

그 사이에서 태양은 사분의 일을 움직이고 있구나."   (142)

자유의지

자유의지는 신곡 전편에 흐르는 주제이다. 단테는 인간의 선택은 신과 자연이 인간에게 허락한 선물이자 선이라고 말한다. 어떻게 사용하느냐에 따라 그 책임은 인간에게 있고 자유의지의 결과에 담긴 선과 악에 따라 신의 심판을 받는 것이다.

단테는 작품을 통하여 당시 신의 '예정설'로 인간의 '선택(자유)의 포기'와 교회의 압박 상태를 극복하려는 의지를 끊임없이 설파한다. 그래서 단테는 중세의 암울한 지붕을 열어젖히려 한 최초의 작가이자 종교개혁의 씨를 뿌린 자이다. 계몽사상가이기도 하다.

천국편 26곡에서 아담의 대사를 통하여, "인간 정신의 산물도 자연처럼 변화한다"는 말을 하다가 불쑥 "사람이 말하는 것은 자연스러운 일이다. 이렇게 혹은 저렇게 말하느냐는 네가 좋을대로 하도록 자연은 허락한다."(130-132)라고 하며 인간의 자유의지 사상을 설명하였다.

∾⌒

제27곡

분노로 천국을 붉게 만든 베드로가 단테에게 당부

온 하늘이 외쳤다. "성부와 성자와 성령께 영광을!" 단테는 황홀감에 취했다.

우주 전체가 하나의 미소 같았다. 계속 타오르는 네 개의 횃불 가운데 맨 먼저 왔던 것(베드로의 영혼)이 더 밝게 빛을 내었다. 목성의 은빛과 같았던 영혼의 빛이 갑자기 화성의 붉은 빛으로 변하면서 이런 소리를 하였다.

내가 색깔을 바꾸어도 놀라지 마라.
내가 말할 때 모든 영혼들도 색깔을 바꾸는 것을 보리라.

(27곡 19-21)

"그리스도가 계신 그 앞 비어 있는 나의 자리, 나의 자리, 나의 자리를…! 그자(교황 보니파키우스 8세)가 나의 무덤이 있는 곳을 온통 피와 악취와 시궁창으로 만들었다. 하늘에서 추락한 사악한 자(사탄)가 크게 기뻐하는구나."

베드로의 분노에 붉은 빛이 하늘을 뒤덮었다. 겸손한 여인이 부끄러움에 낯을 붉히듯이 베아트리체의 얼굴도 그렇게 변하였다. 그리스도께서 우리의 죄를 위하여 고통을 당하셨을 때,

하늘이 일식으로 어두워진 것도
같은 맥락일 것이다. 베드로는 말을 이었는데
얼굴색이 변한 것처럼 목소리 또한 변해 있었다.　　　　　(37-39)

"그리스도의 신부(성도)가 나에게서 흘러나온 피나, 나의 후계자들이 흘린 피로 자라온 것은 황금을 얻기 위한 것이 아니다. 섹스투스나 우르바누스처럼 순교한 교황들은 인간의 행복한 삶을 얻기 위해 통곡의 눈물과 선혈을 뿌린 것이다.

나에게 맡겨진 천국열쇠는 전쟁을 벌이는 깃발에 그려 넣으라는 것이 아니다. 더욱이 거짓된 특권의 인장에 내 얼굴을 새기라 한 적도 없다. 분노와 부끄러움이 인다!

목자의 가죽을 입고 강도 짓 하는 늑대들이 득실거린다. 타락한 교황들이 우리의 피를 마실 준비를 한다. 오, 하나님의 권능이시여! 막아주소서!

그러나 스키피오(포에니전쟁 영웅)의 손을 통해

성부와 성자와 성령께 영광을 드리며 위 하늘로 오르는 천사들 _ 귀스타브 도레 작

로마가 세계의 영광을 보존하게 하신 섭리는
다시 한 번 큰 도움을 주실 것이다.

그러니 아들아! 필멸의 무게를 지니고 너는
다시 세상으로 돌아가 입을 열어라. 그리고
내가 감추지 않은 것을 감추지 마라." (61-66)

    단테는 항성천에 함께 있었던 승리의 영혼들이 눈송이처럼 올라가자 하늘의 정기가 빛나는 것을 보았다. 베아트리체가 단테에게 말했다. "이제 눈을 내리고 저 아래 지구를 보세요. 그대가 얼마나 멀리 왔는지…."
    단테는 지구끝 스페인 서남부 가데를 넘어 오디세우스가 항해한 미친 뱃길 지브롤터까지 보았고, 에우로파가 순수한 짐(황소로 변한 제우스 등에 탐)으로 실려간 크레타 해안까지 보았다. 단테는 발밑에 놓인 별들을 보며 영원한 여인을 보고자 하는 열정이 더욱 세차게 타올랐다.

그녀를 바라보는 것만으로 나에게 생긴 힘이
순식간에 원동천으로 나를 밀어 올렸다. (97-99)

    단테를 이끌고 원동천에 오른 베아트리체는 환한 미소에 행복을 담아 입을 열었다.
    "중심을 두고 모든 것들은 본성을 따라 여기에서 출발하니 모든 하늘들은 원동천의 힘으로 중심을 따라 돕니다. 원동천은 하나님의 정신에 담겨져 있어 사랑의 힘이 항상 타오른다오. 다른 하늘들은 한 치의 오차도 없이 우주의 중심인 지고천(엠피레오)을 보며 운행합니다.

시간은 지고천의 화분(원동천)에 뿌리를 숨기고
나머지 하늘들에 잎을 틔우는 것을
그대는 이제 분명히 아실 겁니다.　　　　　　　　　　(118-120)

그러나 인간은 탐욕에 사로잡혀, 맺는 열매는 약하고 곧 썩게 됩니다. 오직 어린이들에게서만 순수와 믿음을 볼 수 있어요. 그러나 그들도 수염이 나기 전에 사라집니다. 인간을 바로 다스리는 자가 세상에 없기 때문에 인간은 길을 잃고 있어요.

하늘은 언젠가 오래 기다려온 큰 바람을 몰고 오는 빛을 비출 거예요. 그래서 뱃머리로부터 선미로 배를 돌리고 곧게 뻗은 항로를 향하여 다시 항해하면

꽃이 피고 좋은 열매가 달리겠지요.　　　　　　　　　　(148)

제28곡

온 우주 천사들의 합창,
아홉 하늘의 아홉 천사들

　천국의 아홉 번째 하늘 원동천은 하나님이 계시는 지고천(엠피레오)을 감싸며 온 우주와 하늘에 권능의 힘을 내려주어 천체가 운행하도록 한다. 베아트리체는 단테를 원동천에 이끌어 올라와 온 우주의 하늘들을 보여주고, 발아래에 있는 보잘것없는 지구도 보게 한다. 그리고 인간이 현재 처한 측은한 상황을 비춰보여 주었다.
　단테의 눈은 이제 탄탄하여져서 그녀의 사랑스러운 눈을 응시하고 서 있을 수 있었다. 그녀의 맑은 눈동자에 비친 우주를 보려고 몸을 돌렸다.

　아주 예리한 빛을 발하는 광명의 중심을 보았다.
　그 강렬한 빛에 눈을 감을 수밖에 없었다.　　　　　(28곡 16-18)

그 중심점 주위를 불의 테두리(최고천사 무리) 원주가 아주 빨리 돌았다. 점점 넓혀가며 아홉 원주까지 이어졌다. 광명의 중심에서 멀어질수록 더 느리게 돌았다. 순수한 불꽃(하나님)에서 가까운 원주일수록 그분의 진리를 더 깊이 공유하기 때문에 맑게 보이는 듯하였다. 단테의 놀라워하는 모습을 보고 베아트리체가 말했다.

"모든 자연과 모든 하늘들이 그 중심(엠피레오)에 의지합니다. 모든 우주가 이렇게 질서를 이룹니다. 그러나 인간의 감각세계에서 관찰하면 회전하는 하늘이 중심(여기서는 지구)에서 멀어질수록 더 성스러운 것으로 보입니다.

오직 사랑과 광명을 경계로 삼고 있는
이 놀라운 천사들의 성전(원동천)에서 배우고자 하는
(그대의) 소망을 마지막으로 이루고자 합니다.

왜 원본과 복사물(물질적 우주)이 서로 일치하지 않은지
더 살펴 봐야 하겠습니다.
저 혼자 들여다보는 것은 헛되기 때문이오.　　　　　(52-57)

모든 하늘들은 하나님의 지성과 맺어 있기에 큰 것에는 더 큰 힘이 작은 것에는 작은 힘으로 놀라운 조화를 이루는 것을 관찰할 것입니다."

대기를 정화하고 잡다한 먼지를 제거하는 미풍이 불어오는 것처럼 여인의 훌륭한 이야기를 듣자, 단테는 진리가 하늘의 별처럼 맑게 빛

원동천, 아홉 하늘의 아홉 천사들 합창 _ 귀스타브 도레 작

나듯이 정신이 맑아졌다.

 불의 테두리와 원주들마다 수많은 불꽃들이 끓는 쇳물에서 불꽃이 튀기는 것 같았다. 그때 합창대가 어우러져 '호산나!'를 부르는 소리가

들렸다. 영원한 광명의 중심을 향한 천사들의 합창이었다. 황홀경에 빠져있는 단테에게 그녀가 말했다.

"처음 두 테두리들은 최고위 천사인 세라핌과 그 다음인 케루빔들을 보여 줍니다. 케루빔의 다음 둘레 원주는 트로니라 불립니다. 이들 셋이 첫 품계를 이룹니다.

두 번째 품계는 봄에 만개하는 꽃과 같아요. 첫째는 도미나치오, 다음은 비르투디, 그리고 포데스타디의 순서로 위계가 자리합니다.

세 번째 품계는 프린치파티와 아르칸젤리가 돌고 있고, 마지막으로 안젤리의 환희가 채워져 있다오. 천사들은 모두 위를 응시하며 하나님을 향해 나아가고자 합니다.

아테네의 대주교였던 디오니시우스가 그의 저서 〈천국의 질서〉에서 이 위격들을 구분하여 이름을 지었지요. 이러한 분류에 반대한 자들도 있었으나 단테에 의해 밝혀졌다고 놀라실 필요는 없어요. 이곳에서 비밀을 본 사도바울이 아홉 원주에 대하여,

더 많은 진리들을 디오니시우스에게 말해 주었으니까요." (139)

∽⌒

항성천, 원동천, 지고천과 우주의 힘에 대한 베아트리체의 설명(천국편 2곡)

"나는 이제 반짝이는 별처럼 초롱초롱한 진실을 보여 주겠어요!

하나님의 평화로 충만한 가장 높은 하늘 지고천(엠피레오)은 힘을 만

들며 영원히 도는 원동천(아홉 번째 원)을 품고 있는데 그 에너지는 자체를 포함한 우주의 모든 운동을 만듭니다. 원동천 바로 아래에 수많은 별들을 거느리는 항성천(여덟번째 원)의 뭇 별들에 그 힘을 퍼지게 합니다. 그렇게 다음 하늘들은 차례로 가지가지 색다른 모양을 지니면서도 가장 높은 지고천의 본성을 줄곧 유지합니다. 이렇게 단계별로 밑으로 진행합니다."

제29곡

베아트리체의 설교, 하나님이 창조한 천사들의 본성

———✦———

라토나의 두 아이들(해와 달)이 지평선을 띠로 두르고, 자오선이 그들의 균형을 맞추는 순간부터 그들은 각각 다른 반구로 옮겨 간다. 지구에서 그러는 동안 천국의 원동천에서 베아트리체는 광명의 중심에 눈을 고정하고 있었다.

그녀는 한참을 침묵하더니 단테에게 길게 설교하듯 말했다.

"하나님께서 영광의 빛 가운데 '나 스스로 있노라!'라고 선포하십니다.

그는 존재의 완전한 상태를 이루며
시위가 셋인 활(삼위)이 세 화살을 쏘는 것과 같습니다.

(29곡 22-24)

원동천, 우주의 질서와 함께 창조된 천사들 _ 귀스타브 도레 작

그리고 유리나 호박, 수정에 빛이 샐 틈이 없는 것처럼 그렇게 찬란하게 비칩니다.

주님의 세 가지 경로의 창조는 일시에 어울어져 존재마다 투영됩니다. 실체들(천사들)은 우주의 질서와 함께 창조되어 우주의 꼭대기인 원동천에 올라 있습니다. 천사들은 하나님의 광명의 중심을 쉼 없이 돌면서 소임을 기쁘게 수행하고 있어요.

그런데 지옥으로 추락한 천사장 루키페르의 타락의 원인은 저주받은 교만 때문입니다. 그대가 여기서 보는 천사들은 그들의 지성이 군주(하나님)의 선에서 오는 것임을 겸손하게 인정하고 있습니다.

천사들의 시력은 하나님의 빛을 발하는 은총과
그들 자신의 가치에 의해 고양되었으며
이제 그들은 굳건하고 충만한 의지를 갖고 있다오.   (61-63)

그러나 사람들은 철학을 한답시고 진리를 따르지 않고 거룩한 말씀을 왜곡합니다.

사람들은 하나님의 말씀이 세상에 뿌리내리기까지
얼마나 많은 피를 흘리는지 그리고 성서 말씀을
겸손히 받드는 자가 얼마나 기쁜 마음을 갖는지

생각하지 않아요. 대신 사람들은 으스대느라
저들이 꾸민 진리를 들이대고, 설교자들은

복음서 얘기는 한마디 없이 이를 더 꾸며 내지요. (92-96)

그리스도의 수난 동안 태양이 빛을 잃은 것을 사람들은 자연적인 일식이라고 거짓을 말했어요. 일식현상이 아닌 이유는 서쪽 끝 스페인이나 동쪽 끝 인도에서도 태양이 빛을 스스로 잃었기 때문이지요.

그리스도는 첫 수도원(12 사도들)에게 오직 '복음을 유일한 칼과 방패 삼아라' 했거늘, 지금은 설교한답시고 격언이나 농담을 늘어놓고 어떻게든 웃기려 하고 수도복을 교만으로 부풀리지요. 그들은 수도복 끝자락에 악마의 새가 깃드는 걸 모르지요.

천사들의 본성은 인간이 다 셀 수 없습니다. 최초의 빛(하나님)께서 수많은 천사들 수만큼이나 많은 방식으로 그들을 관통하십니다. 사랑의 축복은 천사들마다 내리십니다. 단테여, 이제 높은 곳을 보시고 영원한 숨결을 보세요! 그분의 숨결은 셀 수 없는 많은 거울들로 나뉘면서,

언제나 그러했듯 하나로 남아 계십니다." (145)

제30곡

최고 하늘에 흐르는 빛의 강물, 빛과 꽃들의 향연

하늘 한복판에 변화가 일어났다. 별빛들이 여기저기 꺼져간다. 태양의 가장 맑은 시녀(금성)가 가까워 오면 별빛들이 사라져가듯. 이제 아무것도 보이지 않자, 단테는 오직 베아트리체만 볼 뿐이다. 순수한 빛이 있는 지고천(엠피레오)이다.

단테는 사랑하는 베아트리체를 바라보며 혼자 생각했다.

"그녀에 대한 나의 모든 말들을 하나의 송가로 바치기에는 정녕 부족하리라. 그녀의 사랑스러운 미소를 생각만 해도 나는 정신을 잃고 분간을 할 수 없게 된다.

내 속세의 삶에서 그녀를 맨 처음 보았던
첫날부터 지금 (천국 지고천에서) 보기까지
나의 시는 찬미의 흐름이 멈춘 적이 없었다.

그러나 지금 내 글에서 그녀의 아름다움을
노래하는 것을 멈추어야 한다. 최고의
예술가만큼이나 난 많은 것을 했기 때문이다.　　　　(30곡 28-33)

힘겨운 얘기는 이제 마감하고, 나보다 더 위대한 악대에게 그녀를 보내드려야 한다."

…

베아트리체가 천국의 길잡이로서의 임무를 다했다는 표정과 몸짓으로 말했다.

우리는 가장 큰 하늘로부터 순수한 빛의 하늘로 왔어요.
　　　　　　　　　　　　　　　　　　　　　　(30곡 37, 38)

그것은 사랑이 가득한 지성의 빛이요
기쁨이 가득찬 진실하고 선한 사랑이며
일체의 감미로움을 초월하는 기쁨이라오.　　　　　(40-42)

"그대는 여기서 천국의 두 군대를 볼 것입니다. 그 하나는 최후 심판 때 보게 되는 모습을 하고 있다오. 이 하늘을 영원히 고요하게 하는 사랑은 여기에 오는 모든 영혼들을 맞아들입니다. 그 사랑을 붙일 초는 언제든 준비되어 있습니다."

그녀의 간결한 말이 단테에게 새로운 힘을 솟구치게 하였다. 새로운 시력이 생겨나 이제 최고의 빛을 감당할 정도가 되었다. 곧 빛의 현란한 향연이 눈앞에 펼쳐졌다.

> 마치 봄의 기적과도 같이 색칠해진
> 두 언덕 사이로 불꽃들이 눈부시게
> 타오르며 강물처럼 흐르고 있었다.
>
> 이 강물들로부터 살아 있는 불꽃들이 나와서
> 온갖 꽃들을 쏘아 올리며 불꽃을 피우고 있었다.
> 이는 마치 황금이 휘감긴 홍옥들처럼 보였다.　　　　(61-66)

향기에 취한 단테를 바라보며 베아트리체가 노래하듯 말하였다.
"그대가 보는 것들을 더 알고자 애태우고, 대답을 찾고자 하는 그대의 소망이 불타오를수록 나는 더 기쁘다오. 그러나 당신의 갈증이 풀리기 전, 이 물을 마셔야 합니다. 뛰어들다 솟구치는 강물의 보석들과 미소짓는 꽃들은 모두 기쁨의 형상입니다."

단테가 빛의 강물을 한모금 마셨다. 그때 거기서 눈앞에 비친 빛과 꽃들이 거대한 축제를 펼쳤다. 하늘의 궁정이 단테의 눈에 두 개로 나뉘어 보이는 듯했다.

> 하나님의 찬란한 빛이시여, 진실한 왕국의 승리를 봅니다.
> 이제 저에게 힘을 주시어 본 대로 기록하게 하소서.　　　(97-99)

창조주의 빛을 바라보며 피조물은 영원한 평화를 갖는다. 이 빛은

원동천, 창조주의 빛 _ 윌리엄 블레이크 작

둥그런 형태로 광활하게 퍼져있다. 그 퍼진 모습은 한 줄기 빛으로 온다. 그 빛은 원동천 위를 투영한다. 그로부터 생명의 힘이 우주에 퍼져나간다.

그 빛 속에서 수천도 넘는 영혼들이 층을 이루어 제 모습들을 비추어 보고 있었다. 하늘로 복귀를 성취한 자들이다. 가장 낮은 층이 이러하니 이 장미의 맨 끝까지 뻗치는 공간은 얼마나 넓을까!

거기에는 가깝고 멀기가 더해지지도 없어지지도 않으니 시공을 초월하는 곳이다. 중력이나 자연의 법칙이 적용되지 않는 곳이다. 영원한 장미의 노랑 꽃술, 꽃잎의 겹들이 향기를 퍼내며 봄의 태양을 찬미하는 그곳이다. 단테는 아무 말도 할 수 없었다. 베아트리체가 드디어 입을 열었다.

"보세요! 하얀 옷을 입은 무리들이 얼마나 많은지요! 몇 자리만 남아 있네요. 저 면류관이 놓인 자리에는 황제가 될 운명의 위대한 하인리히의 영혼이 앉을 겁니다. 마술사 시몬처럼 성직매매를 저지른 교황(클레멘스 5세)이 하인리히 황제를 배신하였지요. 그가 지옥(말레볼제)으로 떨어져,

앞선자(보니파키우스8세)를 더 깊은 곳에 처박고 그 위 구덩이로 갇힐 거여요."

(148)

제31곡

베아트리체는 옥좌로 오르고, 베르나르가 안내하다

지고천에서 단테는 보았다. 그리스도의 거룩한 피로 신부 삼으신 저 축복받은 군대(영혼들)가 순백한 장미꽃같이 피어있는 것을, 또다른 무리(천사들)는 마치 그 꽃 속으로 들어갔다가 꿀을 모아 나오는 꿀벌들 같았다.

층층이 흰 장미꽃으로 들어가면서 그들은
하나님께 날아오르려는 날개짓을 하여, 모아들인
사랑의 평화와 따스함을 퍼지게 하고 있었다.　　　(31곡 16-18)

하나의 별로, 삼위의 빛이여! 충만한 기쁨을 채우시는 분이시여
이 곳 세상의 풍랑을 굽어 살피소서.　　　(28-30)

단테는 살아있는 빛을 통하여 축복받은 자들 사이로 존귀한 얼굴들을 보고 그의 여인에게 몸을 돌렸다. 베아트리체 대신에 하늘의 성스러운 옷을 입은 한 노인(베르나르)이 보였다. 성 베르나르는 11세기 프랑스 신학자로 베네딕트회 수도원 출신으로 많은 권력자를 신앙으로 귀의시키는 공을 세웠다. 명상으로 하나님과 감각적인 일치에 도달하는 최고 단계를 중요시 하였다.

단테가 베르나르에게 물었다. "당신은 누구십니까? 베아트리체는 어디에 있습니까?"

"그대의 소원을 풀어 주라고 베아트리체가 나를 보냈다. 나는 성모 마리아님의 종 베르나르이다. 그대가 하나님을 직관할 수 있도록 도와주려 한다. 눈을 들어 위를 보라! 세 번째 층을 보면 옥좌에 앉은 그녀가 보이리라."

단테가 눈을 들어 그녀의 앉은 모습을 보았다. 그녀는 영원한 빛을 반사하며 면류관을 이루고 있었다. 단테는 헤어짐이 아쉬어 그녀에게 '최고의 송가'를 지어 올렸다.

당신 안에서 내 소망(speranza)은 힘을 얻었다오.
나의 구원을 위해 지옥 안에까지
발자취를 남기는 수난을 겪은 나의 여인이여!

당신의 수고를 통해, 당신의 선행을 통해
그동안 내 눈으로 본 그 많은 것들에서
은혜(grazia)와 덕(virtute)을 받아들입니다.

원동천, 창조주의 빛

당신은 그 모든 길과 모든 방법으로

나를 속박에서 자유(libertate)로 이끌었습니다.

당신은 모든 것을 이루는 힘을 지녔습니다.

당신의 큰 사랑을 내 안에 간직하여

당신이 치유해 준 나의 영혼이 육신에서 나올 때

당신에게 기쁨이 되게 하소서.　　　　　　　　　　　(79-90)

　그녀는 단테를 바라보며 미소로 화답하였다. 그리고 영원한 우물로 다시 돌아갔다.

　그러자 성 베르나르가 말했다.

　"네가 여행을 완벽하게 성취하도록 거룩한 사랑과 기도가 나를 보내셨다. 단테여, 눈으로 하늘의 정원을 날아 보아라. 하나님의 빛을 직관할 준비를 하자. 하늘의 여왕(성모마리아)께서 우리에게 은총을 베푸실 것이다."

　단테는 그토록 갈망하며 베로니카(예수님의 얼굴형상이 찍힌 자욱)를 보러 와서 감동하는 순례자들을 생각하여 봤다.

　성 베르나르가 다시 말했다.

　"은총의 아들아, 아래 세상만 보지 말고, 저 위, 가장 높은 층을 올려 보아라! 왕국을 주관하시는 여왕께서 좌정하신 모습을 바라보아라."

　단테는 가장 멀고 높은 자리에서 더욱 강렬하게 빛나는 하나의 빛을 보았다. 그 평화의 빛 주변에는 수천의 즐거운 천사들이 각기 다른 밝기와 재주를 지닌 채 날개를 펴고 있었다. 그들의 율동에 미소 짓는 아름다움이 다른 성인들의 눈에서 축복으로 빛나고 있었다.

   베르나르는 자신의 뜨거운 정열에
   경건하게 눈길을 주는 나를 보더니
   너무나 깊은 사랑으로 성모 마리아에게 몸을 돌렸다.

   이를 바라보는 나의 눈을 더욱 뜨겁게 만들었다. (142)

제32곡

최고하늘 가득 순백의 장미,
꽃잎마다 깃든 영혼들

명상으로 하나님을 직관하는 영혼인 베르나르가 단테에게 거룩한 말을 시작하였다.

"성모 마리아께서 인간에게 근원적인 상처를 안겨준 여인(하와)을 발치에 두고 자리하고 있다. 하와 바로 아래 셋째 층에는 라헬과 베아트리체가 있다. 시인(다윗)의 증조모(룻)와 사라, 리브가 그리고 민족을 구한 유딧(적장 홀로페르네스를 사살)을 보라!

거대한 장미꽃 형상을 층층이 내려가며 그 이름들을 부르면 그들이 장미 꽃잎 하나하나를 타고 내려오는 것을 너는 보리라.

  이편은 앞으로 오실 그리스도를 믿던 영혼들이 이룬 꽃이고
  저편은 그리스도 오신 후의 영혼들이 이룬 꽃의 형상이다.

(32곡 22-27)

성모 마리아의 옥좌를 마주하고 세례요한의 옥좌가 있다. 요한은 광야에서 그리스도가 오실 것을 외치며 그 길을 평탄케 하신 자로 헤롯왕에게 죽임을 당하였다. 그분 아래로 프란체스코와 베네딕투스 그리고 아우구스티누스와 다른 복자들이 둘레에서 둘레로 내려오며 나뉘어 있다.

그리고 이 거대한 전체 둘레를 둘로 나눈 층의 아래로 어린 영혼들이 부모의 기도로 인해 그곳에 앉아 있다. 서둘러 여기에 온 영혼들은 다 하늘이 정해준 자리에 있다.

'아담부터 아브라함 시대까진 순수한 어린이는 믿음만으로 구원을 받았다. 그 이후로 남자들은 하늘에 오르는 힘을 날개에 주기 위해 할례를 받아야 했다.

그리고 은총의 시대, 그리스도안에 세례를 받지 않은 어린이는 림보에 머물러야 한다.'

이제 그리스도와 가장 닮은 얼굴을 바라보아라. 오직 그분(성모)의 빛을 받아야 그리스도를 볼 수 있다."

단테는 성모 마리아의 얼굴에 비처럼 내리는 축복을 보았다.

맨 처음 마리아에게 내려왔던 천사(가브리엘)가 날개를 활짝 펴고 '아베 마리아! 은총 가득 받으시도다!' 하며 노래했다. 이 거룩한 찬미에 궁정 각처에서 화답을 하니 모든 천사와 성인의 얼굴들이 더 밝게 빛났다.

단테가 베르나르에게 물었다.

"오, 아버지여, 옥좌에서 나를 위해 내려오신 분이시여, 하늘 여왕의 눈을 저토록 기쁨에 찬 눈으로 바라보는 저 천사는 누구입니까? 불타는 사랑에 빠진 듯합니다."

"이는 그 천사가 하나님의 아들이 육신으로 현현하여 우리의 짐을 지려고 원했을 때, 종려나무를 들고 동정녀 마리아에게 내려왔던 천사이기 때문이다. 이제 왕국의 위대한 최고의 장로들을 잘 보아라. 성모 마리아에 가장 가까이 있으며 축복을 누리며 있는 저 두 분은 우리 장미의 뿌리와 마찬가지다.

그녀의 왼편에 앉아 있는 분은
그 주제넘은 입맛 때문에 후세의 인간이
고통의 쓴맛을 보게 한 우리 아버지(아담)시다.

오른편에는 이 아름다운 장미의 열쇠를
그리스도로부터 받으신 거룩한
교회의 숭엄한 아버지(베드로)이시다. (121-126)

베드로 곁에는 사랑의 사도 요한이 앉아 있고, 건너편 옆으로 변덕스러운 족속을 이끈 지도자 모세가 앉아 있다. 맞은편에는 안나(성모의 모친)가 호산나를 부르며 딸을 바라보고 있다.

성녀 루치아(시칠리아에서 순교함)가 아담을 마주 보고 있구나. 그녀는 성모마리아의 명을 받아 네가 파멸의 길에 처했을 때 너의 여인을 보내신 분이다.

순백의 장미, 꽃잎마다 깃든 영혼들 _ 조반니 디 파올로 작

단테여, 천국여행의 남은 시간을 잘 활용하라. 이제부터 하나님을 오롯이 바라보며 그분의 빛을 깊이 관조하도록 하라. 그러려면 기도로써 은총을 얻어야 마땅하다.

너를 도울 힘을 가진 성모 마리아의 은총이다.
이에 경건한 마음을 다하여 나를 따르라.
너의 마음이 나의 말에서 벗어나지 않도록 집중하라. (148-150)

그리고 그는 거룩한 기도를 시작했다. (151)

천국편 - PARADISO 485

제33곡

영광의 삼위일체 빛의 원과 무한한 사랑을 보는 단테

천국 지고천에서 단테를 하나님의 보좌로 인도하려는 베르나르가 이를 위하여 성모에게 기도를 하였다.

"동정녀 마리아여, 당신의 아들의 딸이시여! 가장 겸손하고 가장 높으신 분이시여! 하나님께서 인간이 되도록 당신의 배 속에서 따스함을 준 사랑을 다시 불태우소서."

당신은 천국에서는 한낮의 횃불이시며
아래 세상에서는 영원한 희망의 살아있는 샘이십니다.　　(10-12)

이 사람은 우주의 가장 깊은 구멍(지옥)에서부터 여기까지 오르며 영혼들의 삶을 하나하나 목격했습니다. 그에게 힘을 내려 주소서. 필멸의 운명이 지닌 안개를 걷어 주시고 그의 눈앞에 즐거움의 극치가 모습을 드러내도록 하시옵소서. 모든 복자들과 베아트리체가 두 손을 맞잡고 기도하오니 보소서."

이제 모든 인간의 염원의 끝에서 불타는 소망을 더 높이 올리도록 모든 힘을 다 짜냈다. 베르나르가 단테에게 '저 위를 바라보라!' 권하기 전 단테는 이미 본능적으로 위를 관조하고 있었다.

순간적으로 단테의 눈은 더 맑아져 지존하신 빛의 빛줄기로 깊이 파고들게 되었다. 시야(visione)에 들어온 하나님의 빛은 말할 수 없는 영광이요 무한한 존재이셨다. 단테는 마치 꿈속에 있는 듯하였다.

아, 인간의 지성이 다다르지 못할
지고의 빛이시여! 당신이 보여주신 일부의
조금이라도 내 마음 속에 다시 돌려 주소서.

미래의 사람들에게 남길 수 있도록
당신의 영광의 단 한 순간 불티라도
포착할 정도의 힘을 나의 혀에 허락하소서.   (67-72)

나는 무한한 빛 속에서 보았다.
우주에 흩어진 비밀들이 한 권 책속에 사랑으로 묶여있는 것을.

(85-87)

단테는 우주의 비밀 매듭 하나를 보았다. 그의 마음은 기쁨으로 뛰고 있었다.

지고천, 단테가 하나님의 보좌를 알현하길 소망하며 성모 마리아에게 기도하는 복자들
_ 귀스타브 도레 작

그리스 신화에서 영웅 이아손이 아르고의 배를 타고 황금양털을 구하러 갈 때, 배 그림자를 보고 바다의 신 넵튠이 깜짝 놀란 것은 일찍이 그런 배가 출현한 적이 없기 때문이다. 단테는 그 뒤로 이천오백 년이 지났지만 긴 망각으로 실려가고 있었다.

그 영광의 빛 속에 젖어들면 보려는 열망에 빠져 눈을 돌리려는 생각은 불가능하다. 의지의 목적인 선이 완전하게 모이기 때문이다. 그러나 단테가 기억을 재현하려는 것은 마치 어머니의 가슴에 혀를 적시는 아기의 웅얼거림보다 더 짧으리라.

그 지고하신 빛의 깊고 투명한 본체 속에
내 앞에 펼쳐있던 세 개의 원 둘레들이
세 가지 빛깔(삼위)을 지닌 채 하나의 차원(일체)으로 존재한다.

그리고 무지개에서 무지개로 이어지며
하나(성부)가 다른 것(성자)에서 다시 반사되듯 하더니
세 번째(성령) 원은 우주로 골고루 나부끼는 불꽃 같았다.   (115-120)

스스로 좌정하시고 스스로 아시는 영원하신 삼위일체의 빛이여! 한 원(성자)이 그 빛 안에 잉태되어 반사하는 빛처럼 보여 주고 있었다. 단테는 그 원을 한동안 바라보았다. 어떻게 인류의 모습이 그 원에 들어있는지 어떻게 자리를 잡았는지 보고 싶었다. 그것은 사람의 형상으로 오신 예수 그리스도의 빛이었다.

단테는 자기 날개로 신성과 인성이 합일하는 경지에 오르기에는 너무 약함을 알았다. 표현할 수 있는 영역은 아니지만 빛속에서 깨어나 원했던 것을 마침내 이루었다.

지존하신 환상 앞에 나 여기 힘을 잃었다.
그러나 이미 나의 열망과 의지는
같은 방향으로 움직이는 바퀴와 같이 (142-144)

해와 별들을 움직이시는 사랑이 이끌고 있었다. (145)

에필로그

단테의 문학을 통한 시대적 실천과 잉태한 변혁의 씨앗들 - 『신곡』 중심으로

들어가며

대서사시 『신곡』은 인류의 문학적, 철학적, 종교적 유산의 총집결체이며 중세를 넘어 근대 문학의 심원한 원천이라는 평가를 받고 있다. 필자는 단테가 연옥 정상에서 그의 구원의 여인이자 사랑의 불꽃인 베아트리체를 만나서 함께 천국의 첫 하늘에 오르는 감동을 시로 지었다. 「천국편」 2곡에 묘사되어 있는 기독교 교리, 신의 사랑, 사람의 사랑, 신화, 과학을 최대한 담아보았다.

> 단테의 노래 - 신곡 천국편 제2곡
> 구원을 찾는 마음 하나 / 자그마한 쪽배를 탄 영혼들이여
> 천상을 향한 노래 부르며 / 노 저어가는 나의 배를 따르세요.

단테 초상화 _ 산드로 보티첼리 작 ▶

함께 시를 써요 / 미네르바가 영감을 주고

아폴론은 이끌고 / 아홉 뮤즈들이 북두로 안내하듯이.

신의 나라 향한 염원의 눈물 / 마르기도 전에 / 우리를 싣고 가는 걸 보세요.

베아트리체는 하늘을 보고 / 나는 그녀만 바라보는데

우리를 태운 화살이 무한한 장력(張力)에 / 벌써 천상에 오릅니다.

첫 번째 성좌(달)에 이끄신 빛과 / 영원한 물방울 같은 진주가

한 덩어리가 되고 / 그 사랑 속에 우리 영원하길

마돈나여 / 그 빛 / 그 사랑에 감사합니다.

망명길 단테는 '어두운 숲속'에서 방황하다가 하나님의 특별한 은총으로 저승 세계를 여행하게 된다. 지구 북반구 반대편에는 사람이 살지 않는 남반구에 높은 산이 있는데 이곳에 연옥(煉獄)이라는 독특한 세계가 있다. 연옥 정상에서 비로소 천국에 오를 수 있다. 단테는 베르길리우스의 손에 이끌리어 고통의 지옥을 지나 여기까지 올라간다. 죄의 기억을 말끔히 지우는 '레테의 강'을 건너고 드디어 십여 년 전에 죽어 천국의 별이 된 베아트리체를 만나게 된다. 그리고 함께 하늘에 오른다. 시의 장면이다.

단테(Dante,1265~1321)의 『신곡』(LA DIVINA COMMEDIA)은 지옥, 연옥, 천국(Inferno, Purgatorio e Paradiso)으로 되어있다. 각 편은 33곡(canto)으로 이루어진다. 서곡을 「지옥편」에 붙여 총 100곡으로 구성된다.

단테 알리기에리는 저자이자, 작품의 주인공이기도 하다. 단테를 어두운 숲에서 건져 이끈 자는 로마 최고의 시인인 '베르길리우스'(로마의 건국사『아이네이스』저자)이다. 단테를 지옥과 연옥의 정상까지 동행하며 순례를 이끌어 간다.

단테를 위대한 작품 세계로 이끈 동력의 원천은 무엇인가? 단테의 영원한 사랑이자 구원인 '베아트리체'이다. 작품안 저승세계 여행을 기획한 자도 베아트리체이다. 그녀는 연옥 정상부터 천국 여정을 이끈다. 기독교 교리를 설명하며 단테를 각성시키고 이승에 돌아가거든 저승의 경험과 교훈을 글로 남길 것을 단테에게 강권한다.

괴테는『신곡』을 '인간이 손으로 만든 최고의 작품'이라 칭송하고『신곡』의 영감을 받고『파우스트』를 집필했다. 화가 도메니코 디 미켈리노는 단테 탄생 200주년을 기념하여 1465년에 단테와 신곡의 지옥과 연옥과 천국의 세 세계를 한 폭에 담아 대형 그림을 그렸다. 보카치오는 '신이 내린 작품'이라 칭송하고 전국을 돌며『신곡』을 강의하고 전파하는 데 앞장섰다.

지난 2021년, 단테 서거 700주년을 기념하여 가톨릭계는『신곡』의 메시지는 '인류의 회심을 촉구하는 일과 인류의 참 행복을 선포하는 일'이라 했다. 단테는 문학을 통한 시대적 실천으로 인류를 회심케 하고, 인류 문명에 변혁을 가져오는 씨앗들을 잉태하였다. 단테는 인류를 위해 예비된 선지자 같은 존재였다. 현대 인류의 브레이크 없는 질주에 대응하여 '절제하는 인간 본성과 이성'의 가치가 필요한 시대이다. 인류는 다시 단테의『신곡』에 주목해야 한다.

1. 위대한 여정을 위한 운명적 준비

- 청신체 활동, 사람을 노래한 시문학

베아트리체에 대한 사랑을 담은 『신생』(La Vita Nuova)을 쓰던 젊은 시절에 단테는 '청신체'(dolce stil novo) - '감미로운 새로운 문체'라는 활동을 했다. 청신체 시문학은 이탈리아 문학의 새로운 장을 열었다. 형식은 소네트(sonnet)와 자유로운 발라드이며 신이 아닌 '사람'을 대상으로 노래한다. 단테는 작품에서 한 영령에게 청신체를 정의하며 본인을 소개한다.

> 사랑이 내게 불어올 때 받아 적고,
> 사랑이 안에서 불러 주는 대로
> 드러내려는 사람이라오.　　　　　- 연옥편 24곡 52~54

연옥에서 한 영령이 "사랑의 지성을 가진 여자들로 시작하는 새로운 시를 쓴 사람이 아닌가요?"라고 묻는 장면이 나온다. '새롭고 감미로운 시'는 인간의 자유의지와 감성의 발로이다. 그가 단테의 시를 노래로 부르자 단테는 정신이 팔릴 정도로 감동한다.

> '마음속에서 나에게 속삭이는 사랑'
> 그때 그가 그리도 부드럽게 시작했는데
> 그 부드러움은 아직 내 안에서 울린다.　　- 연옥편 2곡 112-114

– 영감의 원천, 베아트리체

연옥정상(지상천국)에서 베아트리체와 극적인 상봉을 할 때 단테는 여기까지 안내해 준 스승 베르길리우스에게 감격에 겨워 외친다.

내게는 떨리지 않는 피란
한 방울도 없다오. 내 눈에는
저 어릴 적 불꽃의 표적을 지금 보고 있다오.
- 연옥편 30곡 46~48

베아트리체 또한 단테를 향한 대담한 사랑을 고백한다. 여러 번 꿈속을 찾아가 영감으로 불러 보기도 했지만 그때마다 무심했다던 단테를 탓한다. 결국, 림보에 있는 베르길리우스에게 "단테를 지옥을 거쳐 여기까지 데려다 주길 간청했다"고 말한다.

단테는 아홉 살 때 한 살 어린 베아트리체를 보고 한눈에 반했다. 베아트리체를 천사와 같은 순결한 존재로 여겼기에 감히 말도 걸지 못하고 평생 가슴에 품고만 살며 문학적 영감의 원천으로 키워왔던 것이다.

한때 사랑으로 나의 젊은 가슴을 뜨겁게 했던
저 태양은 아름다운 진리의 부드러운 모습을
온전하게 논박과 증거로 내게 나타내 보였다.
- 천국편 3곡 1~3

피렌체에는 도시를 가로지르는 아르노강의 산타트리니타 다리가 있어 그녀와 두 번째로 만난 곳이다. 그녀가 다른 사람과 결혼한 지 얼마 안 되어 25살의 젊은 나이에 세상을 떠나자 단테는 엄청난 비탄에 빠졌었다. 단테는 천국 엠피레오(최고의 하늘)에서 옥좌로 올라앉는 베아트리체를 보며 "그녀는 영원한 빛을 반사하면서 면류관을 이루고 있었다."(천국편 31곡 72)고 쓴다. 그녀는 단테의 삶과 작품에 생명력을 불어넣는 창조의 모티브이자, 종교적 교리이고, 구원의 상징이다.

- 망명과 위대한 집필

작품 속, 1300년 성스러운 희년 부활주간 성금요일 새벽이다. 단테가 저승 여행을 출발하는 날, 여행 기간은 7일 동안이다. 『신곡』 첫 대목을 소개한다.

우리 인생길 반 고비
올바른 길 잃고서 난
어두운 숲에 있었네.   -지옥편 1곡 1~3

「지옥편」의 첫 구절이다. 단테가 인생 중반에 문득 바라보니 '어두운 숲속'에 처해

길을 잃고 헤매는 자기 모습을 본다. 이 숲을 빠져나가려 하나 무서운 세 짐승 표범, 사자, 암늑대가 가로막고 있다. 표범은 음란, 사자는 오만, 암늑대는 탐욕을 뜻한다. 어두운 숲은 망명길 희망 없는 삶이고, 세 짐승은 단테를 몰아낸 교황청과 정적인 흑당파들, 모욕을 주는 피렌체인들이다.

교황을 지지하는 백프당은 피렌체에서 기벨린당(황제파)을 물리치고 주도권을 되찾았다. 그러나 단테의 궬프 백당(白黨)은 교황 보니파키우스 8세의 야욕적인 교황령 확장을 반대한다. 1302년 단테가 로마 교황청 파견 중에 교황의 세속권력 확장을 지지하는 백프 흑당(黑黨)이 쿠테타를 일으킨다. 단테가 속한 백당(白黨)은 재산을 몰수당하고 약탈, 사살 혹은 추방당한다. 단테는 화형 선고를 받고 쫓겨서 망명길에 오른다.

아리스토텔레스는 "인간은 먹고 자는 오이코스(사적 영역)만을 해결하면 되는 동물이 아니라, 폴리스(공공 영역)에서의 정치적인 삶을 누리는 인간이어야 가치 있는 삶을 사는 것"이라고 하였다. 단테는 폴리스를 쫓겨나 가치 없는 삶을 사는 '어두운 숲'(신곡, 첫 행에 표현)에서 몰락하는 신세였다.

여생 20여 년을 베로나, 라벤나 등을 떠돌며 보냈다. 그러나 이 시기는 숙명적으로 단테에게 위대한 작품을 위해 단테에게 예비된 광야와 같은 곳이었다. 망명은 좌절과 실패의 시간이었지만, 한편 지성인으로서의 자각과 실천을 가능하게 했던 하나의 기회이기도 했다. 단테는 망명의 시절을 겪으며 피렌체를 넘어 이탈리아와 유럽을 보게 된다. 이를 통해 신의 위대한 세계를 그리고 있다. 또한 그의 눈은 인류의 미래를 보고 있었다. 단테는 1302년 망명길에 올라 『신곡』을 구상하기 시작했으며 1321년, 죽기 바로 전까지 「천국편」을 기필코 완성했다.

- 최고의 스승 아래 교육

단테는 13세 때 당대 유럽 최고의 지성인 브루네토 라티니(Brunetto

Latini)를 스승으로 모시게 된다. 4년 후 17세에 볼로냐대학에 들어가기 전까지 그의 지도를 받았다. 18세에 부친이 사망한 이후에는 스승의 보호를 받게 된다. 스승은 단테의 청소년기 교육에 절대적인 영향을 주었다. 라티니는 고전에 능통하였다. 그의 저작 『테세로』(Tesero, 보배의 서)는 중세시대 지식의 집대성인 백과사전과 같았다. 그가 프랑스 망명 중에 쓴 백과사전식 3부작 작품이다. 1부는 역사, 우주의 기원, 천문학, 지리에 대하여, 2부는 덕과 죄에 대하여, 3부는 수사학과 정치에 대하여 기술한 유명한 책으로 단테의 집필에 큰 영향을 주었다.

「지옥편」 제15곡 동성애자들이 고통받는 지옥에서 영원히 불길을 걸어야 하는 형벌을 받는 라티니 선생님이 단테를 알아본다. 선생님은 단테에게 용기를 불어넣어 준다.

너의 별을 따라가거라!
사는 동안 내가 너를 잘 보아서 아노라.
너는 영광스러운 항구에 꼭 도달하리라.　　－지옥편 15곡 55-57

선생님은 단테에게 희망을 잃지 말고 목적의 길을 가게 되면 결국 이루리라는 예언을 한다. 단테는 "선생님은 늘 제 마음에 자애롭고 친절한 아버지의 모습으로 머물러 계십니다. 제 앞날에 대해 주신 말씀을 잘 기억하겠습니다." 하고 감사한다.

2. 변혁을 향한 단테의 시대적 실천과 잉태한 씨앗들

사람의 심리를 다루고 독특한 음률과 리듬으로 창작

- 유럽 문예부흥을 열다

단테가 창작한 『신곡』의 문체는 내용만큼 혁신적이다. 특이하게 11음절 3행 연귀시로 각운을 살려가며 시를 썼다. 독특한 형식과 정신은 한 세대 후배인 페트라르카가 저서 『칸초니에레』로 정립한 소네트(14행 연가)에 영향을 주었다. 이어 영국 소네트 문학이 뒤를 이었다. 서곡 첫 부분 글의 맛(형식과 음률)을 먼저 살펴보기로 한다.

우리네 인생길 반 고비에
올바른 길을 잃고서, 나는
어두운 숲속에 처해 있었다.

아, 이 거친 숲이 얼마나 사나웠던지
어떠했노라 말하기 너무 힘겨워
생각만 하여도 몸서리쳐진다!

죽음보다도 더 쓰거웠기에
나 거기서 깨달은 선을 다루기 위해
거기서 본 다른 것들도 말하련다.

Nel mezzo del cammin di nosta vita   ..a
mi ritrovai per una selva oscura   ..b

che la diritta via era smarrita　　..a

Ahi quanto a dir qual era è cosa dura,　　..b
esta selva selvaggia e aspra e forte,　　..c
che nel pensier rinova la paura!　..b

Tant'è amara che poco è più morte;　　..c
ma per trattar del ben ch'i' vi trovai,　　..d
dirò de l'altre cose ch'i' v'ho scorte.　　..c

청중에 읽어주거나 낭송하는 공연형식을 갖는 서사시는 운문 고유의 음악성과 리듬, 악센트, 각운, 음절들의 숫자 등 형식적 요소가 매우 중요하다. 『신곡』은 이러한 형식과 치밀한 구조를 갖추고 사람의 심리를 묘사하며 써내려간 서사시(敍事詩)이다. 시의 행은 각각 11음절로 반복되고 연이어지는 구조를 하고 있다. 각각의 곡마다 시행의 수는 일정하지 않으나 대체로 140행 전후이며, 전체는 1만 4,233행에 이른다.

세 개의 행이 하나의 단락을 이루는 3행 연구(terza rima)로 이루어져 있다. 각 행 끝의 두 음절은 서로 교차하며 외형률을 엄격히 지켜간다(사슬운 형식). 위 원문 시에 표시한 것처럼 "aba bcb cdc ded... xyz y" 패턴을 이어가며 마치 판소리를 읊듯이 리듬을 탄다. 끝 연을 한 행으로 마무리하는 것도 특이하다.

토스카나 속어로 쓰기

- 라틴어 배제하는 유럽 민족어운동 시초가 되다

단테는 민중의 언어인 피렌체 속어로 대작을 썼다. 공용어 라틴어를 배제한 혁명적 사건이다. 이 피렌체 방언은 이탈리어 표준어가 되었고, 단테는 '이탈리아어의 아버지'라 불리게 된다. 이에 영향을 받은 라틴계의 로망스어 네 속어들(에스파니아어, 포르투갈어, 프랑스어, 루마니아어)이 교황청 언어인 라틴어를 극복하고 각 국가의 표준어로 자리 잡게 된다. 이어 게르만계의 언어와 영어에까지 영향을 미친다. 보카치오는 호메로스가 그리스어를, 베르길리우스가 라틴어를 처음 드높였던 것처럼 단테는 이탈리아어를 처음 드높여 존경받는 언어가 되었다고 평했다.

단테의 상상력으로 디자인한 저승 세계

- 문학을 넘어 과학 지평을 넓히다

『신곡』 작품 속 순례 여행의 시기적 배경은 단테 추방 2년 전 1300년부터 시작한다. 이 해는 한 세기의 시작이자, 교황이 '희년(禧年, 성스러운 해)으로 선포한 해'라는 특별한 의미가 있기 때문이다.

단테는 저승의 세 세계를 극적 형상화하였다. 신화와 역사, 성경의 공간을 재배치하고 천문. 지리, 건축학의 지식과 상상력을 동원하여 탁월한 기하학적 세계를 창조한다. 작품 세계의 공간적 구조는 인간이 사는 동안 '죄와 벌'(지옥, 연옥), 그리고 '선과 벌'(천국)에 근거하여 치밀하게 이루어져있다. 인과응보를 콘트라파소(Contrappasso)라 한다. 예를 들면 교만한 자는 무거운 돌을 짊어지고 걸어야 하고, 분열을 일으킨 자는 자기 몸이 찢어지는 고통을 받아야 한다.

단테는 피렌체 세례당 둥근 지붕 내 그려진 '마르코 발도 모자이크' 작 「지옥」 그림을 기억하며 지옥에 대한 영감을 받았다고 한다. 천국세계 구상은 프톨레마이오스의 저서 『알마게스트』의 천동설을 기반으로 한다. 단테는 천국 9개의 하늘을 설계하였다. 그는 천문학적 지식을 총동원하여 천체 운행을 기술하고 있다. 각편 마지막 행마다 모두 '별들'이라는 시어를 끌어들여 끝맺고 있다.

지옥편 34곡, "그리고 나서 우리는 별들을 다시 보러 나갔다."

연옥편 33곡, "다시 살아나고 순수해져서, 별들에 올라갈 열망을 가다듬었다."

천국편 33곡, "태양과 다른 별들을 움직이시는 사랑이 이끌고 있다.

지옥(地獄)은 예루살렘 아래에서 시작한다. 지옥은 땅속 공간이라, '별 없는 하늘(l'are senza stelle)'로 별의 그림자조차 볼 수 없다. 지옥의 구조는 역피라미드의 팽이형 구조로 이루어져 있다. 각 층 지옥을 'cerchio'(원)라 표현한다. 9개의 원(옥)으로 구성되어 있다. 영감을 받은 오귀스트 로댕의 불후의 걸작인 청동 조형물, '지옥의 문(Porte de Inferno)'에 수백 점의 인물 군상이 있다. 신곡 「지옥편」을 주제로 하여 인간의 욕정, 탐욕, 배신, 신성모독과 여러 가지 죄악의 비참한 짐을 표현하고 있다.

"네 영화가 스올에 떨어져 너 아침의 아들 계명성아,

하늘에서 떨어져 그리 땅에 찍혔는고 … 스올 구덩이 맨 밑에….”

– 이사야서 14장 11~15 –

하나님에 대항한 루키페르는 지옥의 맨 바닥 얼음장에 갇힌 채로 지옥을 다스린다. 단테가 지옥 중심을 통과하자 어느 순간 루키페르는 다리가 얼음장에 거꾸로 처박혀 있다. 땅속 끝을 통과하니 중력이 다시 바로서고 밤낮이 바뀌었다. 단테는 이렇게 중력을 설명하였다. 뉴턴보다 수 세기 전에 구체적으로 통찰하고 기술한 것이다.

연옥(煉獄)에 대한 교리는 단테 시대에 와서야 정립되었다. 지옥의 밑바닥까지 내려간 단테는 지구의 반대편으로 뚫린 굴을 통하여 남반구의 바다에 솟아오른 정죄(淨罪)의 산, 연옥(Purgatorio) 입구에 도달한다. 연옥은 하늘을 향해 솟아오른 빛의 세계다.

단테는 지옥편 끝부분에서 연옥이 만들어진 배경을 흥미롭게 기술하였다. 패역한 천사장 루키페르가 남반구로 추락할 때 원래의 남반구 육지는 무서워서 바다의 너울을 쓰고 북반구로 도망쳐 왔고 땅에 큰 구멍이 생기며 남반구 남은 흙들이 바다 위로 솟구치어 연옥산이 되었다고 한다. 단테가 『신곡』을 통하여 연옥의 구조를 창안하고 그 내용을 제대로 채웠다고 볼 수 있다.

연옥산은 로마의 티베레강 어귀 오스티아에 집결하고 천사의 배를 타고 망망대해를 질러갈 수 있다. 지구의 정반대 남반구에 솟아있다. 배를 타고 남반구에 간다는 것은 '지구는 둥글다'라는 주장을 감추어 표현한 것이다. 단테가 지옥을 통과하자 밤은 순식간에 지나고 어느새 새벽이 되어있었다. 하늘을 보니 별들이 보였다.

　연옥산은 일곱 개의 둘레로 되어있다. 각 둘레 층은 '일곱 가지의 대죄', 즉 "교만, 질투, 분노, 나태, 탐욕, 탐식, 색욕"에 할당되어 있다. 속죄가 끝나게 되면 지상낙원(Paradiso terrestre)에 도달해 천국으로 오를 수 있게 된다.

　천국(天國)은 믿음의 등급에 따라 지구를 둘러싸고 있는 아홉 권역으로 구성되어 있는데 겹겹 하늘로 이루어진 것으로 묘사된다. 복 받은 영혼들은 최고의 천국(엠피오레, Empireo)에 살지만, 각 천사들의 품위가 있는 하늘별로 배치된다.

　단테가 바깥 천구에 올라가서 아래를 보니 멀리 지구가 웃음 나올 정도로 조그마하다. 지구 중심으로 아홉 천구(하늘)들이 회전하고 있다. 또 위를 보니 엄청나게 많은 천사들이 거대한 공 모양 빛으로 둘러싸여 있다. 천국은 인간이 표현할 수 없는 온갖 색채와 빛으로 가슴 벅찬 향연으로 둘러싸여 있다. 단테는 음악과 시의 최고신 아폴론에게 이 경이롭고 위대한 천국을 제대로 묘사할 수 있도록 영감을 달라고 기도한다. 월계관을 씌워 달라고 호소한다.

　단테는 아인슈타인처럼 직관을 발휘한다. 그의 기하학적 직관은 프톨레미의 천동설을 기반으로 하고 있다. 스승 라티니의 『보배의 서』에서 기하학적 구체 묘사에서 영감의 원천을 받았다고 한다. 제9원은 우주의 중심이고 모든 우주와 별들을 움직이게 하는 힘의 원천인 원동천이다. 지구가 우주 중심을 축으로 움직이고 있음을 시사한다.

　「천국편」은 "모든 것을 운행하시는 그분의 영광은 온 우주를 가로지르며 빛난다(1곡 1, 2행)"로 시작한다. 우주는 하나님의 형상을 닮았고 삼라만상은 운명처럼 질서가 있다. 생물들 마음속에 생명력을 키우고 행성마다 힘을 끌어모으게 한다. 우주의 무한한 활은 그 질서를 주관하는 섭리이고 고요한 천국 하늘에는 천사들이 빛이 되어 쉴 새 없이 돌고 있다. 우주의 원동력으로 단테가 천상에 오름은 시냇물 내려오듯 편하다.

교황청과 가톨릭 변혁을 위한 강력한 저항
- 종교개혁의 씨앗을 품다

「지옥편」 제 7곡에서 한 영혼이 "왜 그렇게 인색하게 모으기만 하느냐?" 말하자, 다른 영혼은 "왜 함부로 낭비하는 거야!"라고 헐뜯었다. 서로 상반된 모순의 삶을 살았던 죄인들이다. 이들은 자비도 없고 절제도 모르는 자들이다. 단테는 셀 수 없이 많은 대머리들이 있는 것을 보고 누구냐고 스승에게 물었다. 스승이 답했다.

"머리카락이 없는 자들은 한때 교황과 추기경들이다. 이들은 지나치게 탐욕을 부렸지. 재화를 잘못 쓰고 잘못 챙긴 저들은 밝은 세상을 빼앗기고 이런 아귀다툼에 빠지고 말았단다. 아들아 보아라. 재화는 운명, 포르투나의 손에 들려 있지만 사람들은 그것 때문에 처절히도 싸우고 있지. 얼마나 헛된 일인가!"

달 아래 있는, 언제나 있어왔던
저 금은보화를 다 바친다 해도,
이 지친 영혼 하나라도 쉬게 할 수 있는가?   - 지옥편 7곡 64~66

단테는 '하나님은 두 팔로 다스리신다.'라고 주장한다. 두 팔은 국가와 교회이다.

루터의 '신앙의 자유'란 '로마 카톨릭의 종교권력과 세속화한 정부로부터 자유이다.'라는 주장은 단테의 실제 삶에서나 작품 속에 반복적으로 외치는 말이다. 단테가 언어로써 오래전 잉태한 씨앗을 루터가 부화하고 실천한 것이다.

단테는 지옥 8원 깊은 구렁에 교황 보니파키우스 8세의 자리를 마련해 둔다(지옥편 19곡). 이미 처박혀 있던 니콜라우스 교황의 입을 통하여 1300년 당시엔 아직 살아 있는 보니파키우스가 죽어서 곧 올 것이라는 예언을 듣는다. 영령의 입을 통해 교황에 대한 맺힌 원한으로 저주와 독설을 퍼붓는다.

그렇게 빨리 탐욕을 채웠느냐?
탐욕에 눈이 멀어 아름다운 신부도 속였느냐?
게다가 결국에 성직매매 하기까지 했느냐?
– 지옥편 19곡 55~57

보니파키우스 8세는 세속적 권력과 교황령 확장을 위해 흑당과 결사하여 단테의 백당 사람들을 무참히 축출한 자이다. 보니파키우스에 이어서 클레멘스 5세 교황도 윗구멍을 차지할 것이라고 예언한다. 클레멘스는 실제로 교황 즉위 대가로 프랑스 필리프 4세와 비밀협약을 맺고, 취임 후 교황청을 아비뇽에 옮기고 성직을 매매하다가 결국 수모를 당하고 죽는다. 「지옥편」 19곡은 교황들에 대한 응징이고 교황청에 대한 성직매매 반대 선전포고이다. 바로 종교개혁의 불씨이다.

단테가 교황의 영혼을 꾸짖었다.

"하나님께서 베드로에게 천국 열쇠를 주시기 전에 원하신 게 있었나요? 당신은 거기서 온당한 벌을 받고 있으니 불의로 번 돈이나 잘 간직하시오. 한때 신랑(하나님)의 사랑을 받았을 때 신부(교회)는 일곱 개의 머리(성체)를 지니고 태어나 열 개의 뿔(십계명)에서 힘을 얻었소. 그러나 그 신부는 타락하여 세상의 왕들과 간음하였다. 당신은 금과 은으로 하나님을 섬겼으니 우상 숭배자와 다를 게 무엇인가?"

신의 예정설보다 인간의 자유의지와 책임
- 근세 휴머니즘과 계몽주의의 씨앗이 되다

중세 인간은 감수성을 잃고 복종적, 이기주의적인 존재가 되어버렸다. 자신의 의지는 약화 되었고 결국 타인 의지의 노예가 되었다. 통제된 언어와 봉건제에 구속되어 창조성을 상실한 족속으로 전락하였다. 중세시대 타인의 의지란, 로만-카톨릭의 종교 시스템과 켈트·게르만 정복자들의 봉건제도가 두 축을 이룬다.

월리스 파울리의 저서 『단테의 신곡-지옥편』 도입부 제3, 4, 5곡 해설은 '사람의 선택과 자유의지(自由意志)'에 관련된다. 제3곡의 입구 지옥에 있는 게으르고 비굴한 사람들은 결정 내리는 자유의지를 도피한 비굴한 영혼들이다. 지옥조차 받아들이길 거부한다. 제4곡의 림보에는 선택할 기회가 없어서 세례받지 못한 영혼들이 머문다. 제5곡에는 욕정에 사로잡혀 사랑을 선택한 자들이다. 단테는 "강한 연민을 느낀다."라고 했다. 단테는 대서사시에서 시작부터 '자유의지'라는 화두를 던졌다.

토마스 아퀴나스는 타인의 자유의지를 보호하고자 윤리적 제도가 만들어졌다고 주장한다. 이 설을 근거로 단테는 인간의 자유의지를 훼손하는 사기, 배신죄를 폭력·살인보다 더 무겁게 취급한다. 지옥 8원(옥)은 '사기', 9원(옥)은 '배신'의 지옥이다. 8원을 열 개 구렁으로 분류하여 치밀하게 다루고 있다.

「연옥편」 15곡은 마르코의 입을 통한 자유의지에 대한 강해라 할 수 있다.

"나는 롬바르디아 사람 마르코, 세상 돌아가는 것을 잘 알았고 사람들이 별로 탐탁치 않게 여기는 미덕(자유의지)을 사랑했다오. 사람들은 신의 예정된 계획대로 된 일이라 여기고 모든 원인을 하늘에 돌리려고 합니다. 그렇다면 사람들의 자유의지는 없어지고 선에 대한 기쁨도 악에 대한 슬픔도 갖지 못하게 될 것이오. 사람들은 분명 스스로 선과 악을 구분할 수 있다오."

스스로의 빛을 지니고 있습니다. 자유의지는
처음에는 하늘과 갈등으로 상처를 입고 약해졌지만
잘 키워나가면 모든 장애를 극복할 수 있다오.

사람들은 위대한 힘을 가진 자유로운 주체들이오.
그대들 안에 마음을 창조한 더 귀한 성품에 속한다오.
하늘도 이 마음들을 통제하지 않는다오.
― 연옥편 15곡 76~81

마르코는 하나님이 주신 '자유의지'로 '사람은 자유로운 주체다'라고 하며, 사람들의 '고유한 마음을 창조하였다'는 당시 세계에는 생각하기 힘든 사상을 들려주었다

3. 인류의 위기, 『신곡』에서 길을 찾자

단테는 망명길에서 많은 것을 보았다. 그는 피렌체를 떠나 이탈리아 조국과 유럽을 바라보았고, 그의 눈은 이미 미래를 향하고 있었다. 이러한 통찰로 그는 신의 세계를 성경(에스겔서, 이사야서, 요한계시록 등)과 고대신화와 과학적 지식을 모두 동원하여 엄청난 상상을 해냈다. 그리고 『신곡』을 집필하였다. 서사시에는 작가 단테의 지성과 영성 그리고 감수성이 총동원되어 있다. 아감벤은 "단테는 중세의 신비로움을 갖춘 근세의 시인이다."라고 하였다.

1265년 단테 탄생부터 1642년 갈릴레오 죽기까지 400년간은 인간의 본성과 개성을 더 중시하는 시대로의 전환기였다. 단테 사후 2백년 후 바사리가 최초로 「리나시타」(Rinascita, 거듭남)라 명명한다. 이른바 르네상스 시대이다. 변화의 기본사상을 인문주의(휴머니즘)라 이름 붙였다. 이탈리아에서 태동하여 새로운 역사적 원동력이 된 인문주의가 바로 '르네상스'이다. 이 출발선에 단테가 서 있었다. 바이런의 말처럼 작가란 "별을 찾아 바람을 거슬러 항해하는 사람들"이다. 미지의 세계에서 새로운 언어들을 싣고 돌아와 우리에게 건네주곤 한다. 단테는 저승 세계의 여행을 다녀온 뒤 변혁의 씨앗을 품은 대서사시를 인류에게 건네주었다.

단테는 자연철학, 지리학, 천문학의 지식과 통찰로 상상력을 동원하

여 세계관을 창조해낸 사람이다. 누군가는 '시인은 신 다음의 창조자'라 했다. 단테와 그의 영향을 받은 밀턴, 괴테 등은 위대한 창조자들이다. 그 영향력이 문학만이 아니라 미술, 음악, 연극, 영화, 애니메이션 등 전 예술 장르에 퍼져있다. 『신곡』은 지식 융합의 최상의 모델이고 「연옥편」이나 「천국편」에서 보여 준 예술 분야에서도 멀티미디어를 동원한 종합예술이다. 미켈란젤로의 「최후의 심판」 역시 단테의 신곡에 영향을 받았다. 블레이크, 들라크루아를 비롯한 수 많은 화가들이 단테의 신곡에서 영감을 받아 그림을 그렸다. 프란츠 리스트는 「단테 소나타」를 작곡하기도 했다.

단테는 새롭고 독특한 형식으로 라틴어가 아닌 '쉬운 언어(속어)'로 독자들을 넓혀 인간 본성과 자유의지를 담아 모색하고자 한 점에서 '최초 근대적 작가'라 할 수도 있다. 구원을 향한 하나님과의 일대일의 인격적 만남은 종교개혁의 중심 교리가 되었다. 그래서 단테는 인간 중심에서 신을 찾아가는 시각에서 보면 '최초 인본주의자'이고, 성서를 내세워 교황과 종교 시스템에 저항한 '최초 종교개혁가'이기도 하다.

단테는 '변한 목소리와 또 다른 양털을 지닌 시인의 모습'으로 고향에 돌아갈 것이라고 다짐한다. 새로운 통찰로 인류의 보편적 구원을 논하는 자로 변신할 것을 말한다.

> 미래의 사람들에게 남길 수 있도록
> 당신의 영광의 단 한 순간 불티라도
> 포착할 정도의 힘을 나의 혀에 주소서.
>
> —천국편 33곡 70-72

단테의 새로운 사유를 시작으로 루터와 몽테뉴, 데카르트를 거쳐, 인류는 종교개혁과 계몽주의 그리고 산업혁명을 이룬다. 인류는 최근의 4차 산업혁명에 이르기까지 브레이크 없는 질주를 해 왔다. 인류는 예기치 못한 지구적 종말론적 상황을 맞고 있다. 인간 이성과 과학 문명의 이기로 인류를 수백 번 멸망시킬 규모의 핵 위협, 해마다 증가하는 기후재앙 징후, 전대미문의 바이러스 습격, AI가 언제까지 인류의 통제에 있을 것인가? 지구와 인류를 구하려면 멈추어야 한다. 멈추려면 생명과 '신성(神性)의 정신'이 담긴 '영성(靈性)의 시대'를 이끌어 내어야 한다. 인류에게 다시 영적 상상과 문학적 구원이 절실한 시대이다.

단테가 14세기에 주장한 '자유의지(自由意志)'란 「연옥편」 15곡에서 말하는 분명 '책임과 선을 전제로 한 자유의지'임을 알아야 한다. 필자는 신곡에서 보여준 단테의 '영성'과 생명에 대한 '감수성' 그리고 '구원에 대한 의지'와 '신성'을 주시한다. 인류가 몰락을 피하려면 반드시 회복하여야 할 것들이다. 이 시대에 단테가 살아 있다면 인류에게 과연 어떤 희망의 메시지를 건네줄까?

참고도서

한형곤,『신곡』, 삼성출판사.

박상진,『신곡』, 민음사.

김운찬,『저승에서 이승을 보다』, 살림출판사.

윌리스 파울리,『쉽게 풀어 쓴 단테의 신곡』, 이윤혜 역, 도서출판 예문.

A.N 윌슨,『사랑에 빠진 단테』, 정혜영 역.

이선종 편역,『명화로 보는 단테의 신곡』, 미래타임즈.

베르길리우스,『명화가 말하는 아이네이아스』, 박찬영 평역2, ㈜리베르.

오비디우스,『변신이야기』, 이윤기 역, 민음사.

보카치오,『단테의 생애』, 박우수 역, 민음사.

단테 알리기에리 연보

1265 피렌체에서 출생, 6살에 모친 벨라 사망, 18살 부친 알리기에로 사망

1274 9세 때, 베아트리체 포르티나리와 운명적 첫 만남

1277 최고 스승 브루네토 라티니로부터 배움

1281 볼로냐대학과 파도바대학에서 수학

1283 9년 만에 베아트리체 재회, 구이도 카발칸티 등 시인들과 청신체 활동 시작, 산타크로체 수도원에서 인문7학(문법, 논리, 수사, 산술, 기하, 음악, 천문) 공부

1289 캄팔디노전투에 기병으로 참가

1290 6월 9일, 베아트리체 25세로 사망, 좌절 후 철학과 신학 전념

1291 젬마 디 도나티와 결혼, 슬하에 5남 1녀, 딸이름을 베아트리체라 지음

1294 〈신생〉 10년 만에 완성, 교황 보니파키우스 8세 즉위

1295 의약 길드에 들어가 공직 및 정치 시작

1300 교황이 성년(희년) 선포, 신곡에서 순례일로 설정

1302 로마 교황청 특사로 파견 중에 흑당에 의해 추방됨, 귀환시 화형 선고, 망명

1304 파도타에서 당대 최고 화가 친구 지오토 재회

1312 피사에서 소년 페트라르카 만남

*1303~1320 〈속어론〉〈향연〉〈제정론〉 집필

1320 〈천국편〉 완성으로 18년 동안 [신곡] 집필 완료

1321 라벤나의 외교관 공무 중 베네치아에서 사망, 현재 라벤나 산프란체스코 안장

*1373 피렌체는 보카치오의 단테 강연 승인

*피렌체는 단테 가묘를 만들고 묘비에 신곡 글을 새기고 돌아오기를 기다리고 있다.

"가장 높은 시인을 찬미하라, 떠나가신 그의 영혼이 돌아 오는도다!" -지옥편 4곡 80, 81절

단테 판타지아 신곡
Dante 'Fantasia' Commedia

초판 1쇄 인쇄 2025년 3월 13일
초판 1쇄 발행 2025년 3월 25일

저 자 단테 알리기에리
평 설 한봉수
펴낸이 김재광
펴낸곳 솔과학
편 집 바다
영 업 최희선
디자인 본문·표지 장덕종
등 록 제02-140호 1997년 9월 22일
주 소 서울특별시 마포구 독막로 295번지 302호(염리동 삼부골든타워)
전 화 02)714-8655
팩 스 031)422-4656
E-mail solkwahak@hanmail.net

ISBN 979-11-7379-003-4 03800

ⓒ 솔과학, 2025
값 25,000원

이 책의 내용 전부 또는 일부를 이용하려면 반드시 저작권자와 도서출판 솔과학의 서면 동의를 받아야 합니다.